版权声明

Parents and Toddlers in Groups: A Psychoanalytic Developmental Approach.

Copyright © 2011 Selection and editorial matter Marie Zaphiriou Woods and Inge-Martine Pretorius; individual chapters, the contributors.

Authorized translation from the English language edition published by Routledge, a member of the Taylor & Francis Group, LLC. All Rights Reserved.

本书原版由Taylor & Francis出版集团旗下Routledge出版公司出版，并经其授权翻译出版。版权所有，侵权必究。

China Light Industry Press Ltd. / Beijing Multi-Million New Era Culture and Media Company, Ltd. is authorized to publish and distribute exclusively the Chinese (Simplified Characters) language edition. This edition is authorized for sale throughout Mainland of China. No part of the publication may be reproduced or distributed by any means, or stored in a database or retrieval system, without the prior written permission of the publisher.

本书简体中文版由中国轻工业出版社有限公司／北京万千新文化传媒有限公司独家出版并限在中国大陆地区销售。未经出版者书面许可，不得以任何方式复制或发行本书的任何部分。

Copies of this book sold without a Taylor & Francis sticker on the cover are unauthorized and illegal.

本书封面贴有Taylor & Francis公司防伪标签，无标签者不得销售。

保留所有权利。非经中国轻工业出版社"万千心理"书面授权，任何人不得以任何方式（包括但不限于电子、机械、手工或其他尚未被发明或应用的技术手段）复印、拍照、扫描、录音、朗读、存储、发表本书中任何部分或本书全部内容。中国轻工业出版社"万千心理"未授权任何机构提供源自本书内容的电子文件阅览、收听或下载服务。如有此类非法行为，查实必究。

Parents and Toddlers in Groups
A Psychoanalytic Developmental Approach

父母—学步儿小组
——精神分析发展的方法

〔英〕Marie Zaphiriou Woods, Inge-Martine Pretorius 主编

王觅 等译 / 王倩 审校

中国轻工业出版社

图书在版编目(CIP)数据

父母—学步儿小组:精神分析发展的方法/(英)玛丽·扎菲里乌·伍兹,(英)英奇-马丁·比勒陀利乌斯主编;王觅等译. —北京:中国轻工业出版社,2020.11
ISBN 978-7-5184-2991-2

Ⅰ.①父… Ⅱ.①玛… ②英… ③王… Ⅲ.①婴幼儿-人际关系-能力培养 Ⅳ.①G610

中国版本图书馆CIP数据核字(2020)第073530号

总 策 划:石 铁
策划编辑:戴 婕　　　　　　　　责任终审:杜文勇
责任编辑:戴 婕 刘 雅　　　　　责任监印:刘志颖

出版发行:中国轻工业出版社(北京东长安街6号,邮编:100740)
印　　刷:三河市鑫金马印装有限公司
经　　销:各地新华书店
版　　次:2020年11月第1版第1次印刷
开　　本:710×1000　1/16　印张:19.00
字　　数:170千字
书　　号:ISBN 978-7-5184-2991-2　定价:68.00元
读者热线:010-65181109,65262933
发行电话:010-85119832　传真:010-85113293
网　　址:http://www.chlip.com.cn　http://www.wqedu.com
电子信箱:1012305542@qq.com
如发现图书残缺请与我社联系调换
190325Y2X101ZYW

Parents and Toddlers in Groups
A Psychoanalytic Developmental Approach

父母—学步儿小组
——精神分析发展的方法

〔英〕Marie Zaphiriou Woods, Inge-Martine Pretorius 主编

丁欣放　胡君滔　王　觅　王　凝　王　旭　杨诗露　赵小蓁 译
（按姓氏拼音排序）

王　倩 审校

中国轻工业出版社

译 者 序

一直以来,我都觉得心理咨询师是一份特别的工作,有赖来访者的信任,我们得以和他们一起探索其内心世界。从心理动力学的发展性视角,我们试图去理解来访者如何发展成为今天的自己,他们的资源如何?现在存在的"问题"是否曾经发挥了什么功能?什么原因导致它成了问题?是什么导致他们困在当前的问题中。这个探索的过程往往对咨访双方来说都是一个真诚而珍贵的过程。在和成人的心理咨询中,咨访双方合作,去识别发展性挫败如何持续影响了个体当下的功能不良,并试图通过纠正性的体验促使未完成的发展可以重新开始,歪曲、适应不良的发展可以得到修正。而我们必须承认的一个现实是,这种纠偏补全的工作是耗时耗力的,且来访者付出了多年痛苦的代价。由此,对正值心理发育关键期的儿童、青少年进行的心理咨询工作就显得非常重要。而同时针对家长(帮助家长拥有更好的养育功能)和儿童进行的干预更是极具价值。

近年来,中国悄然发生了一些喜人的改变,越来越多新一代家长开始反思对孩子的养育。养育孩子似乎不应该是只管穿衣吃饭,让孩子野蛮成长,或是简单地说教(甚至是粗暴地要求)"好好学习,天天向上!"。我们希望养育出更多健康的下一代，我们开始思考何谓健康？怎样的方式才能帮助孩子健康成长？如何避免重蹈父母覆辙？为人父母可比纸上谈兵复杂太多。本书并不想在当代焦虑的父母身上再大力一击，让大家被要成为完美的父母的焦虑所淹没，然后再让大家照本宣科，成为另一种功能缺失的家长。本书试图介绍一种新的模型（父母—学步儿小组）及其工作方式，通过介绍不同设置下的小组的例子，让我们从更多的角度思考养育本身，以及这些小组可以如何帮助父母成为更具有养育功能的父母，而这些干预又如何进一步促进孩子健康发展。

每一个学习心理学的人一定听说过西蒙·弗洛伊德，而每一个学习儿童治疗的治疗师也一定听说过安娜·弗洛伊德，虽然安娜·弗洛伊德一直以父亲忠实的追随者的身份自居，但她本人对心理治疗以及儿童心理治疗领域做出了大量极具贡献的创新。她和同事在第二次世界大战期间建立了汉普斯特德战时托儿所，他们不仅仅在战时保护了这些儿童，还极力抚平战争及与父母分离给他们带来的创伤，帮助维持这些孩子的心理健康。他们进行了大量的思考和实践，也对这些经历战争的父母进行干预，帮助他们更理解孩子的情况，提高他们的养育功能，帮助这些亲子修复依恋关系，让孩子能够顺利回归父母身边。战后，汉普斯特战时托儿所改成安娜·弗洛伊德中心（Anna Freud Center，AFC），安娜和同事从实际工作中总结提炼，结合发展心理学的研究成果，建立了心理动力学的发展性视角。安娜之后，安娜·弗洛伊德中心的大师们持续在儿童治疗、家长教育、成人治疗领域深耕，提出了众多重大理论和实践的创新。本书所介绍的父母—学步儿小组也是其创新之一，在定期的小组会面中，小组通过给予亲子社会支持，帮助家长理解自己和孩子的行为背后的内部心理过程，增强他们的心智化能力，从而帮助孩子发展出更好的心智化能力和自我调节能力，为后续发展铺平道路。

希望读者在阅读时不仅仅把本书作为一本小组案例集，而是通过书中各章节介绍不同的父母—学步儿小组，开始对儿童的发展，父母的养育功能的发展有一些新的思考；也希望你们能够享受本书。

最后，非常感谢参与本书翻译工作的其他成员：胡君滔、赵小蓁、王凝、杨诗露、丁欣放和王旭（排名不分先后），大家一起努力才有了这本书的呈现。本书翻译工作的具体分工如下：

胡君滔：前言、导论、第3章和第4章；

赵小蓁：第1章和第2章；

王觅：第5章、第7章、第15章和第17章；

王凝：第6章和第14章；

杨诗露：第8章和第13章；

丁欣放：第9章和第10章；

王旭：第12章和第16章；

王觅、王旭、王凝、胡君滔和杨诗露共同翻译了第11章。

另外，虽然我们很希望能够将本书的内容尽可能准确地呈现给读者，但译文中肯定还有一些疏漏和不足，也请读者多多指正。

王觅

2020.5.12

原著编者和作者

主编

玛丽·扎菲里乌·伍兹（Marie Zaphiriou Woods）是一名儿童与成人精神分析师。1986—1997年，她曾先后担任了安娜·弗洛伊德中心下设的育幼院的精神分析顾问和经理。她还管理了一个父母—学步儿小组，并在1999—2008年先后担任了安娜·弗洛伊德中心父母—学步儿小组的精神分析顾问和项目经理。目前，她以私人执业的方式和儿童、青少年以及成人进行工作，并在很多培训学校与机构中担任教师与督导。她在伦敦大学学院和安娜·弗洛伊德中心联合设立的精神分析发展心理学理学硕士项目中任教，并担任英国心理治疗师协会的培训治疗师。她曾撰写并出版了大量的文章与书籍。

英奇-马丁·比勒陀利乌斯（Inge-Martine Pretorius）具有哲学博士（PhD）与心理学博士（DPsych）的双学位。她在安娜·弗洛伊德中心受训成为一名儿童与青少年精神分析师。她从2001年开始在安娜·弗洛伊德中心工作。2002年她成为一个学步儿小组的领导者，并于2008年开始担任了父母—学步儿小组的项目经理。她在伦敦大学学院和安娜·弗洛伊德中心联合设立的精神分析发展心理学项目中担任临床导师，并是这两家机构联合设立的儿童发展理学硕士项目中的组织者与执教者。同时，她还在英国国家健康体系（National Health Service, NHS）中兼职——在伦道夫·贝雷斯福德（Randolph Beresford）的幼儿中心运营一项顾问服务。她曾在分子遗传学和精神分析领域发表过著作。

作者

伊丽莎白·艾莉森（Elizabeth Allison）是英国精神分析协会的一员，以及伦敦大学学院精神分析学部的出版发行编辑。她拥有英语文学的哲学博士学位（DPhil），并在伦敦大学学院的理论性精神分析研究硕士项目及性别、社会与代表硕士项目中教授有关精神分析、文学和弗洛伊德对女权主义观点的课程。

凯·阿斯奎斯（Kay Asquith）同时担任了伦敦大学学院和安娜·弗洛伊德中心联合设立的精神分析发展心理学理学硕士项目以及伦敦大学学院、耶鲁大学和安娜·弗洛伊德中心联合设立的精神动力性发展神经科学项目的课程导师。过去的六年间，她还在安娜·弗洛伊德中心教授定性与定量研究方法的课程。她的研究方向是依恋、收养与养育，并在该领域与他人联合撰写了大量文章。她还携手"科拉姆家族"（Coram Family），专门为收养家庭制定了一个有关育儿技能的项目。

安娜·玛丽亚·巴兰特斯（Ana María Barrantes）是一位精神分析取向的儿童心理治疗师。她从1977年开始管理一所为1.5—5岁的儿童开设的育幼学校。2000年，她成为"卷轴组"（Grupo Carretel）联合创始人之一，和埃琳娜·皮亚松（Elena Piazzon）携手创设并管理了一个父母—学步儿小组。她是拉丁美洲秘鲁瑞吉欧协会（Peru of the Latin American Reggio Emilia Association, Red-Solare）的联合创始人与代表。她是秘鲁儿童与青少年精神分析心理治疗协会的成员，并在私人诊所为儿童和青少年提供心理服务。

玛丽亚·路易莎·巴罗斯（María Luisa Barros）是一名精神分析取向的心理学家。她毕业于安娜·弗洛伊德中心和伦敦大学学院联合设立的精神分析发展心理学理学硕士项目。目前，她在智利发展大学教授发展心理学这门课程，并在私人诊所中为儿童和青少年提供心理服务。

莱斯利·贝内特（Lesley Bennett）在塔维斯托克中心下设的儿童引导培训中心受训成为一名教育心理学家，并有多年为地方性的教育管理机构工作的经验。在此期间，她担任了多个针对幼儿的服务项目的专家，为有医疗困难或是发展性困难的儿童的家庭提供支持。她在2004年加入了安娜·弗洛伊德中心的法务评估服务，并于2005年开始担任在社区开展的学步儿小组服务的负责人。同时，莱斯利还是塔维斯托克中心的专业与学术导师，负责监督儿童、社区与教育心理学博士项目。

卡罗莱那·卡米诺·里维拉（Carolina Camino Rivera）在伦敦大学学院和安娜·弗洛伊德中心联合设立的精神分析发展心理学项目中取得了理学硕士的学位。她是一名精神分析取向的心理学家，并在私人诊所展开面向儿童、青少年以及成人的工作。她感兴趣的方向是依恋关系与进食障碍。目前，她在利马大学执教，并参与了该校所资助的一个致力于提高贫困社区儿童、青少年以及家长的情感发展的项目。

彼得·福纳吉（Peter Fonagy）博士，伦敦大学学院的精神分析弗洛伊德纪念教授，临床、教育与健康心理学研究部的主任，伦敦安娜·弗洛伊德中心的执行长，以及美国贝勒医学院精神病学与行为科学曼宁格（Menninger）系下设的儿童与家庭项目的顾问。他是国际精神分析协会研究生教育委员会的主席和英国人文与社会科学院院士。他是一名临床心理学家，并在英国精神分析协会担任儿童及成人精神分析领域的培训师和督导师。他在工作中将实证研究和精神分析理论相结合。在临床方面，他感兴趣的方向包括边缘性精神病理学、暴力以及早年依恋关系。

约书亚·爱马仕（Joshua Holmes）拥有地理学的文科学士学位和精神分析发展心理学的理学硕士学位，并曾在安娜·弗洛伊德中心父母—婴儿项目中下设的一个婴儿诊所任游戏助理。他在数篇已经发表的文献中探讨了广场恐怖症与依恋理论的关系。目前，他在秘鲁的利马工作，是一名英文教师。

瓦伦蒂娜·伊凡诺娃（Valentina Ivanova）博士，是一名精神分析师和父母—学步儿小组的领导者。她还在幼儿园担任面向儿童和家长的顾问。她是圣彼得堡国立大学的讲师。

安娜贝尔·基特森（Annabel Kitson）是一名儿童与青少年心理治疗师。她在马尔伯勒（Marlborough）家庭服务中心展开面向婴儿、儿童、青少年及其家庭的心理服务。同时，她还是该中心下设的一个为法院提供专业评估的团队的核心成员。她在卢顿与贝德福德郡父母—婴儿心理治疗团队这样一个提供早期干预与预防服务的团队担任临床专家。她有超过20年在英国境内和境外的多种不同设置下以不同的身份和幼儿（5岁以下）、儿童以及青少年工作的经验。

法蒂玛·马丁内斯·德尔·索拉特（Fátima Martínes del Solar）拥有理学硕士学位，是一名精神分析师，以及英国精神分析协会的准会员。她在私人诊所和南伦敦地区的公立儿童及青少年心理健康服务系统内工作。她曾在秘鲁利马的小比利亚幼儿园（Little Villa Nursery School）担任园长一职长达八年之久。她还曾在安娜·弗洛伊德中心担任过学步儿小组的领导者。随后，她在南伦敦一个贫困且多种文化交融的区域开办了一个以安娜·弗洛伊德中心的精神分析取向为指导的学步儿小组。

尼克·米德格利（Nick Midgley）是一名儿童与青少年心理治疗师，以及伦敦安娜·弗洛伊德中心儿童与青年项目的主任。他和埃利斯·肯尼迪（Eilis Kennedy）共同撰写了《儿童、青少年与家长—婴儿心理治疗的过程与结果研究》（*Research in Child, Adolescent and Parent-Infant Psychotherapy*, NHS London, 2007）。他还是《儿童心理治疗与研究：新方向和新成果》（*Child Psychotherapy and Research: New Directions, Emerging Findings*）的联合编辑（Routledge, 2009）。

埃文西亚·纳维里迪（Evanthia Navridi）在雅典大学取得了心理学理学学士的学位后，又获得了伦敦大学学院和安娜·弗洛伊德中心联合设立的精神分析发展心理学项目的理学硕士学位。她在雅典大学的维罗纳斯－凯萨里亚尼（Vironas-Kessariani）社区精神健康中心下设的儿童与青少年分部任助理研究员的同时，还在此组织并协办了一个学步儿小组服务项目。

埃琳娜·皮亚松（Elena Piazzon）是一名精神分析师。作为秘鲁精神分析协会的正式会员与培训师，她在此执教的同时，还曾担任了六年的婴儿观察项目协调人。她从1983年开始在秘鲁卡耶塔诺－埃雷迪亚大学向精神科住院医师提供儿童精神病理学课程的教学。她还是"卷轴组"这一致力于提升婴儿及其家庭的心理与情感发展的组织的联合创始人。她于2000年在该组织内开设并管理一个学步儿小组至今。她以精神分析师的身份在私人诊所提供面向儿童与成人的服务。

安娜·普拉格森（Anna Plagerson）在安娜·弗洛伊德中心受训成为一名儿童与青少年精神分析师。此前，她曾在内伦敦地区的学校做了五年的幼儿教师。完成了伦敦大学学院与安娜·弗洛伊德中心联合设立的精神分析发展心理学理学硕士项目的学习后，她曾担任安娜·弗洛伊德中心的父母—学步儿小组的助理。目前她在为NHS设在伦敦东南部地区的儿童与青少年心理健康服务机构工作。

埃尔斯贝斯·普朗克露丝（Elspeth Pluckrose）是一名儿童与青少年精神分析师，并曾在安娜·弗洛伊德中心于一个为无家可归的家庭设立的临时住所开展的社区学步儿小组服务中担任父母—学步儿小组的领导者。她还供职于NHS。目前，她在南伦敦地区的一个二级早期干预服务中任首席儿童与青少年心理治疗师。她所撰写的文章曾发表在《国际婴儿观察杂志》（*International Journal of Infant Observation*）上。

安娜·普吕策尔－托马斯（Anna Prützel-Thomas）是一名正在英国心理治疗师协会（British Association of Psychotherapist）受训并在NHS下实习的儿童与青少年心理治疗师。她曾在安娜·弗洛伊德中心与他人共同督导过理学硕士项目的学生在父母—学步儿小组所做的定性与定量研究，并曾任学步儿小组助理三年。

珍妮·斯托克（Jenny Stoker）是一名儿童与成人精神分析师。曾担任过安娜·弗洛伊德中心学步儿小组领导者，运营和管理过一个为有特殊需求的学步儿及其家长开设的小组。她撰写的《你和你的学步儿》（*You and Your Toddler*, Karnac, 2005）一书致力于帮助家长们更好地理解幼小的孩子。她在学术和专业性质的培训课程中进行过教学或讲座，并在学术期刊与杂志上发表过为相关行业专业人士和家长撰写的论文与文章。此外，她还在私人诊所执业。

玛丽·塔吉（Mary Target）博士，是安娜·弗洛伊德中心的专业主任和伦敦大学学院精神分析领域的教授。她最初是在牛津大学接受的临床心理学培训。她以成人与儿童精神健康与医疗联络员的身份在 NHS 下供职了数年。她在伦敦大学学院与安娜·弗洛伊德中心所获得的博士学位的研究方向是儿童精神分析的疗效。她在精神分析协会（Institute of Psychoanalysis）受训后成为该协会的会员。她目前的研究专注于儿童依恋与成人依恋、社会认知以及心理治疗的疗效。同时，她也会花一些时间去进行精神分析的临床实践。

妮娜·瓦西里耶娃（Nina Vasilyeva）博士，是一名儿童与成人精神分析师，是国际精神分析协会的直属会员。她曾在圣彼得堡的早期干预机构内进行了八年面向家庭与父母—婴儿小组的工作。她是圣彼得堡国立大学的教授。

朱莉·华莱士（Julie Wallace）是一名儿童与青少年心理治疗师，并曾担任安娜·弗洛伊德中心的父母—学步儿小组的领导者。目前，她就职于（英国）南部与西部威尔士地区的 NHS。

前　言

Peter Fonagy

过去20年来，无论是行为还是神经科学的发展研究，都强调了早期（发展）的重要性。我们了解得越多（尤其是从动物模型中），就越惊叹于自然的创造力：为适应特定的环境条件创造了那么多机制。迈克尔·米尼（Michael Meaney）在蒙特利尔的研究，显示了遗传机制对早期压力的反应，不仅会影响个体在整个生命周期内的反应能力，还会通过遗传特性的传递影响到下一代（例如，Meaney & Szyf, 2005）。大量的干预项目也都非常强调早期体验的重要性，这些项目都旨在促进婴儿的健康，增强安全感，并确保减少青春期和成年早期的反社会行为（Olds, Sadler, & Kitzman, 2007）。更确切地说，发展研究越来越多地指出，在"获取社会认知"和"帮助孩子理解成为一个人意味着什么"的过程中，生命的第二年和第三年是特别重要的。

精神分析学家将学步期视为发展的关键期，但在历史上并不是每个人都信服（此观点）。克莱因学派，尤其是20世纪五六十年代的学者们，认为对婴儿的理解是第一位的，而几乎不关注学步儿，他们认为学步儿既不是可行的观察对象，多半也不是潜在的病人。事实上，精神分析伟大的发展主义者，唐纳德·温尼科特（Donald Winnicott）、丹尼尔·斯特恩

(Daniel Stern)、罗伯特·艾姆德（Robert Emde）以及约翰·鲍尔比（John Bowlby），都把重点放在了（生命的）第一年，将之视为成形时期（formative period），尽管他们把模型扩展到了童年。安娜·弗洛伊德（Anna Freud）和玛格丽特·马勒（Margaret Mahler）坚持把观察作为精神分析研究的重要组成部分，这使她们都致力于研究，在二人单元（two-person unit）中自我（selfhood）是如何发展出来的。这两位精神分析观察法的巨头都绘制出将学步期作为主体性根源的图景，尽管她们的模型不同，且在大多数方面都是互补的。

此传统在玛丽·扎菲里乌·伍兹（Marie Zaphiriou Woods）和她杰出的同事们的工作中找到了合适的传承。她和英奇-马丁·比勒陀利乌斯（Inge-Martine Pretorius）一起，搜集了相当精彩的证据，证明了精神分析取向的研究对于人类互动的研究的丰富性。这本书本身就是一份极好的总结，我们可以从现代精神分析的视角，了解学步儿在亲子关系中的发展，及其通过同伴互动产生的社会理解。本书深深扎根于对精神分析的理解，通过几章的内容，提供了关于生命第二、第三年的既丰富又生动的当代理论和研究。除了精神分析和神经科学理论之外，还有关于学步儿行为的生动例证和精神分析性理解。

哪怕这本书就止步于此，它也已经是很有价值的贡献了。但它的贡献远不止此。这本书最重要的贡献是为治疗性的早期干预提供了一个有趣的模型。经过多年的发展，一群紧密团结并致力于临床的医生，已经启用伍兹和其同事的方法为父母提供帮助。这套方法使伍兹他们能够使用安娜·弗洛伊德、多萝西·伯林厄姆（Dorothy Burlingham）、汉西·肯尼迪（Hansi Kennedy）、安妮·哈瑞（Anne Hurry）及许多其他人的发展框架来为父母提供帮助。这一构想贯穿于本书的精神之中，它根植于对发展过程的清晰概念化，据此可以很容易地识别出停滞和偏差，并促进渐进性的发展。其中的变化在于，从观察科学转向参与学步儿及其照顾者的幻想、焦虑和知识局限性的艺术。这本书提供了绝妙的例子，说明了父母在促进孩子游戏中遇到的困难，可以通过微妙而有力的、精细而又简单的干预来解决。例如，珍妮·斯托克（Jenny Stoker）在书中就写得很好，她描述了游戏对于孩子创造表征世界的重要作用，可以通过促进父母认真对待孩子的内心世界而得到提升。而对更严重的残疾（问题）进行工作，能够最清楚地说明，精神分析性的理解能使亲子获得多大的助益。本书中有两章，以感人的方式展示了学步儿小组如何帮助父母保护他们的孩子免受一些心理上的挑战——在我们的社会中，孩子的"特殊性"会带来这种挑战，这是一种悲剧。

好像这还不够，这本书还把我们带向了一个难以触及的社会弱势群体的世界。流行病学研究表明，不平等会对身体健康、总体幸福感和心理障碍产生非常深刻的影响。当学步儿群体搬进为无家可归的人设立的旅舍和政府公租房时，我们得以窥见让一些人长期处于社会弱势的根源所在（例如 Marmot, 1998; Marmot, Bobak, & Davey Smith, 1995）。虽然这本书反对指责父母或社会条件，但本书第1部分也说得很清楚，规范性过程通常都会被父母所经历的剥夺和伴随的压力所破坏。在本书的第1部分，作者提醒我们注意，在工作遇到困难时，要首先处理（父母）识别孩子独特主体性的能力。这是一个很好的证明，看看这些父母是否做好了准备为他们的孩子尽最大的努力，看看简单的、不那么强烈的干预措施（这些干预都是精心设计、非常微妙的）通过加强母亲（有时是父亲）的有效养育后，能在多大程度上促进学步儿的社会发展。

当读者读到这本书的第2部分时，他们将不再感到惊讶，因为这种模式很快就得到了认可和普及。例如，它已经被远在俄罗斯、秘鲁和希腊等地的一些有才华的临床医生所接受。这些经验因为种种原因也引起了我们的好奇心。在他们的描述中，这个项目虽然起源于英国南部，却能够适用于截然不同的文化环境。虽然每一次的应用都是独一无二的，但它的可迁移性证明了它在发展过程中的作用具有跨文化一致性,这是本书的核心。

最后,这本书涉及的主要方法论也很先进,值得一夸。通过将定性和定量研究的方法引入学步儿小组,我们拥有了一个超越叙事性描述的视角,来看待发展促进过程中所发生的事。这种研究和实践的整合当然是安娜·弗洛伊德一生的抱负,尽管她并不熟悉我们在这里所描述的方法,但是通过现有的最佳精神分析调查方法来推动发展科学,肯定会得到她的赞同。在本书的这些章节中,还充分展示了教育、研究、临床观察和精神分析洞察,如何被编织成一张极其丰富多彩的挂毯——(以促进我们的)理解。

本书公开的目的,是描述一系列背景下的发展过程和治疗性干预,此外,本书还提供了一个范式,向我们说明如何才能(我们也应该)详细地描述创造性的临床干预,并将之纳入理论,转化为表述清晰的实用性建议,在一系列网络和背景中传播以证明其可译性。在所有这些设置下进行研究,以了解它们的工作原理、效果以及怎样做还能获得更大的成效。扎菲里乌·伍兹和比勒陀利乌斯为该领域提供了一个特征量——描述了一种创新而有力的临床范式,它在为当代最重要的问题提供解决方案时,也使精神分析思维在其中获得了传承。

导　论

Marie Zaphiriou Woods

本书有关于如何进行父母—学步儿小组（parent-toddler group, PTGS）精神分析，它如何在安娜·弗洛伊德中心进行，以及如何在伦敦的其他各种机构乃至英国之外的其他城市进行。同事们将我们的方法作为一个模型介绍给了不同的人群和文化。这表明，这些小组成为早期干预的有效媒介，而早期干预所针对的时期，对于处理与亲密、自主、侵略、分离和性有关的核心情感议题至关重要。这些小组通俗易理解，促使许多可能对精神健康服务有所怀疑的父母能够和他们的孩子一起来参与小组的工作。无论他们是受困于学步儿的某些典型行为（诸如消极情绪、发脾气、吃饭睡觉的斗争）或是更具体的困境，还是仅仅为他们自己或他们的孩子寻找同伴（至少是有意识的），他们都在使自己能够有机会得到专业的帮助，而这种帮助也是基于对发展需要和精神分析过程的理解。针对亲子关系的支持工作要在发展的关键期进行，可以在问题变得根深蒂固之前就识别并指出他们的困难，而且，在经过一段时间的小组工作后，会发展出信任的关系，在此基础上，在必要时也可转介他们去接受合适的临床服务。

这些小组由训练有素的专业人员领导，并且是为学步儿及其父母或其亲近的亲属准备的。每周会面一次，每次持续1.5小时。尽管现在大多数父母都在工作，但事实证明他们还是可以带着孩子来参加小组活动的。在某些国家（希腊和秘鲁），父母—学步儿小组会在非工作时间举行会面，以便父母双方都能经常参加。在英国，这些小组在学校的上课时间里举行，父母可以安排好他们的工作，以便把孩子带来参加小组，或者父母可以推迟回去工作的时间，直到孩子成长到可以上托儿所的年龄。英国的难民和寻求庇护者，或者俄罗斯的孤儿院毕业生，都处在过渡和调整的艰难时期，他们在解决住处和上一些有助于获得工作机会的课程的同时，可以参加一个就近的小组。

通过参加小组，学步儿探索他们的内部世界和外部世界，与父母分离－个体化。学步儿"走开又回来"（Winnicott, 1966, p. 136）的过程，与那些在安娜·弗洛伊德中心观察、协助、有时也带领父母—学步儿小组的学生和同事的经历是相似的。这些人在参加了我们的研讨会和小组会议或个体咨询之后，会把我们的理念和方法带回去，并通过电子邮件保持联络。他们有时还会回来进行进一步的咨询或参加一年一度的学步儿专题讨论会。又或，由安娜·弗洛伊德中心的小组成员前往他们的国家，进行会谈并提供咨询。正如学步儿会在主观现实和客观现实之间痛苦挣扎（同上），我们也会发现，自己不得不在安娜·弗洛伊德中心的方法和非常不同的环境和文化的迫切需要之间挣扎。在面对早期难题时，通常都是医学方法凌驾于心理学方法之上，而对孩子的照料会委托给扩展家庭或专业护理人员，机构中充满了专业人士之间的竞争、分裂和投射。理解这些的方式、创造性解决方案以及成功与失败，都记录在本书的第二部分中。

我第一次构想这本书的时候，是我开始考虑从安娜·弗洛伊德中心父母—学步儿服务的主任职位上退休的时候——也许这恰好证明了，在人的一生中，分离－个体化的过程可以激发创造力。我认为，我们的工作方式已经得到了充分完善，是时候把它们写下来了。当然世界各地还有许多其他成功的方式来运作精神分析式的父母—学步儿小组，但是我们的方法已被证明具有足够的灵活性，可以帮助各种环境下有特殊需要和脆弱点的家庭。我们的父母—学步儿小组牢固扎根于精神分析儿童发展理论，并通过对学步儿及其父母的观察得到不断的检验和丰富，以及通过安娜·弗洛伊德中心和伦敦大学学院合作的硕士研究项目受到了评估，它实现了安娜·弗洛伊德将培训、服务和研究结合在一起的愿景（Kennedy, 1978）。这个方法延续了她的传统，深入社区为那些遭受剥夺、创伤和丧失的年幼儿童（和父母）提供精神分析支持。比勒陀利乌斯于2008年接任学步儿服务的主任一职，他同意和我一起编辑本书，我对此感到非常高兴。我们都希望，这本书能帮到那些在相似或不同的设置下与学步儿及其父母工作的从业者们。我们对学步期复杂的发展挑战的理解和方法，可能也和针对年龄较大的（仍在努力实现自主和建立积极关系的）儿童及其父母的工作有关。

本书分为三个部分。第1部分（第1—6章）描述了安娜·弗洛伊德中心的父母—学步儿小组的历史、理论和实践。第2部分（第7—13章）显示，在将安娜·弗洛伊德中心的方法应用于有特殊需求和处在各种环境中的学步儿和家庭的过程中，出现了很多问题，需要对技术进行改进。作者们根据各种理论来源和传统（小组分析、系统理论，还有克莱因和独立学派，以及经典的安娜·弗洛伊德理论）来探讨这些问题。本书的第3部分（第14—16章）总结了安娜·弗洛伊德中心的三个父母—学步儿小组研究项目的成果。在安娜·弗洛伊德中心和伦敦大学学院联合硕士项目的精神分析发展心理学的背景下，简要地对它们做了一些介绍。

第1章展示了我们现在的学步儿小组是如何生发于安娜·弗洛伊德的毕生努力的：她想把精神分析理论、观察和实践联系起来，建立一个正常发展的理论，用于早期干预和预防将来的障碍。第2章阐述了正常学步儿发展的理论，这是我们与父母和学步儿工作的基础。我们借鉴了安娜·弗洛伊德、温尼科特、马勒对经典精神分析文本的解读，同时也结合了当代精神分析、发展思路、依恋和神经科学的视角。而对于小组的观察则将理论与生活联系起来，并强调了学步儿与父母的关系的核心性。第3章描述了学步儿小组的工作方式——结构、目标以及在小组中实施的各种干预措施；并使用来自小组的片段来说明小组的设置和个体干预如何支持那些参与者的发展。第4章探讨了游戏的本质和游戏带来的快乐，并扩展了我们对于学步儿发展中游戏作用的理解；也探讨了父母与孩子在玩耍时遇到的一些困难，并展示了这些小组如何鼓励亲子双方的玩乐。第5章是一篇学步儿观察的论文示例，作者是我们小组中的一名学生，她每两周来做一次观察。在这篇论文中，这名学生描述了她在观察中体验到的难以消化的感受。她观察到学步儿会逐渐发展出自主性，并对以前理想化的母子关系进行攻击，这对她产生了很大的影响。她利用她的观察和反移情，加深了对正常学步儿发展的复杂波动性质的理解。

第6章是一个纵向研究，研究对象是一个弱视的父亲和他的两个女儿，两个女儿在出生时都患有婴松软综合征（floppy baby syndrome），他们先后参加了两个小组。这项观察研究跨度四年，研究表明，伴随着小组的支持，这位父亲能够分辨出他自己的残疾日渐严重所带来的挫折感和女儿更加良性的状况，并用他的经验为她们提供共情和支持，找到促进她们发展的方式。

在第7章中，安娜·弗洛伊德团队中一位经验丰富的成员概述了有特殊需要的学步儿小组的背景、目标和发展。通过描述参加小组的三个孩子的状况，她说明了差异和残疾所带来的不确定性和模糊性是如何影响学步儿、父母和与他们一起工作的专业人员的。这些不确定性和模糊性引起了极度痛苦的无助感、挫折感和矛盾情绪，并在小组中活现或被回避。在第8章中，我们团队的另一位成员详细描述了在一个破败的政府公租房中运行一个延伸小组所面临的挑战。她说明了房屋的设计如何反映和混合着居住在其中的家庭的体验。他们创伤性的经历（紊乱、被忽视、被拒绝、被侵入）会在小组中重复，需要设立严格的边界，以保护父母、学步儿和工作人员，并处理和理解小组中与那些学步儿相似的强烈感受。第9章回顾了一个在收容所中成功进行的学步儿小组，它是为无家可归的家庭开办的，因此对小组的预期和技术进行了逐步的修改。它向我们展示了，只要将小组框架牢记心中，就可以灵活运用边界，创建一个持续进行的治疗性小组。他们试图帮助母亲和学步儿处理分离和攻击性的核心问题，但这些家庭曾经经历过无助和丧失，并且他们每天都生活在旅馆中，这些都使工作变得更加复杂。另一个针对伦敦贫困地区父母的小组，也在预期和技术方面做了不同的改进。这个小组的重点是接触那些每天都奔波于生计的家庭，向他们展示有人把他们记在心里，为他们提供一种归属感。还有一个与一对母女工作的例子，为期三年，这个案例展示的是，如何通过为她们提供灵活的小组体验，从而允许母亲调节与孩子之间的亲密度，帮助她容忍孩子的攻击性和那些争取自主的举动，并建立更牢固的关系。

第11章把我们带到了俄罗斯，那里有一个长期的整合性学步儿小组，这个小组针对的是那些在孤儿院长大的母亲、有特殊需要的幼儿以及深陷发展性挑战的其他父母和学步儿。尽管他们特别努力地去接触和纳入那些特别脆弱的父母，但作者们强调，在这些小组中，注意力应该被均匀地分配在所有成员的共同问题上，而非聚焦于特殊需要。第12章介绍了在雅典的一个社区心理健康中心建立学步儿小组之前，在向专业人士和地方社区介绍学步期这个概念及其独特挑战时所遭遇的艰苦过程。凭借小组分析理论以及温尼科特、比昂的理论，探讨了学步儿小组中共享的各个层次，并利用小片段来展示这一过程如何加强依恋，促进分离－个体化。第13章的作者们描述了他们在利马建立父母—学步儿小组的过程，在利马的文化中，父母通常会把年幼的孩子交给他人照顾，重视孩子的学业表现甚于情感发展。他们的小组每周六上午会面，提供一种替代性的创新模式——重视自发的游戏和相互交流，他们邀请工作的父母参与小组，并鼓励他们意识到自己的孩子是独一无二的、有自己的思想。

最后一章描述了对小组的研究与评价。第14章介绍了父母参加安娜·弗洛伊德中心学步儿小组的经验，并强调了对于解决和支持父母及孩子的需要，以及早期干预措施的重要性。第15章测量了参加安娜·弗洛伊德中心父母—学步儿小组的12位母亲的省映功能（reflective functioning）。测验结论是，参加精神分析学步儿小组会对母亲省映孩子行为的能力产生积极影响。第16章利用视频片段的微观分析，加深了我们对社会饮食发展过程的理解，将其与情感调节和分离－个体化过程联系起来。

目　　录

第1部分　安娜·弗洛伊德中心的父母—学步儿小组 ……………1

第1章　安娜·弗洛伊德中心父母—学步儿小组的历史背景
以及使用观察的方法来研究儿童发展的历史背景 ……… 3
第2章　正常学步儿发展：离开与返回 ………………………………19
第3章　一种运行父母—学步儿小组的精神分析发展方法 ………47
第4章　游戏的作用 ……………………………………………………67
第5章　正常的困难和困难的正常：一个学步期儿童的观察文章 …83
第6章　一个视力部分残疾的父亲和他具有先天性婴松软综合征
的女儿们的关系 ……………………………………………99

第2部分　安娜·弗洛伊德中心方法的改良和应用 ……………121

第7章　差异和残疾：在一个特殊学步儿小组中的体验 ………… 123
第8章　在政府公租房开展学步儿小组：
忽视、侵扰、强制迁移以及边界的重要性 ……………… 139

第9章　在收容所针对无家可归的家庭组建学步儿小组：
　　　　循序渐进的技术·················155

第10章　向脆弱的父母和学步儿伸出双手：
　　　　在伦敦南部的贫困地区建立学步儿小组·················171

第11章　促进有特殊需要的学步儿和父母的整合：
　　　　圣彼得堡的父母—学步儿小组·················189

第12章　整合、分享与分离：
　　　　介绍希腊的学步儿、学步儿小组的概念·················199

第13章　寻求我们自己的道路：
　　　　让在职父母参与秘鲁的学步儿小组·················213

第3部分　研究与评估·················225

导　语·················227

第14章　一项针对精神分析性父母—学步儿小组中
　　　　父母体验的定性研究·················229

第15章　想着我的学步儿：一个精神分析性的学步儿小组
　　　　是否能够提升父母的省映功能？·················239

第16章　安娜·弗洛伊德中心父母—学步儿小组的零食时间：
　　　　对学步儿时期社交饮食的微观分析·················247

第17章　结语·················259

附　录·················267

参考文献·················271

第 1 部分

安娜·弗洛伊德中心的
父母—学步儿小组

第 1 章

安娜·弗洛伊德中心父母—学步儿小组的历史背景以及使用观察的方法来研究儿童发展的历史背景[1]

Inge-Martine Pretorius

人们不再记得是谁开创了他们现在正在使用的方法。

August Aichhorn

引　言

安娜·弗洛伊德中心的父母—学步儿小组体现了安娜·弗洛伊德试图在儿童发展领域，将精神分析理论、观察方法和临床实践联系在一起的持续努力。这个小组的历史根植于安娜·弗洛伊德在精神分析应用领域里贯穿一生的兴趣，也根植于她想要在不同专业领域之间构建联结桥梁的众多尝试，这些领域与儿童福利密切相关，包括教育、儿科医学以及家庭法。

---

[1] 感谢南希·布雷纳（Nancy Brenner）、玛丽·扎菲里乌·伍兹、保利娜·科恩、帕特·雷德福德（Pat Radford）和安妮·哈瑞阅读了本章，并提供了富有洞见的见解。

这一章介绍了安娜·弗洛伊德以及她的后继者与学步儿工作的历史概况，跨度从维也纳的杰克逊托儿所（the Jackson Nursery）到当前运营于安娜·弗洛伊德中心和社区中的父母—学步儿小组。它显示，安娜·弗洛伊德最初对直接观察的试验性尝试，是如何成为其"双重取向"的重要组成元素的，双重取向将观察方法和精神分析性重构整合在一起，以适应她想要建立一个关于正常儿童发展的精神分析理论的需要。

儿童小组（1927—1938）

在写作"小汉斯"这个个案的时候，西格蒙德·弗洛伊德就曾呼吁使用直接对儿童进行观察的方法来对精神分析的探索进行补充：

> 肯定存在一种可能性，可以对儿童进行第一手的观察，获得他们生活中所有的性冲动和愿望的新鲜素材，这些恰是我们在与成人工作时如此费力地从他们残余的蛛丝马迹中想要挖掘出来的东西。
>
> （1909, p. 6）

安娜·弗洛伊德对直接观察的兴趣源自她以"介绍儿童分析技术"为题所做的四场演讲，演讲在当时刚刚成立的维也纳精神分析研究所进行（1926—1927）。针对儿童分析的定期研讨会随之成立，并以"die Kindergruppe"（意为"儿童小组"）为名而广为人知。研讨会在每周三下午定期举办，成为安娜·弗洛伊德中心"周三会议"的前身（Kennedy, 1995）。当时出席这些研讨会的分析师包括多萝西·伯林厄姆、埃里克·埃里克森（Erik Erikson）、海德威格（Hedwig）以及威利·霍夫（Willi Hoffer）、安妮·卡坦（Anny Katan）、玛格丽特·福莱斯（Margaret Fries）、伊迪丝·杰克逊（Edith Jackson）等（A. Freud, 1966）。在对语言期儿童进行分析以及观察婴儿（通常是自己的婴儿）的过程中，这些分析师开始思考母婴关系对儿童未来发展的重要性。一些分析师在训练分析的背景下进行了纵向观察，这些观察被当时的精神分析期刊中的特定专栏定期地记录下来（A. Freud, 1967; Young-Bruehl, 2004）。

在那段早年时间里，儿童分析的维也纳学派（由安娜·弗洛伊德领导）根据儿童发展中的心理需要，探索了对经典分析技术的改进。他们相信儿童分析的目的是为了防止钳制（arrest）与抑制（inhibition），消除退行（regression）与妥协形成（compromise formation），从而"释放儿童自发地指向逐渐发展、臻于完善的能量"（Freud, 1967, p. 9）。安娜·弗洛伊德逐渐确信：儿童分析师有必要建立"一个正常发展的分析性理论"（Freud, 1978b, p. 276），以便能够识别和评估心理病理学。

杰克逊托儿所（1937—1938）

安娜·弗洛伊德对于观察方法和正常发展的兴趣，以及她对当时维也纳的政治风向所导致的社会高压的觉察，共同催生了杰克逊托儿所的成立。作为犹太人，政府不允许她担任任何机构的负责人，因此这个托儿所名义上是由她的美国朋友多萝西·伯林厄姆和伊迪丝·杰克逊运营，她们同时也是投资人（Edgcumbe, 2000）。她们把蒙台梭利协会（the Montessori Society）的一部分——"儿童之家（Haus der Kinder）"——租下来，共享了协会的一些玩具。她们从维也纳最穷的地区挑选了20名年龄跨度为1—3岁的学步儿。安娜·弗洛伊德曾这样解释她对直接观察前俄狄浦斯期儿童的兴趣：

我们的愿望是直接收集（而非重新建构）生命第二年的信息，

> 我们认为生命第二年对于以下这些发展极其重要：儿童从初级过程到次级过程功能上的重要进步；喂养与睡眠习惯的建立；超我的雏形和冲动控制能力的获得；与同伴的客体联结的建立。
>
> （Freud, 1978a, p. 731）

托儿所被看作是一个"实验性的育儿小组"（Freud, 1978a, p. 731），其日托设置为学习和测试发展理论的一些想法提供了机会。当托儿所在1937年2月开业后，安娜·弗洛伊德很快就引入了做记录的观察方法。她作为观察者定期到现场进行儿童观察，并参加每周一次的成员例会，讨论儿童个体的情况。她还召集每月一次的研讨会讨论在育儿工作中发现的理论问题。第一次例会于1937年3月1日召开，与会成员包括安娜·弗洛伊德、多萝西·伯林厄姆、约瑟凡·斯特罗斯（Josefine Stross；托儿所的儿科医生）、格雷特·比布林（Grete Bibring）、伊迪思·巴克斯鲍姆（Edith Buxbaum）、海因兹·哈特曼（Heinz Hartmann）、海德威格·威利·霍夫、安妮·卡坦、厄恩斯特·克里斯（Ernst Kris）、汉斯·兰普（Hans Lampl）、詹妮·兰普－德·格鲁特（Jeanne Lampl-de Groot）、理查德·斯特巴（Richard Sterba）、罗伯特·王尔德（Robert Wälder）、詹妮·王尔德－霍尔（Jenny Wälder-Hall）和霍夫·沙齐斯（Wolff Sachs）（Kennedy, 1988）。

他们就数据收集的方法学进行了讨论，并对应该做客观的行为观察还是使用"分析方法"进行了辩论：收集材料以证实或反驳他们从精神分析视角得出的第一印象（Kennedy, 1988）。大家对儿童病理学的兴趣似乎淡于建立一个好的方法学。1938年，杰克逊托儿所被纳粹政府关闭，观察被迫全部终止。

汉普斯特德战时托儿所（1940—1945）

当西格蒙德·弗洛伊德与家人在1939年6月逃往伦敦时，安娜·弗洛伊德已经设想了她在伦敦的工作方向，她在行李中打包了10张儿童担架床。杰克逊托儿所的大部分家具和玩具随后也很快被运了过去（Young-Bruehl，2008）。随着战争爆发，安娜·弗洛伊德意识到需要提供一些庇护所，以收容因战争而被迫成为难民或变得无家可归的儿童及其家人。她与多萝西·伯林厄姆一起于1941年1月在北伦敦的韦德伯恩路13号开办了儿童休息中心（Children's Rest Centre）。1941年夏天，又开办了两家传统的寄宿型托儿所，一家名为婴儿休息中心（Babie's Rest Centre），位于北伦敦的内斯霍尔花园5号，一家名为新谷仓（New Barn），是一所难民之家，位于埃塞克斯的切姆斯福德。安娜·弗洛伊德和伯林厄姆成为创建寄宿之家的先驱，她们所创建的三家托儿所以"汉普斯特德战时托儿所（Hampstead War Nurseries，后文简称战时托儿所）"之名而被广为人知（Hellman，1983）。在这些托儿所中，她们寻求的不仅仅是满足幼龄儿童的生理和教育需要，而且满足他们的心理和情感需要。

安娜·弗洛伊德和多萝西·伯林厄姆在运营伦敦城里的寄宿之家，此外，她们还需要一个管理者负责乡下的寄宿之家。安娜·弗洛伊德听说了爱丽丝·戈德伯格（Alice Goldberger）的事迹，此人在马恩岛建立了一个托儿学校，却被当作"敌国侨民"而被拘押起来。安娜·弗洛伊德开始支持爱丽丝的专业工作。在她的干预下，爱丽丝最终获释并成为乡下的寄宿之家（新谷仓）的主管。战争结束后，爱丽丝成为汉普斯特德儿童治疗课程（Hampstead Child-Therapy Course）的第一批受训学员（Friedmann，1986，1988）。

尽管修复和预防战争状态带来的生理和心理损伤是托儿所的两个最

重要的任务，但它们同样为研究和教学提供了大量的机会。尤其是，这里的工作为儿童发展的纵向研究提供了机会（Burlingham & Freud, 1942）。托儿所接收的儿童年龄跨度从出生10天到6岁（总共有191名儿童登记在册）。其中约有五分之一是在母亲的陪伴下过来的，母亲在托儿所仍留在孩子身边的时长从数天到数年不等。这使观察儿童成为可能，且观察几乎可以从出生开始。观察的对象包括：与母亲有联结的儿童，得不到母亲照顾的儿童，被母乳喂养的儿童或者被奶瓶喂养的儿童，被迫与母亲分离的儿童或者分离后又与母亲重聚的儿童，与母亲的替代者有联结的儿童，以及发展同伴关系的儿童（Freud, 1951）。

作为在职培训的一部分，所有员工都要记录详细的观察报告。除六位高资质人员外，员工由年轻的工作人员组成——许多人本身就是难民——他们从未接受过精神分析训练或对精神分析理论毫不了解。安娜·弗洛伊德把他们描述为："年轻人，在教育和观察方面渴望冒险，未接受过这些工作的相应训练，但也没接受过有碍于这些工作的方法的训练"（Freud, 1951, p. 20）。她描述了早期的观察工作和立场：

> 模仿分析师在治疗时段观察病人时的态度，注意力保持自由悬浮，追随自由涌现的素材。
>
> （Freud, 1951, p. 19）

记录的语言大部分是英语，观察材料也按照英语进行分类，但偶尔像"Einfühlung"——其含义包含了共情和洞见——这样的德语标题也会被使用。数百份以索引卡片归档的观察记录仍然保存在安娜·弗洛伊德中心的档案馆。这些观察已经被整合进了整体的理论框架，而这些理论仍然在被新的观察所获取的信息所修正与发展。这些观察指明，儿童的最早期关系对儿童的未来发展是多么重要。安娜·弗洛伊德和她的同事们开始发现，早期的干预可以减轻后来的情感和行为问题的恶化。这种预防性的工作成为父母—学步儿小组的工作核心（Zaphiriou Woods, 2000）。

战时托儿所的每月报告为很多主题提供了大量的观察案例和总结（Freud & Burlingham, 1940—1945）。第一个重要的总结在1944年以"失去家庭的婴儿"（Infants without Families）为题集结出版（Freud & Burlingham, 1944）。虽然在安娜·弗洛伊德看来这些早期的观察并不系统，但它们仍然为她随后所倡导的直接观察方法开辟了道路，尽管这种直接观察方法一直受到许多分析师的质疑（Solnit & Newman, 1984）。

安娜·弗洛伊德坦承了她对直接观察儿童这种方法最初的怀疑态度，她曾写道，"开始观察外显的公开行为是带着疑虑和担忧的一次尝试"（Freud, 1951, p. 18）。她希望证明观察方法可以在证实或推翻精神分析的重构方面有所作为，但又对此有所怀疑，在1951年她认为"这不会带来新的突破"（Freud, 1958, p. 93）。然而到了1958年，她意识到她对于观察的价值和效果一直都过于悲观了。她注意到直接观察证实了一些精神分析的假设，例如性欲发展阶段的重叠，这也是她一直以来所期望的。她强调了直接观察对遭受创伤的儿童的价值；这些儿童经常表现出退行和重复性行为，当回溯过去对他们的观察时，这些行为很容易在观察记录中找到印证（Freud, 1958）。

安娜·弗洛伊德最终开始重视采用"双重取向"来收集数据，即观察和重构，采用这种方法，直接观察和精神分析的洞见可以相互印证并丰富彼此，从而创建一个精神分析范式的儿童心理学（Freud, 1958）。她对这种取向十分欣赏，曾写道：

> 当观察到前性器期的表现以不可调整的顺序到来并呈现时，观察者都会禁不住有这样一种感觉：每一位精神分析的学生都应该获得观察的机会，以便在这些现象呈现之际能够亲眼看到，

从而获得一幅完整的图景。只有这样他才可以检验他未来的分析性重构。

(Freud, 1951, p. 21)

安娜·弗洛伊德的发展线(developmental line)概念集中体现了将观察和分析性重构中所获数据综合在一起的研究取向,体现这种研究取向的概念还有临时诊断廓图(Provisional Diagnostic Profile)(Freud, 1956)。发展线给出的是儿童的外部图景,并从这种外部图景去推断心理发展;而诊断廓图包括了儿童的主观内部世界。作为一个基本的发展评估工具,廓图满足并深化了安娜·弗洛伊德对于更好地理解心理常态与病态的需要。她在生命最后20年里的著作反映了她对这两个概念的入迷,也反映了她意识到,对于如何治疗发展被打断所造成的问题仍然有大量未知有待探索(Freud, 1983; Solnit & Newman, 1984)。

汉普斯特德幼儿园(1957—1999)

战时托儿所在战争快要结束时关闭了,这时,凯特·弗莱德兰德(Kate Friedlander)和芭芭拉·兰托斯(Barbara Lantos)两人鼓励安娜·弗洛伊德组建一门正式的课程来培训"儿童专家"(Freud, 1965, p. 9)。汉普斯特德儿童治疗课程和相应的研讨会始于1947年,举办地点是教师的家里和梅尔斯菲尔德花园20号(Kennedy, 1995)。弗莱德兰德和兰托斯担任教师和训练分析师(Young-Bruehl, 2008)。在购入了梅尔斯菲尔德花园12号以后,汉普斯特德诊所在1952年开业,这个组织开始以"汉普斯特德儿童治疗课程和诊所"而被人所知。

创建幼儿园的目的是为了给在诊所受训的学生提供观察和研究幼儿正常发展过程的机会,同时也将教育和精神分析两门学科整合到一起,以及为儿童提供育儿服务。安娜·弗洛伊德选择曼娜·弗里德曼（Manna Friedmann）来负责学校的运营，学校于1957年5月开学。她们两人相识于1946年，当时曼娜是爱丽丝·戈德伯格的同事，两人都在萨里的威尔·考特（Weir Courtney）工作：这是为集中营里最幼小的幸存者提供帮助的寄宿之家（里面有24个孩子，年龄跨度为4—16岁）（Friedmann, 1986, 1988）。幼儿园很快就成了安娜·弗洛伊德最喜欢的项目，她当年与孩子游戏互动的许多逸闻趣事也流传至今。弗里德曼记录了一个小男孩问安娜·弗洛伊德住在哪里的对话。安娜·弗洛伊德回答说："我住在可可的房子里"（可可是安娜·弗洛伊德养的狗）。那个男孩带着许多同情回应道："原来你没有自己的房子啊！"（来自弗里德曼2006年在蒂克斯伯里的口述）。

幼儿园位于梅尔斯菲尔德花园12号的地下室，当时有8～12个儿童参加，年龄跨度为3—5岁。除了正常儿童外，小组还接收了一些特殊儿童和一些正在接受或等待接受心理治疗的儿童（Sandler, 1965）。幼儿园为在诊所受训的学生提供了大量的精神分析案例。最初他们只提供半天的课程，但受美国开端项目（Headstart Program）的影响，学校在1966年将课程扩展为全天，并将贫困家庭纳入服务范围。阿吉·贝尼（Agi Bene）和安妮－玛丽·桑德勒（Anne-Marie Sandler）两人作为顾问加入了团队，后来萝丝·埃奇库姆（Rose Edgcumbe）和彼得·威尔森（Peter Wilson）成为他们两人的继任者。

爱丽丝·科隆纳（Alice Colonna）是开始做儿童观察的一年级学生中的一员。这些学生观察者与幼儿园的孩子混在一起，采取中立的角色（Wilson, 1980）。学生与员工在每周例会中讨论他们的观察。幼儿园里的观察有时也会利用战时托儿所里的观察结果来进行补充，观察同时伴随着对这些儿童的评估和精神分析性治疗（Zaphiriou Woods & Gedulter-Trieman, 1998）。

最初曼娜·弗里德曼被记录观察内容的任务吓到了。她回忆起安娜·弗洛伊德标志性的简短回应：

> 记录下任何你觉得想和朋友分享的东西：可以是让你着迷的，或是有趣的、使你发笑的，也可以是使你不愉快甚至生气的；记录下任何可以证实精神分析理论或者与精神分析理论不符的东西；记录下任何你认为是早熟表现或晚熟表现的行为。
>
> （Friedmann, 1988, p.280）

第一次来的父母会感到惊喜，但也会对这里提供全面服务却只收取低廉费用感到怀疑。员工会向他们解释，这个诊所是一个训练与研究中心，这里需要他们的孩子，目的是教会学生和工作人员什么是"正常"儿童。用曼娜·弗里德曼的说法："'正常'这个词是非常重要并且令人安心的"（Friedmann, 1988, p. 285）。

曼娜负责幼儿园的运营有21年之久（1957—1978），当她决定退休时，安娜·弗洛伊德原本打算把幼儿园关闭。然而，一个名叫南希·布雷纳（Nancy Brenner）的年轻美国人接替了曼娜，"为安娜·弗洛伊德最喜欢的项目带来了新生"（Brenner, 1988; Young-Bruehl, 2008, p. 419）。南希·布雷纳强调了记录观察内容为观察者和儿童带来的意外收获：

> 最初，我以为记录下观察内容的主要目的是为学生和同事保留一份报告。不久以后我意识到，观察对于我和孩子来说更为重要。记录观察内容帮助我更密切地了解每一个孩子的独一无二。它们给我提供材料，帮助我思考和评估孩子的个体力量和需要，帮助我反思我与每个孩子的关系以及我对这些关系的把控。用于记录的这些非育儿时间变成了给予孩子的额外时间，因为

它带来的影响在第二天会被我和孩子感觉到。就好像我和孩子进行了一场私下的"探望",使我们之间进行中的关系得以深化。

(Brenner, 1992, p. 89)

南希·布雷纳一直把幼儿园运营到1990年,她的继任者是米里亚姆·塞内兹(Myriam Senez)。玛丽·扎菲里乌·伍兹则在1986—1997年担任幼儿园的精神分析医师。幼儿园于1999年关闭。

乖宝宝诊所(20世纪50年代—1997年)

乖宝宝诊所(the Well-baby clinic)由乔伊斯·罗伯特森(Joyce Robertson)于20世纪50年代建立,目的是给予年轻母亲建议并帮助她们照顾好婴儿的身体需要和情感需要。它提供长程观察的手段,观察从婴儿出生后不久就立刻开始,有时一直持续到儿童上幼儿园。诊所聚焦于预防性工作。工作人员试图确定恰当的指导和支持在何种程度上能够缓解母亲与婴儿之间的紧张关系,以便为在处理婴儿睡眠、喂奶和断奶上遇到越来越多困难的母亲提供支持,并帮助母亲处理这些身体体验对婴儿心理所产生的影响(Sandler, 1965)。多年来,工作人员包括厄恩斯特·弗洛伊德(Ernst Freud)、艾琳·弗洛伊德(Irene Freud)、尼基·莫德尔(Nicky Model)和担任儿科医师的约瑟凡·斯特罗斯。

父母—学步儿小组(20世纪50年代至今)

20世纪50年代,乔伊斯·罗伯特森在汉普斯特德诊所建立了第一个父母—学步儿小组。她意识到当乖宝宝诊所里的婴儿成长为活跃的学步儿,他们的妈妈却在如何理解和应对这个新发展阶段的困难中迷失了方向。即将进入幼儿园的儿童（学步儿）组成了小组，每周一次地在梅尔斯菲尔德花园12号的地下室会面，他们会玩从维也纳的杰克逊托儿所带过来的玩具（Young-Bruehl, 2008）。安娜·弗洛伊德最初的想法是提供两个房间：一个房间给母亲，另一个房间给孩子当游戏室，里面有老师和玩具。两个房间有门相连，并且门是敞开的，这样让学步儿可以在两个房间自由活动。然而，曼娜·弗里德曼写道，"学步儿对我们的观察项目和尝试观察的努力完全不感兴趣，结果这变成了一个非常不自然且充满压力的情境"（Friedmann, 1988, p. 284）。

学步儿小组后来搬到了位于梅尔斯菲尔德花园21号的小建筑里，负责人是保利娜·科恩（Pauline Cohen）和芭芭拉·格兰特（Barbara Grant）。为失明儿童服务的幼儿园（以"学步儿小屋"之名而为人所知）也坐落于此。小组与乖宝宝诊所和幼儿园都保持着密切的联系。这个小组最初叫作"母亲—学步儿观察小组（mother-toddler observation group）"，儿童心理治疗的受训者将观察这个小组作为他们受训的一部分，并且在每周的研讨会中讨论他们的观察内容（Cohen & Grant, 1985）。

弗朗西斯·萨洛（Francis Salo）和玛丽·扎菲里乌·伍兹两人在1988年接替了保利娜·科恩和芭芭拉·格兰特担任小组负责人。玛丽·扎菲里乌·伍兹开创了一个新的传统，开始让儿童心理治疗的受训者担任助理。随着1993年精神分析发展心理学科学硕士（the MSc in Psychoanalytic Developmental Psychology）培养模式的建立，为适应数量不断增加的观察者，学步儿小组由1个增加到了4个。玛丽·扎菲里乌·伍兹在1999年成为这个机构的精神分析医师，后来又成了经理（任期为2002—2008年）。

在英曼信托基金资助下成立的"足迹"小组运营了两年，服务对象为视觉受损的学步儿及他们的父母（详见第7章）。2003年，在英国政府的确保开端计划（Sure Start）的拨款下，又一个小组在当地政府的所属地产中得以成立（详见第8章）。这个小组在2008年3月迁址到了当地的儿童中心。2007年，另一笔开端计划拨款使得另一个为无家可归家庭提供服务的父母—学步儿小组得以成立，地址位于当地的一处旅馆（详见第9章）。

当前安娜·弗洛伊德中心有两个父母—学步儿小组。除了为学步儿和他们的父母提供宝贵的临床服务以外，这些小组持续为"母亲—学步儿观察小组"的目标服务（Cohen & Grant, 1985），尽管现如今父亲也参与进来了（详见第6章）。攻读精神分析发展心理学科学硕士的学生在一年的课程期内对学步儿和他们的父母进行观察。学步儿观察者采取中立的立场：两名学生坐在游戏室里，其他人坐在旁边的一个小房间里，可以透过单向玻璃看到游戏室的场景。在时长为1.5小时的观察之后，学生记录几行关于儿童与父母互动的内容（记在索引卡上）。记录的内容会在每周一次的研讨会中进行讨论。不会要求学生假装去做所谓客观的观察。学生会对特定的儿童和互动内容体验到一系列的感受，这些感受往往随着一年课程的进程而发生变化。这些主观感受为理解和丰富他们的观察提供了重要的源泉（详见第5章）。而且这些感受可能增加学生的自我觉察。学生的观察对于中心领导和助手的观察与思考还是一种有价值的补充。学生经常在课程中援引观察的片段，在理论和观察之间相互佐证，这成为这一硕士项目的优势。这个项目的硕士毕业生往往成为学步儿小组的助手，有些甚至成为领导，他们以新的身份继续接受这个多年来积累了丰富经验的团队的训练和支持。

小组在2003年引入了审计、研究和评估制度并持续至今。父母在加入和离开安娜·弗洛伊德中心所属的小组时会被邀请参加一个改良版的父母发展访谈（Slade et al., 1994）。除此之外，学步儿小屋在2005年安装了视频摄像头，这样可以获得大量有价值的互动录像用于教学和研究。刚加入小组的父母和学步儿往往对被观察这件事感到非常警惕。学步儿小组的领导向他们保证——正如曼娜·弗里德曼曾经做过的那样——学生只是学习和了解"正常的"学步儿发展过程。大部分学步儿和父母很快就忽略了学生和摄像头的存在。

父母—学步儿服务一直与父母—婴儿项目保持着密切的联系。这个项目继承自乖宝宝诊所,由特莎·巴拉顿(Tessa Baradon)于1997年创建。学步儿小组和父母—婴儿项目的全体工作人员每个月都会开一次论坛,对个案进行深入讨论。这个论坛为从婴儿项目向学步儿小组的儿童转介提供了平滑过渡的可能。

2001年11月,在安娜·弗洛伊德中心国际科学论坛开幕的前夕,玛丽·扎菲里乌·伍兹召开了首届国际学步儿专题研讨会(International Toddler Symposium)。自此,这个专题研讨会每年举办一届,出席者包括来自安娜·弗洛伊德中心的专家以及一位特邀的客座发言人。研讨会吸引了大量热烈的讨论,已经成为年度盛典。2007年,安娜·弗洛伊德中心的父母—学步儿服务收获了儿童精神分析协会(the Association of Child Psychoanalysis)授予的2007年度卓越奖,以表彰它"在父母—学步儿领域所做的杰出工作"。

结 论

西格蒙德·弗洛伊德思考了直接观察儿童的价值,但是,是安娜·弗洛伊德将纵向观察婴儿和直接观察前俄狄浦斯期儿童的设想付诸实践。安娜·弗洛伊德重视她的"双重取向"以收集数据。通过将重构和观察两个取向结合在一起,她引领了儿童精神分析技术的发展。如今,直接观察的重要性和正常发展过程的精神分析理论,仍然占据着父母—学步儿工作的核心。

安娜·弗洛伊德早年在战时托儿所里的工作证实,儿童生命的第一年对儿童未来身体的、神经系统的、心理的以及情感的发展的绝对重要性，最近神经科学研究还表明，第一年对儿童的大脑发展也至关重要（Schore, 1993; Young-Bruehl, 2008）。弗洛伊德流派对早期儿童经验重要性的洞见在不断被完善，并已经被大众和政策制定者所接受。普通大众已经变得更能够接受和理解良好的养育和供养的重要性，早期关系中安全和爱的重要性，以及避免虐待儿童的重要性，因为虐待儿童会导致儿童未来持续一生的痛苦和折磨。这些理解已经促成了美国开端项目、英国确保开端计划以及家庭护理伙伴计划（Family Nurse Partnership programmes）等政策的出台。父母—学步儿小组的成立源自直接观察和研究前俄狄浦斯期儿童的愿望，当时的目的是补充和证实精神分析的洞见，并发展一套关于正常发展过程的理论。时至今日，驱动父母—学步儿小组继续前进的动力在于探索早期干预的预防性方法。

第 2 章

正常学步儿发展：离开与返回

Marie Zaphiriou Woods

> ……自我始于离开，而爱体现于放手。
> （Cecil Day Lewis, 1962，《门和其他诗》中的"离开"）

> 观察父母—学步儿二人组中的儿童，我们能够明显地看到离开父母和返回父母身边这两种活动的共存，这个过程一直持续，几乎不会遇到危险。离开和返回非常重要，一旦这个过程失败了，它会改变孩子的整个一生。
> （Winnicott, 1966, p. 136）

这一章概述了学步期内的主要特点。讨论了与依恋、自主性、分离和亲密（Stern, 1995）有关的基本议题，同时，情绪管理、攻击性、性欲以及想象力的增长也在不断演化的父母—学步儿关系内妥协。安娜·弗洛伊德认为（Freud, 1976），发展是一系列因素的复杂交互作用下的产物，包括天赋、成熟性、结构化（structuralisation）以及支撑我们思考的环境。我们所理解的结构化是指建立起一个表征性的世界（Sandler & Rosenblatt, 1962），这个世界反映着基于最早期的母婴互动的真实和幻想的体验。我们并不打算在这本书里提出关于学步期儿童的综合性理论（这个部分，读者可以参考许多专门探讨该主题的很棒的著作，包括：Bergman, 1999; Fraiberg, 1959; Furman, 1992; Lieberman, 1993; Mahler, Pine, & Bergman, 1975）。我们做的是，给出支撑我们与父母和学步儿在小组中工作的前提。而与父母和学步儿在小组中工作的方法则会在下一章中详细介绍。

学步期[2]

学步期始于婴儿第一次尝试蹒跚地但不依赖于别人搀扶地迈步行走。这一标志着成熟的成就通常出现在1岁左右，引领了一波强劲的发展势头，让儿童获得"心灵上的分离，并最终获得个体化、身份认同与自主性"（Blum, 2004, p. 542）。这是一个贯穿一生的发展任务，永远不会彻底完成（Stern, 1995）。在学步期内，当学步儿能在母亲不在场时将母亲和自己的形象内化进内部世界，并且这种形象足够整合、足够稳定，使得即使母亲或母亲的替代者（例如在幼儿园中）无法一直在场，他依然能够管理自己（身体、想法和感受）的时候，这一发展势头就达到了顶峰（Freud, 1965; Mahler et al., 1975）。通常这会出现在3岁左右。

要理解使儿童达到这种独立程度的复杂发展过程，核心仍然是玛格丽特·马勒提出的分离-个体化的概念。马勒对母亲和4—36个月大的儿童的观察式研究，详尽记录了儿童到达力比多客体恒常性和自我意识增长的心灵内部过程。与其他一些依恋理论家的观点不同（例如Lyons-Ruth, 1991），我们同意马勒的观点，认为攻击和冲突（既包括心理内部的攻击和冲突，也包括外部的攻击和冲突）是学步儿努力获得自主性和独立性的正常而又必需的部分，并且攻击和冲突有助于他增长一种觉知，即

---

[2] 为了简洁方便，本章一般用"他"代指学步儿，"她"代指父母。

其他人是一种独立的存在，而不是他自己主观现实的一部分（Winnicott, 1971）。我们也预料会观察到退行的时期，这些退行扰乱了前进的势头（详见 Blos, 1967, 第5章；Freud, 1965）。在我们的观点中，父母（尤指母亲）在面对学步儿的情感风暴和发展转变时能对他们保持一种情感上的可获得性是至关重要的。她理解、回应他们的方式将塑造他们对自体和客体的表征，将决定他们在朝向独立自主和获得掌控感的发展之路上，是获得快乐的体验还是获得攻击和受伤的体验（Mayes & Cohen, 1993）。

尽管我们的理论取向主要是精神分析，但是我们也会借鉴发展心理学、依恋理论和神经科学的研究。在过去的20年中，我们对脑发育的认识不断扩展，使我们对背后的心理生理机制的理解日益深入。神经发育学研究的一个主要结论是：婴儿的脑天生就会被它所在的环境所塑造（Thomas et al., 1997, p. 209），而情绪在脑被环境所塑造的过程中起着核心的组织作用（Seigal, 1999）。生命最初的两到三年是脑发育的最敏感时期，也是神经可塑性的最佳时期（Balbernie, 2001）。在这段时间里，儿童所处的情绪环境将会塑造脑的神经生物基础，这会成为心灵的生理器官基础。随后我们持续一生的经历和体验会持续改造我们的脑，只是这种改造的程度要比最初的两三年低。

学步儿发展线概要

练习

学步儿时期始于马勒及其同事（Mahler et al., 1975）所称的"适当练习"。他们观察到，随着儿童获得直立运动的能力，他们开启了一段欢欣雀跃的时光，"一种对于这个世界的爱"（Greenacre, 1957）。在这段时光里，学步儿快乐地探索他周围的世界，享受着他新获得的运动能力和随之扩展的世界。他强烈地好奇，不断地探索。肖尔（Schore, 1993）的一项研究表明,处于练习期的学步儿每天会用长达6小时的时间来进行游戏活动。这些刚学会走路的学步儿可能会非常沉迷于探索和扩展他的身体能力,以至于在一段时期内,他对刺激身体的负性体验不再敏感,例如碰撞、跌跤,甚至包括饥饿和疲劳。他可能会接受不那么熟悉的成年人,而在几个月前他是不会接受这样的人的,几个月后也不会。

> 艾瑞丝(15个月)的父母年龄比较大,且患有多种躯体疾病。尤其是她的主要照顾者——父亲,只有部分视力,视觉范围非常有限。当艾瑞丝来到我的学步儿小组时,她既不能爬也不能走;她只会坐在父亲视力范围所及的地方游戏。在来的两次里,她认真地观察我和其他学步儿在小屋周围自由自在地走动。两次以后,她开始试着走了,她够着我的手以使自己保持平衡。有一次在一个特别精疲力竭的下午,她坚持让我反复陪着她重复一条她设定好的固定路线,穿过学步儿小屋,下楼梯来到花园,在小屋外面绕一圈,上楼,然后按原路线再走一遍,直到她能够在不用帮助的情况下自己走完这段路。

马勒和她的同事观察到,当学步儿开始走路时,通常是从他们的妈妈那里向外走。然而,他们以及随后的研究者(Ainsworth, 1963; Ainsworth, Blehar, Waters, & Wall, 1978; Bowlby, 1969)一致同意,学步儿向外走的自由范围取决于孩子可以从父母那里不断获得身体上和情绪上的支持程度;父母是"外部的安全基地,使孩子的来来去去可以在这里锚定下来"(Lieberman, 1993, p. 3)。尽管艾瑞丝似乎很坚定地把我当作学走路的帮手,但她其实每次返回学步儿小屋时都会瞅一眼她的父亲,可能是想看看他是否还在那儿分享她的快乐。有的学步儿可能会想要寻求身体接触,把身体接触当成"加满燃料"或者"重新给电池充电"(Mahler et al.,

1975）；有的学步儿可能会大声喊出来，以赢得"共同的关注"（Bretherton，1992）。较小的学步儿往往通过喉部发声、制造噪音同时（或者）做出手势的方式，来引起父母的注意，表达他们的愿望。这使得崭新的、更"远距离的关系"成为可能（Edgcumbe，1981，p. 97），同时让他们的魔力信念得以延续，即他们的行动，甚至是想法，都能够产生结果的信念（Fraiberg，1959）。1岁左右，很多儿童开始使用词语来命名他们想要的客体（如"妈妈""爸爸""狗狗"）。

艾瑞丝也会回头看她的父亲以确定我是不是一个可靠的人。刚开始探索的学步儿会定期地回头看看父亲或母亲，以寻求这种"社交参照"（Emde，1980）。如果父母对孩子的这种接近热忱地给予积极的回应，孩子会以全新的热情回到探索中去。塔尔金（Tulkin）和卡根（Kagan）的研究表明，在孩子10个月大时，母亲的身体和言语行为的90%都是涉及情感、游戏和照护的，只有5%是制止性的。跑开会成为孩子最喜欢的游戏，前提是孩子跑回来后会被父母抱起来、亲吻、拥抱以获得确认。这个游戏表明，处在练习中的学步儿寻求刺激的探索欲望在增长，想要脱离与母亲融合的关系。练习期密集的正向情感互动强化了依恋过程。肖尔（Schore，1993）认为这一时期的情感、行为和认知独特性反映了一段生理发育期，在这一时期里，交感神经支配的大脑边缘系统高度激活，这个部分的发育要早于副交感神经的抑制过程。这种行为上的过度亢奋对于人际环境是有适应性的。

在每个层面上，母亲喜欢自己的孩子，同时能对他的快乐和激动保持敏感的共振，这会强化他的依恋，增强他自我管理的能力，还会促进他正在萌芽的自我意识，即他是一个独立个体，是这个世界中具有自发性的一个主体。这还会促进他的智力发展和创造性活动，包括想象的能力、梦的能力和游戏的能力。在"我是萨姆"（"Sum, I am"；Winnicott，1968）这篇文献中，温尼科特强调，母亲需要可靠地在那里支持婴儿，使他以能掌控的节奏探索这个世界（客观现实），同时让婴儿保有自己的全能感（主观现实）。温尼科特（1966）描述，"走开与回来"（p. 135）的心理意义大于生理意义，因为儿童完成了从主观性到客观性的困难转换，探索的激动与回到熟悉环境的感受交替出现。如果他能在妈妈不在场时依然维持住妈妈还在场的幻想——尽管有时需要在过渡性客体的辅助下才能做到，他就进入一个被他自己的创造性和自我实现所丰富了的世界（Winnicott, 1971; Wright, 1991）。

在大部分母亲留在家里照看孩子的时期，温尼科特（1971）强调，保持照护的连续性是非常重要的；鲍尔比（1988）则强调，照顾者应为学步儿保留一个安全基地，让学步儿可以在感到担心或焦虑时回来。马勒等人（1975）通过他们的观察设置发现，如果母亲不在场，哪怕很短的一段时间，学步儿就会倾向于变得冷静、低调、内向，似乎在努力激活一个内心的母亲形象来让自己感到安全。他会停止探索，直到母亲回来。当前超过半数的幼儿母亲进入了职场（英国国家统计局数据，2006），幼儿的安全感需要通过仔细选择的替代照顾者（爷爷奶奶、外公外婆、保姆、照顾幼儿的热心人或者托儿所老师）来提供，交接的过程需要仔细对待，逐渐过渡，从而让照护的连续性得以维持。如果母亲能意识到学步儿对爱和保护的连续需要并对此有所回应，同时还能支持学步儿自主的需要，学步儿就会继续探索下去。然而，到第二年的后半段时，学步儿可能会回来与照顾者寻求更多的亲近。

离返

学步儿的积极探索毫无疑问会给他带来一些受挫的体验，打破他全能控制的幻想；一个看上去很棒的椅子，当他爬上去的时候却会翻倒，而爱着他的母亲有时却很忙，不能立刻过来帮他。更重要的是，母亲的愿望并不总是与他的一致，他越来越意识到母亲是一个不同的人，有她自己的想法（Blum, 2004）。这种分离和区别的意识不断增加，对学步儿占主导的兴高采烈情绪是当头一棒。他意识到自己是渺小的、脆弱的、需要依靠别人的。他对自己的母亲体验到一种"强烈的同时又非常糟糕的（fierce and truly terrible）"需要（Winnicott, 1963b, p. 88），而且有时会体验到悲伤、孤独和丧失的感受。因为害怕失去爱他的妈妈，他会在白天"像影子一样跟着"她，不让她离开自己的视线范围。晚上，他会挣扎着不想让妈妈离开，所以有可能会出现入睡困难。躲猫猫游戏可能会成为学步儿最喜欢的游戏，因为他们积极尝试去掌控这种分离的痛苦体验。西格蒙德·弗洛伊德对"去—来（fort-da）游戏"的著名观察（Freud, 1920），展现的就是这样一个18个月大的幼儿用创造性方法来应对母亲不在场的情况；他反复让一个棉线轴消失然后重新出现。

布鲁姆（Blum, 2004）写道："分离的出现……与新水平的互惠互助同时发生"（p. 543）。马勒等人（1975）观察到，学步儿从大约15个月开始寻求"离返"，即对母亲寻求一种全新的接近，和她分享自己的发现并和她游戏。斯特恩（Stern, 1985）用儿童寻求"与另一个人进行主体间的联合"这样的术语来描述这一现象（P. 20）。下文描写了一个典型的学步儿的离返期行为。

诺曼（21个月）看到一个比他大一点的学步儿在有条不紊地清空厨房角落的橱柜，并把"食物"放到了桌子上。诺曼拿着"披萨"走到坐着的妈妈那儿，把"披萨"推给妈妈，同时发出很大的声音。妈妈感谢了他，假装吃掉了"披萨"。他又回去为她拿了一些面包卷，在妈妈假装吃面包卷的时候看着她。他不断地在学步儿小屋里来来回回，有时短暂地停下来玩玩具马车或大汽车，然后很快回去"喂"他的妈妈。当他钻进汽车然后向妈妈说"再见"的时候，这个游戏结束了。

诺曼和他的妈妈似乎享受这个互动，对诺曼来说，他们是分离的，同时又能通过假装喂妈妈吃东西而重新建立亲密，这样的觉知通过这个游戏反复得到了确认。

伯格曼（Bergman, 1999, p. 158）认为这种分享游戏促进了离返期学步儿在自体表征、客体表征以及自体与客体关联的表征的发展。"每次学步儿找到妈妈，他也把一块新的外部世界带过来，每次学步儿离开妈妈，他也把妈妈的一部分带在了身上。这些部分越积越多，就形成了一个内部形象……"（Bergman, 1978, p. 158）。随着学步儿努力表达自己并且传递自己的愿望，词语逐渐代替了手势和声音的表达方式，例如"看""饼干"。他的词汇量开始扩展（Bates, O'Connell, & Shore, 1987; Fraiberg, 1959; Hobson, 2002），他享受语言增长后的社交互动，享受给予别人快乐同时得到快乐。母亲帮助儿童把他的情感生活组织成语言（Bergman & Harpaz-Rotem, 2004），与他一起构建起一个叙事，随着时间的推移，这个叙事将会编织成他对自体和外部世界越来越复杂的表征。

肛欲

在生命的第二年里，肛门性欲汇入了发展的洪流，干扰了离返期，同时为进一步的发展注入了新的力量。可能从一出生起，当婴儿排便排尿、被人把屎把尿以及擦屁股时，肛门和尿道就已经有了愉悦的感觉。但到了大约18个月大时，学步儿开始通过主动地把东西弄脏、弄湿、弄乱来获得快感，可能也通过主动触碰、闻、看来获得快感。父母经常报告孩子的挑衅行为在这个时候突然增加，例如故意把橙汁从杯子里晃出来，或者反复把洗澡水泼到地上。学步儿可能会变成一个否定论者，对任何机会都说"不"，抗拒父母给他洗澡和穿衣服的尝试。弗曼（Furman, 1992）和弗雷伯格（Fraiberg, 1959）都指出，这类行为具有双重的目的，一是本能的表达，二是分离的确立；它们是一份"独立声明"（Fraiberg, 1959, p. 65）。"通过做他母亲不让他做的事，使他独特的个体性得以彰显。好像就是通过对着干，他建立了自己的独立性，从母亲那里分离出来"（p.64）。

随着学步儿意识到自己可以对尿道和肛门括约肌进行控制，他发现不仅排尿和排便会产生强烈的快感，与之相反的把尿和粪便憋在体内也会产生强烈的快感。他的注意力可能会聚焦在这些特定的身体部位上面，而与此相关的两种相对立的冲动——用力地排出和占有性地憋住——在他对自己所爱和所"拥有"的客体的态度上体现得愈发明显。他可能会变得非常矛盾，声称某人或某物是"自己的"，紧紧抓住想据为己有，然后却又充满愤恨地拒绝她或他或它。他甚至可能试图否认分离，强迫母亲或父亲或双亲追随自己的意志，一旦受挫就大发脾气。其他时候，他似乎享受挫败和折磨他的母亲或父亲或双亲以及家庭其他成员的行为，如他的哥哥姐姐、家庭宠物等。

有些学者（例如 Tyson & Tyson, 1990, p. 56）认为学步儿并不是真的想要施虐，施虐这个概念侧重于索取与掌控。他们认为，我们会观察到学步儿的测试行为和成年人的对抗式回应有时会同时出现，而成年人的对抗式回应同样可以是残酷的、充满恨的，而这个部分暗含了一些施虐的味道。母亲往往很难处理她被孩子的本能表达所唤起的感受；"部分退行或临时退行的诱惑"（Furman, 1992, p. 151）可能会触碰到她自己与肛欲、性欲和攻击有关的未被解决的议题。她可能会感到焦虑、被吞没、恶心、罪恶或者羞耻，否认自己的冲动，把自己的冲动外化到孩子身上，然后把孩子视为麻烦的、让人恶心的东西而斥责或拒绝。

> 这是萨利的2岁生日，她的妈妈带来了一个精致的巧克力蛋糕来庆祝。乔伊是个21个月大的男孩，他特别投入地吃自己分到的那块蛋糕，缓慢地、贪婪地舔着上面的糖霜，把下面的蛋糕弄碎，弄得满脸满手都是。他的妈妈为他把蛋糕弄得到处都是而

斥责他，不停地试图用婴儿围嘴擦干净他那被巧克力弄脏的脸。快乐的气氛变了味，乔伊最后不再吃蛋糕了，他跑到小屋的另一个地方去玩了。

我们只能推测，也许乔伊吃东西弄得到处都是的行为——这种无拘无束的享受唤起了他挑剔的母亲对口欲和肛欲享乐的反向形成防御。这个年龄的学步儿会挑战成年人对婴儿化性欲的正常压抑；他们似乎赤裸裸地表达肉欲，朦朦胧胧地探索着脸和身体的不同部位，长得是什么样子，有什么感觉，会排出什么：既有黏液、眼泪，也有尿液、粪便（详见Lieberman, 1992）。同时，他们也变得越来越能觉察他们的自体和他们的身体，能够在镜子里认出自己（在大约18个月大的时候），有时当他们意识到自己可能会被人从外部观察，也会被自己从内部觉察时，他们还会害羞。玩弄自己外生殖器的行为可能也会出现，许多学步儿大约在这个时候意识到了性别差异（详见下面的性别一节）。

这是一段充满冲突的时期，学步儿被来自内在的强烈冲动所驱使，而外在现实又给予他很多阻碍。"汹涌的攻击欲和性冲动会相伴而来，很容易就将他脆弱的自我控制压垮"（Tyson & Tyson, 1990, p. 56）。他想留住自己的全能感，维持那种他能保有一切的幻觉（Lieberman,1993），挣扎着对抗来自内部的矛盾感和来自外部的限制。他的爱和恨都充满激情，他既想要亲近，又想要分离，既想探索（例如钻进一辆大汽车里面），又想被保护（例如坐在妈妈大腿上）。他周围的成人越来越多地通过设置限制来让他感到挫败，会让他注意安全（例如他不能玩电源插座），会鼓励他开始社会化，让他学着与人分享，学着排队，不去打或伤害别的小朋友。这些施加在他身上的外在冲突更增加了他的内在冲突。

由于离返期的学步儿得到更多的命令、指示和禁令（平均每9分钟就会有一次被禁止做某事）（Power & Chapieski, 1986），他想要得到正向肯定的愿望反复被击碎。他有时会显得泄气和羞耻。根据肖尔（Schore, 1993）的理论，羞耻代表从高唤醒状态（交感神经占支配地位）到低唤醒状态（副交感神经占支配地位）的快速转换。在练习期晚期和离返期的学步儿所表现的低落心境反映了副交感神经系统的成熟，能够进行抑制和低唤醒。肖尔认为，生命第二年的社会化经验会对脑皮层系统的最终结构性成熟产生作用，从而使儿童可以自我控制。

学步儿的父母是这些重要发展的中介人。父母需要能够管理自己的感受，从而在面对学步儿的矛盾和对立行为时能够站稳立场，接受他自发的姿态，在不可避免的争吵和关系破裂后能够修复关系。他们对学步儿进行全能控制的尝试予以拒绝（对抗），并从学步儿的破坏性中存活下来，温尼科特（1969）将其视为原始的父母之爱所固有的特质，这些使得学步儿能够拥有充分的渠道去表达爱和恨的感受，促进客体恒常性的发展——例如在面对生气和挫败时，依然有能力在内心保留所爱之人的面孔。这些还帮助学步儿学会延迟满足，学会承受挫折，学会引导自己的愤怒以适当的方式表达。

设置限制和给予许可之间的平衡是微妙的。一方面学步儿需要一些与权威的冲突来检验并扩展自己的个体化；另一方面，来自父母的爱的稳定和可获得性又会帮助学步儿用爱的感受平衡他的攻击性，从而避免过度地将这个世界分裂为好客体和坏客体（Klein, 1935），因而他发现，那个他爱着的母亲同时也是他恨着的母亲，这让他发展出担忧的能力（Winnicott, 1963）。用经典精神分析的概念来说，来自父母的爱的稳定和可获得性促进了爱和攻击冲动的融合，促进了攻击性向一般自信的转化，这种一般自信对于人际关系和日常活动是必要的。再换比昂的概念来说，来自父母的涵容（Bion, 1962）（例如对学步儿自己无法管理的感受和焦虑进行吸收和加工）会逐渐被学步儿内化，慢慢变成他调节自己的负性情感状态的能力。

从离返期继续发展的脚步

第二年快结束的时候，学步儿不断地增加对交际语言的掌握，具有了象征性地游戏的能力，不断地增长对父母的认同，这些帮助他完成两项困难的任务：彻底放弃全能感以及接受与人分离的现实。这个过程一直被类比为哀悼（详见 Bergman, 1999）。学步儿能够从马勒等人（1975）所说的"离返期危机"中继续发展。离返期危机这个概念可能容易让人误解，它其实指的是发展过程中的一段正常阶段，但容易让人误以为是描述不安全依恋的（详见 Blum, 2004; Gergely, 1997; Lyons-Ruth, 1991）。不安全感毫无疑问当然会让离返期所固有的冲突更加恶化，但随后的发展可能会帮助学步儿寻找到更多舒适快乐的方式，既能与父母分离又能与父母接近，更少地被感受和冲动所吞没。这些发展对安全依恋的学步儿和不安全依恋的学步儿都会有帮助。

1. 语言

到第二年结束的时候，出现了"言语和内心体验的联系越来越密切"的现象（Edgcumbe, 1981, p. 80）。学步儿变得能够讲出自己的体验和愿望，能够区分感受，例如，他对爸爸离开会感到"难过"。他开始使用个性化的代词，用"我"来指代自己，会说"我来做"或"我要那个"（Bergman, 1999; Hobson, 2002）。他对语言的掌握不断增长，反映了他的思考能力在不断增长，自我觉察的能力及与他人沟通的能力也在不断增长，并且，对语言的掌握也强化着这三种能力。掌握语言还反映出，儿童从只能拥有有形的缺乏想象的体验到有能力用象征的方式表达体验的巨大进步（Joyce, 2005），并且，由于紧张的感觉可以通过语言表达来调控和转化（Blum, 2004; Katan, 1961; Weise, 1995），掌握语言对管理情绪、控制驱力有促进作用，这对于学步儿和他的父母来说至关重要。

语言占据了"婴儿的主体和母亲的客体之间的位置"(Stern, 1985, p. 172),因此语言促进了分离-个体化。在离返期,语言成了一种重要的方式,用来创造在一起和相互理解的共享时光,而同时又促进学步儿发现并意识到其他人拥有与他不同的心灵,其他人的想法和感受是不一样的(Fonagy & Target, 1996)。这为和解铺平了道路,而和解是生命第三年的特征(Lieberman, 1993)。

然而,就像斯特恩(Stern, 1985, p. 162)曾指出的那样,语言也是一把"双刃剑";它可以导致儿童对自体体验的分裂,阻碍自体体验将强烈的激情和个体层面与更抽象和人际的层面进行整合。这种分裂可以在随后向儿童介绍新词汇时减到最小,然后继续放大和修饰他的体验。霍布森(Hobson, 2002)强调这其实是情绪敏感性的一种形式;菲利普(Phillips, 1992)建议要养育这样的自体——"使其能在言语表达和非言语表达之间进行必要的转换"(p. 36)。

2. 假想游戏

贯穿整个学步期,过渡性客体和婴儿期的柔软玩具既象征着"我",也象征着"非我"(Winnicott, 1971),它们起到了缩短父母和儿童之间心理距离的功能,尤其是在儿童沮丧的时刻以及诸如道别和睡觉这样的过渡时刻,这种功能更加明显。可以动的玩具(如球类、玩具汽车、玩具飞机)可能会被用来表达追求独立活动的冲动,但同样它们也为重新联结提供了实体工具。例如,儿童可能"驾着"一辆红色汽车径直穿过学步儿小屋,然后咕咕哝哝地掉回头来,开着车撞到妈妈的膝盖上。感官游戏和操作类游戏帮助学步儿了解事物如何运转,同时又表达着他们的本能贯注——他们的矛盾倾向,他们对身体开口处和身体功能的好奇心,尤其是对肛门和尿道的兴趣。与此相对应,玩具可能会被他们塞满东西然后又清空,打开然后又合上,搭起来然后又推倒。沙子可能会被他们堆到一起,塑成形状然后又弄乱,水可能会被他们滴得、溅得甚至泼得到处都是。他们将会特别享受把东西搞得一团乱,但也可能会进行整理、擦拭和清洁,尤其是当被母亲的赞许和兴奋所鼓励的时候。

随着分离过程的继续,学步儿的体验越来越多地能够在象征化层面被表达,从而可以与他人分享。母亲为学步儿的游戏赋予意义并给他详细讲解;她与学步儿一起进行假想游戏,例如洋娃娃需要洗澡、玩具汽车需要加油、培乐多彩泥块是可以吃的美味食物,等等。妈妈与学步儿还可能假装互换角色,这些游戏活现了满载丰富情绪的体验,这些体验与分离和重聚、攻击和修复密切相关(详见第4章以及 Bergman, 1999)。按照伯格曼的说法,"在母亲—儿童关系背景下的游戏性角色互换,为儿童发展出自体表征和客体表征以及自体与客体关联的表征提供了脚手架"(p. 148)。通过游戏以及谈话,学步儿和父母能够改变他们的关系,以快乐的方式交流,同时也领悟到他们彼此在本质上是分离的、不同的。父母享受与孩子在一起,能够对孩子的想法、感受和愿望有反应,帮助他们用语言和游戏来表达自己,这些会给学步儿一种满足感和有中介人可以依托的感觉。他们开始明白幻想和现实的区别,开始理解父母也具有幻想中的父母和现实中的父母的区别(Fonagy & Target, 1996)。

3. 认同

对学步儿而言,变得像他们所爱的父母是一种解决方式,既能在内心里留住父母以应对不断增加的分离,同时又能学习新的技能并建立对自己的身份认同。这些认同会在言语、手势或者典型的2岁儿童游戏(例如角色扮演、假装做饭、开车或修理一个玩具)里体现出来。学步儿可能既在讲话方式上又在外在形象上跟他们的母亲或父亲越来越像。他们通过这样做吸纳了另一个视角;他们可以从不同的角度来看待包括他们自己在内的事物,从而更具有了思考的能力(Hobson, 2002)。

到2岁的时候，这些认同开始包括了简单的口头命令和口头禁令，学步儿现在既能够理解这些，也能够内化这些了。他们开始能够约束自己的冲动，目的是为了取悦父母，让父母保持对他们的爱和肯定。有一个小女孩，在每次学步儿小组结束时都感到困难，于是她开始在每次参加小组时都戴着像她妈妈戴的那种帽子，拿着像她妈妈拿的那种包。一到人们开始收拾准备离开的时候，她就像她妈妈拿起她的包那样拿起自己的包，大声向大家宣布"回家时间到"。

这样的认同是超我的前身，它使学步儿能够遵从自己被期待的样子。它缓和了不得不向一个更强大的权威臣服的强烈冲击，使学步儿能够感到自己也是强大的、有能力的，避免痛苦地面对自己的渺小和无助。如果父母对学步儿的期待能够保持清晰一致，并容许他们犯错，这会促进学步儿发展出一个温和的、目标指向的超我。

个体化不断巩固并向情感的客体恒常性迈进

理想状态下，在生命的第三年里，学步儿不断巩固这些早期的发展成果，这些建立在他的个性特征、生活经验尤其是他与照顾者的关系的基础上。他建立起越来越复杂的、坚固的并且是分离的自体感受和生活中重要他人的客体感受。他们都不可避免地被知觉为既好又坏。但如果正向的体验占主导，并且父母能够涵容他们自己的以及孩子的这种对立体验，那么孩子充满恨的感受将会被爱的感受所修正，他对自己的自体形象和对父母的形象将会整合为以正向（惹人爱的并爱别人的）自体表征和客体表征占主导的形象。这些形象必须足够坚韧，才能撑过父母短暂的不在场或受挫和狂怒的时刻，然后才能继续起作用，帮助他建立起维持自尊、独处并最终能够应对长期分离的能力。

学步儿不断增加的成熟语言和游戏支持着这些发展。正如布鲁姆写道，"语言和符号化思考将学步儿从短暂的眼前解放出来，使得尝试、判断和更高级的学习、信息加工、交流以及情感调控成为可能"（Blum, 2004, p. 543）。与学步儿的交流成为可能，可以和他谈论妈妈或爸爸在工作时可能会干什么，当他们再见面时他们可能会想什么，有什么感觉，可能会说什么或做什么，他们过去做过什么，他们将来可能会做什么（搭乘巴士、看望奶奶、读一本书）。学步儿可能会用玩具来把各种场景用游戏的方式表现出来，或者是进行角色数量大大增加的角色扮演，把巴士司机、邮递员和医生也囊括进去。正如伯格曼（1999）所指出的那样，自体是否充分牢固地建立起来，从而能够把自体放在别人的位置上，这决定了角色扮演的能力。语言和符号化思考使得学步儿能够以基于对这个世界不断扩展的经验来表达感受和幻想，这些感受和幻想反过来又整合到了他们愈加复杂的自体和客体表征当中。

对身体的拥有

学步儿的身体里有无数细腻的感觉，这些感觉不断从身体内传出来。学步儿的身体越来越能够协调地自由活动，这对大一些的学步儿的个体化和自体意识的增长仍然至关重要。弗雷伯格（Fraiberg, 1959）在著作中写道，学步儿珍视自己的身体，既把身体看作快乐的源泉，又把身体看作自体感觉的源泉；"儿童越能意识到自己正在成为一个人，一个'我'，他越珍视把他的人格围起来并容纳其中的身体"（p. 130）。到2岁的时候，大部分学步儿安稳地适应了自己的身体。他们使用身体来表达与自己有关的感受，使用身体来赢得周围成年人对他们的注意和欣赏。

> 玛丽亚（2岁4个月）爬到椅子上，双臂向上伸展，仰着头对着灯光笑着。学步儿小组的领导者伸出一只手扶稳她，说道："站在椅子上，你是个大姑娘了"。玛丽亚站了几秒，然后在领导者的搀扶下从椅子上爬下来。接着，她走向了另一把椅子，小心地爬

了上去。这次她没有伸出双臂，而是笔直地安静地站在椅子上。领导者对另一个学步儿说："杰西卡你看，玛丽亚站在椅子上，是一个大姑娘了"。玛丽亚在椅子上停留了几秒钟以后，爬下来走到了妈妈那里。玛丽亚的妈妈以为她过来是想让妈妈拥抱一下她，于是张开了双臂。玛丽亚却说"不！"，又走向了另一把空椅子。玛丽亚的妈妈看到她爬到第三张椅子上，站在上面，脸上洋溢着骄傲的表情，于是说："你要把所有椅子都爬一遍吗？"

玛丽亚快要成为大姐姐了。在观察中，她似乎陶醉于学步儿小组的领导者对她"大姑娘"自体的认可，通过爬椅子来进行身体上的表达。她骄傲地传递着她作为一个拥有自我意识的人的地位，必要时她愿意用决心和攻击来捍卫这种地位。她的母亲优雅地接受了这一切，尽管可能带着一点点遗憾。

通常情况下，年龄较大的学步儿对自己身体的认识和投入越来越多，这使他有了拥有和控制自己身体的决心："我自己来做"。两年多来，母亲几乎一直都是那个唯一负责照顾和保护孩子身体的人，而现在她需要适应学步儿越来越强烈的独立掌管自己身体的愿望和能力，逐渐交出对孩子身体的控制权。如果这个交接失败，会导致严重的对立，这些对立围绕基本的身体功能的拥有权和控制权，如喂食、睡眠、如厕，可能还会扩散到其他领域，如穿衣、泡澡或淋浴。2岁大的学步儿要脾气或使性子往往与失去掌控的一系列感受有关，与想让父母生气或失望有关。学步儿的这些脾气包含着挫败感和愤怒，还包含着焦虑和羞耻：因为他周围的成年人从他那里期待更多，他害怕不能满足他们的期待，害怕无法留住他们的爱，或者害怕无法维持对自我的喜爱，因为这些对自我的喜爱是基于父母的标准而逐渐内化的。

如厕训练

为了能够控制直肠和尿道，学步儿需要足够成熟，能够知道自己什么时候想要撒尿或排便，并能够推迟立即尿或拉的冲动直到找到尿壶或马桶。他也需要拥有与父母足够正向的关系，愿意让父母满意，愿意认同父母对他做个洁净干爽的孩子的期待。这将包括认同父母所隐约传递出的对身体排泄物的反感。学步儿能够开始做这些事的年龄具有巨大的个体差异，但如果他们拥有足够的语言来理解他们所被要求做的事情，并能清晰地表达自己的愿望，这将会大大有助于这个过程的推进。

一些学步儿发展出了对玩具发号施令、组织管理的兴趣，这表明他们已经可以开始如厕训练了。但另一方面，他们对身体排泄物的兴奋感（包括情欲性的和攻击性的）又会使问题复杂化。对2岁学步儿来说，把自己的排泄物当作身体或自我的一部分是再正常不过的了，他不想让排泄物与身体分开；把自己的排泄物当成珍贵的礼物（甚至当成孩子或阴茎）也是再正常不过的了，他想拥有控制给或不给别人礼物的权力。排泄物也会被体验为破坏性的武器，需要小心地保存在体内，或者有力地发射出来。如果学步儿目睹了母亲的怀孕过程，他们对自己身体内部会产生什么的焦虑和好奇会与他对母亲的身体内部会产生什么的焦虑和好奇混合在一起。他们对于身体是如何产生的这个问题有了自己的关于性的理论（可能妈妈是吃了太多东西所以肚子才变得这么大的），他们的这些理论需要得到理解，以保证他们觉得执行正常的身体功能是安全的。

肖恩（2岁3个月）是一个爱吵闹的小男孩，喜欢火车头托马斯*、玩具列车以及隧道。如厕训练开始得很平稳,但当他的母亲怀孕好几个月即将生产的时候,他变得非常沮丧和害怕。这种情况是在母亲告诉他宝宝是从"屁股"那里出来的以后出现的。当跟他澄清,宝宝和便便是从不同的地方出来的,他拉的是便便而不是小宝宝的时候,他不再使劲憋大便了,但在感到要排便的时候他仍然会焦虑。治疗师建议母亲跟肖恩这样解释:把便便比作火车,需要从隧道里行驶出来。肖恩和母亲随后发展出一套游戏,绿灯亮的时候表示可以拉便便了,红灯亮的时候表示不可以。肖恩又能够使用便盆了,母亲和肖恩都很高兴,对他控制力的增长感到骄傲。

这对母子一起进行的游戏使肖恩克服了焦虑,感觉到了更多对自己的身体以及从身体所出来的东西的控制。它证明了利伯曼(Lieberman, 1993, p. 155)的观点:"如厕训练是关于给予和获取、保留和放手的伙伴关系的缩影"。

学步儿能够对什么东西进出身体进行控制,这个成就具有巨大的发展性功能,能促进他对身体边界的觉知不断增加,这个身体的边界分隔了内部与外部、"你"和"我",这意味着对自体和客体建立起分离的表征。弗曼(Furman, 1992)写道:"掌握自我照顾比任何其他单项发展都更让学步儿感到自己是一个人(person),是某个人物(somebody)"(p. 116)。弗曼还描述了母亲与孩子"共享的阶段",即他们在帮助孩子获得身体掌控方面一起经历的过程:(1)帮他做;(2)和他一起做;(3)站在一边欣赏;

---

* 由英国牧师奥得瑞(Awdry)创作的卡通形象玩具,是一个拟人化的蒸汽火车头,车头前部是胖嘟嘟的鬼脸,其原型后被卡夫食品公司发展为旗下的"鬼脸嘟嘟"系列饼干的品牌形象。——译者注

(4)让他自己做（p. 119）。父母需要有能力去判断孩子什么时候做好了步入下一阶段的准备，并清晰地表达他们的期待（包括准确地帮孩子命名身体部位），还要有能力容忍孩子偶尔的差错或倒退，毕竟倒退本就是正常波浪式前进发展的一部分。如果一切进展顺利，学步儿通过认同母亲，逐渐接管了自我照顾的部分，包括穿衣、洗澡、睡觉、吃东西以及如厕，他会为自己获得对身体功能的控制感到骄傲和快乐。弗曼将这些艰难获得的成就视为获得了一种潜在的能力，预示着未来可以学习和工作。

性别认同

大龄学步儿对自己身体的关注使得他非常在意身体的完整性和完好性（Fraiberg, 1959; Furman, 1992）。追随着格里纳克（Greenacre, 1953）的脚步，弗曼认为2岁的大龄学步儿觉得自己的身体形象非常脆弱，弗曼把学步儿对自己刚刚拥有的对身体的感觉比作一个成年人对刚刚买的一套服装或一辆新车的感觉。学步儿可能会对轻微的受伤或轻微的身体缺陷信号感到极度焦虑，需要给予仔细地解释和安抚。

这种极度的敏感意味着，观察到性别差异会对学步儿产生巨大的影响。很多观察者（Fraiberg, 1959; Galenson & Roiphe, 1971, 1974; Mahler et al., 1975）都注意到，女孩和男孩对自己观察到的东西有不同的反应，女孩观察到自己没有阴茎，体验到自恋受损的感觉，而男孩会变得害怕，因为既然女孩没有阴茎，他们也可能失去自己的阴茎。父母双方对待孩子的性别的态度，以及他们对自己的身体和性别的感受和对对方的身体和性别的感受，都会影响孩子如何将对性别差异的觉知整合进他们的自体表征当中。父母帮助孩子对与性有关的身体部分进行仔细的命名能够帮助学步儿对自己的身体建立起更清晰的认识，但父母对自己的身体和性别的冲突感受可能也会通过这样的方式传递给孩子。

德马内夫（de Marneffe, 1997）的研究表明，大部分两三岁的学步儿对自己的外生殖器（我有阴道或我有阴茎）和性别（我是女孩或我是男孩）有清晰的认识，但对外生殖器和性别这两者之间的关系有时仍然会感到困惑。这个年龄的儿童经常相信，他们能够通过改变行为或穿衣来改变性别，也就是说，他们缺乏性别恒常性；他们也相信，自己的性别会随着时间改变，也就是说，他们也缺乏性别稳定性（Money & Erhardt, 1972）。然而我们也观察到，他们倾向于与同性别的洋娃娃一起玩耍（de Marneffe, 1997），与同性别的学步儿一起玩耍（Coates, 1997）。他们对同性别学步儿的认同可以增加他们自己作为一个男孩或女孩的感觉。

大龄学步儿与父母的关系会深刻地影响他们对自己的性别的感觉和幻想。一个对母亲感到不满和愤怒的小女孩会将自己缺乏阴茎看作是自己受委屈的额外原因。因此而产生的对母亲的敌意会妨碍她理想化母亲并认同母亲的女性特质。小女孩的父亲在其中将扮演一个重要角色，把小女孩从她与她的母亲充满愤怒的纠缠中解救出来，通过他对女儿的女性身份感到快乐和欣赏来促进她对自己的女性身体产生积极的接纳（Tyson & Tyson, 1990）。

父亲对男学步儿的成长也扮演着至关重要的角色，他需要支持儿子巩固自我意识的需要，以使小男孩与母亲区分开来并与母亲分离。通过给儿子提供认同的对象，他使小男孩能够不再认同母亲这一原初客体，稳定自己的自我意识：自己是一个有阴茎的男孩并对此感到自豪。下面的观察片段描述了一个父亲介入进来帮助儿子的过程。他的儿子痛苦地嫉妒两个姐姐，而两个姐姐似乎也同样嫉妒他，向他炫耀她们的漂亮衣服和其他女性饰品。

> 哈利（2岁）想戴他姐姐那样的蝴蝶结和发卡。他变得痛苦烦躁，整日纠缠着筋疲力尽的妈妈，不再玩他的玩具，也不再与学步儿小组中的工作人员和其他儿童互动。一次他坚持在短裤

里面穿上女性紧身裤,所以只好这样子被带到了学步儿小组。我们鼓励他那忙碌但爱玩的父亲为哈利提供一段特殊的时光。他给哈利带了一套类似于自己用的那种工具箱一样的玩具,他俩一起在房间里四处修理东西。有一次,他用哈利的绿色塑料锤子把一幅画挂了起来。还有一次,他俩一起戴着领结来参加学步儿小组。哈利变得更加活跃和快乐,自然而然地认同了他父亲充满生机的男子气概,不再要他姐姐的东西了。

开始上幼儿园

2.5岁到3岁的时候,大部分学步儿已能够从好的幼儿园经历中获益。温尼科特(1957)指出,幼儿园可以让学步儿从家里的强烈感情中解脱出来,同时将家带回到一种现实性中:母亲有自己的生活,她属于其他人。因此,除弗曼(Furman & Katan, 1969)所描述的开始上幼儿园以后出现的"三种复合感受"(悲伤、害怕、愤怒)以外,嫉妒和被排斥的痛苦感受也加入其中。如果学步儿想要管理这些情绪而不被吞没,他需要具有足够的客体恒常性,能够在母亲不在场时维持一个正向的内部母亲形象。客体恒常性的获得再加上他能有效地通过言语和游戏来表达自己的能力,将帮助他处理被幼儿园经历所唤起的强烈情绪反应。安娜·弗洛伊德(1965)在写儿童的入园准备时指出,儿童需要在管理自身需要(吃东西、上厕所、保持安全)方面获得一些独立性,从把同伴体验为威胁,到开始在同伴身边游戏,再到把他们看作是玩伴,享受与他们一起游戏。这样他才能充分利用幼儿园提供的机会,建立新的关系,参与游戏并学习新的经验。

下面两个案例片段中的学步儿已经适合进幼儿园了,事实上,其中一位已经开始了半托的幼儿园生活。

艾米莉（2岁6个月）和阿姆德（2岁7个月）正并排站在水池边，帮助学步儿小组的领导者清洗茶点后的餐具。当阿姆德用刷子刷一个杯子的时候，他宣布："我正在刷杯子。"然后他说："我做完了。"接着，他按照领导者的指示把杯子递给艾米莉，好让她用水冲干净。艾米莉接过杯子，一只一只地用水冲洗。阿姆德不断地刷着杯子，哼着儿歌，一边用唱歌的声调重复着"我做完了"，一边把杯子和碟子递给艾米莉，而艾米莉则在水流下接住它们。她要更多的水，"我要冷水"，然后又要一把刷子。学步儿小组的领导者主持着这一切，他把艾米莉递给他的杯子和碟子擦干净。整个游戏进行得一丝不苟、和谐融洽。阿姆德要离开了，但他又把刷子拿到水龙头下说"我现在要洗刷子了"。学步儿小组的领导者感谢他友好的帮助。阿姆德脱掉围裙，一字一句地说"我自己做完的"。他向他妈妈走去，告诉她"妈妈，我洗完了"。艾米莉则继续干她的活，拧开水龙头冲洗碟子和杯子。

艾米莉和阿姆德都拥有强烈的自我感，他们与在房间另一角聊天的妈妈是分离的。他们各自进行着自己的游戏，但两人的游戏又是充满协调与合作的，都在帮着学步儿小组的领导者完成共同的任务。他们理解并遵守指令。他们能够用第一人称清晰地表达自己的想法和愿望。阿姆德骄傲地表现自己的自主性和能力："我做完了，我自己做完的"。两个孩子都对把东西收拾干净这件事表现出平静的满足。艾米莉最近刚刚接受了如厕训练，她尤其喜欢拧水龙头来管理水流。

如果说幼儿园会是儿童"个性发展的呼吸空间"（Winnicott, 1957, p. 16），那么从家庭向幼儿园的过渡就需要仔细地处理。如果意识到开始上幼儿园对孩子和父母都会引起早期的分离体验（详见 Wittenberg, 2001），那么从小剂量开始的原则（引用温尼科特原话，1949）将会非常重要。在操作层面上，这意味着要认真准备，甚至可能要让幼儿园老师做一次家访，然后母亲（或父亲）带着孩子一起去幼儿园看一下，在母亲在场的情况下让孩子探索一下幼儿园的环境，然后试着在母亲不在场的情况下让孩子能待更长的时间（Belsky, 2001）。精心安排的"走开与回来"程序能够让即将进入幼儿园的儿童对自己的自主功能有足够的信心，能够踏入学校生活的新旅程。

学步儿的父母

对学步期的这个概述说明了父母至关重要的作用，他们需要灵活而又敏感地对孩子做出响应，能够满足学步儿不断变化的发展需要；母亲需要在场，而在场是为了终有一天可以离场（Furman, 1982），母亲需要镜映孩子，分享孩子的体验，用她的身体关照、言语和游戏等方式把孩子的体验吸收、转换以后再返还回去。她需要处理并涵容孩子的肛欲——他猛烈的攻击性，想要把东西弄乱的冲动，他的不听话、挑衅行为，他想控制并惹母亲生气的尝试，他那些相互矛盾并无法被满足的愿望，他被挫败、暴怒和焦虑吞没后的发脾气。她还需要对他的性驱力、表现欲、对自己和他人身体的好奇心以及与之有关的幻想和焦虑进行共情理解并妥善处理。随着时间推移，她需要接受他将逐渐接管自己的身体，自己照顾自己，但同时在心里对他的依赖性和脆弱性保持清醒，知道他仍然需要她的爱和保护。这意味着从把孩子看作是自己的一部分到把孩子看作是一个独一无二的个体的转变，承认孩子与自己是分离的、不同的。学步期对父母的要求还包括：父母需要认真准备，让其他关系（与父亲及其他成年人的关系，与其他孩子的关系）慢慢进入母子二元关系，可能甚至包括给他一点推力促进他独立（Mahler et al., 1975），容忍退行和抗拒的情况出现，尊重他不断增长的自主性，同时向他传递基于现实的期待，设置适当的限制，成为正向的楷模让孩子可以认同。

这些都是非常具有挑战性的任务，如果碰上父母要上班，家里有财务或住房危机，来自家庭其他成员的打扰或疾病，或者还有其他小孩需要照顾等额外的压力情境，这些任务就有可能会把父母压垮。那些缺乏社会支持的父母，或者自身年龄非常小，正在试图进行自身的第二次分离－个体化的父母（Blos, 1967），如果缺乏喘息的机会，无法投入自己想做的事情，将会发现照顾一个学步儿尤其困难。当前在英国，大部分父母出于财务压力必须回到工作中，因此只能把自己的孩子留给亲戚、热心人、保姆或日托来照顾。

不管进行怎样的安排，大部分花时间照顾一两岁孩子的父母都会遇到冲突，不仅仅是与孩子的冲突，还包括与自己的冲突。例如，他们对孩子的亲密认同可能会使他们有退行（需要别人、充满情欲、有攻击性）的感觉，这可能会让他们不舒服。学步儿想要分离的驱力可能会将他们自己早期未解决的丧失议题重新带回来。他们可能会发现自己挣扎于一系列的负性感受当中：从轻微的失望和恼怒到无助的暴怒、仇恨甚至绝望。如果父母对自己和自己的孩子拥有更现实的期待，并且能够从家庭成员和朋友那里获得善意的支持，那他们能更容易涵容这些感受，更容易从愿望的不调和与误解等不可避免的冲突中走出来（Stern, 1995）。

弗雷伯格（Fraiberg, 1980）曾指出，当婴儿开始"代表母亲过去所具有的某个形象，或者母亲自体中被拒绝或否认的某个方面"（p. 61）时，母婴关系中的困扰就开始浮现了。当面对一个典型的学步儿所表现出的行为（如想要独立、想要控制）时，母亲会对孩子的耍脾气无所适从，孩子会让焦头烂额的母亲联想到自己的某个总忽略别人的同伴、某个更成功的兄弟姐妹或者有心理问题的父母，她会感到有想指责别人的冲动，感到愤怒或害怕。当她在孩子身上看到那些她自己也具有但却拒绝接受的负性特征（如攻击性或依赖性）时，她会变得"不再与孩子调谐"（Stern, 1985），就像瑟尔斯（Searles, 1963）和温尼科特（1967）所说的那样，像一面不再镜映别人的镜子；在这样的情况下，"对孩子的伤害就已经造成了：孩子像被一面坚硬而密不透风的墙所阻隔，无法靠近自己的情感自我"（Wright, 1991, p. 6）。孩子还有可能成为方便母亲向外外化和投射的接收工具，她会把无意识的自我厌恶和恨都传导到孩子的身上。这些都使学步儿内在心灵中的自体与客体无法充分地分化，从而损害学步儿走向个体化的能力。他的自体表征中装满了母亲不想要却硬塞给他的部分，而他自己的体验部分，如想要挣扎着获得自主，或者脆弱与需要的部分，却只能被分裂出去，无法靠近。他可能会发展出假自体（Stern, 1985; Winnicott, 1960a），为了把自己留在别人身边，而完全否认自己真实的感受和需要。母亲与学步儿还有可能卷入一种施虐受虐模式的关系中，每一方都把自己身上不想要的部分外化到对方身上（详见 Novick & Novick, 2005）。不管上述哪种情况出现，学步儿都会在发展出真实的、内在协调的自体表征的任务中遇到巨大的困难，而且如果他在未来无法有机会安全地探索母亲的心灵，那么在未来完成这个任务的机会也将大大减小（详见 Fonagy, Gergely, Jurist, & Target, 2002）。有研究表明，这样的孩子不太可能发展出好的自我反思能力（Fonagy & Target, 1997）或者安全型依恋（Main & Weston, 1981），这反过来又会阻碍分离-个体化的进程。布鲁姆（Blum, 2004）探索了这样的发展对成人心理健康的影响，他发现安全型依恋与心理弹性和克服晚期创伤有关，而非安全型的依恋与发展性障碍、边缘性人格、受损的客体关系以及有自杀倾向的慢性抑郁有关。

父亲可以以很多方式促进学步儿的发展。研究表明，每个父亲或母亲的依恋模式都可以是不一样的（如 Steele, Steele, & Fonagy, 1996）。母亲和父亲可以起到"第三客体"的功能，帮助孩子发展出对其他人的特定依恋，温尼科特称其为第二次序的依恋表征（Winnicott, 1949）。父亲越是被孩子体验为与母亲和自己都不同（Wright, 1991），他越是能够促进学步儿分离－个体化的重要进程，"把他从与母亲共生的退行势头中拉回来"（Wright, 1991, p. 114）。他可以是一个重要的玩伴和规则制定者，促进孩子与母亲分化，调节孩子的攻击性，帮助孩子建立性别认同。作为母婴二元关系中的第三方，他提供了思考与反思的不同视角。他还可以为母亲养育学步儿提供支持，例如帮助她完成断奶或哄孩子晚上回自己的床睡觉。这对伴侣可以为学步儿提供一个充满爱的互动模型，学步儿会将其内化进来，同时开始意识到自己是被排斥在这段成人关系之外的，因此开始在代际秩序中寻找属于自己的位置。

第 3 章

一种运行父母—学步儿小组的精神分析发展方法

Marie Zaphiriou Woods

引 言

本章介绍了安娜·弗洛伊德中心运行父母—学步儿小组的方法,包括在本中心的小组以及在两个延伸环境中的小组(第8—9章将更详细地描述这些延伸小组)。我们设置了小组的目标,并展示了安娜·弗洛伊德中心的服务架构、小组设置及各小组内的个体干预,所有这些都旨在促进和父母一起参加小组的学步儿的发展。附录提供了服务大纲。

小 组

安娜·弗洛伊德中心的小组较小,参与小组的父母要定期把孩子带来,且至少持续一年。有的孩子会待上两年,如果弟弟妹妹加入并继续参与,父母可能会参与更长时间。在孩子离开去上托儿所之后,也会鼓励父母将他们的孩子带回来再拜访小组。

用温尼科特(1966)的话来说,小组提供了一个空间,让学步儿在关系中体验稳定感,使他们能够享受探索内部和外部世界的过程,并练习离开和回来,这些都对依恋和分离有支持作用(见上一章)。设置的一致性使很多学习和发展能够自发产生,包括小组成员互动、聊天、玩耍、建立新的(横向和纵向的)关系(Mitchell, 2003),以及发现看待事物和做事的其他方法。小组活动室明亮宽敞,很有吸引力,有适龄的玩具和活动。工作人员热情友好。他们在父母和学步儿之间自由地移动,在内心观察和反思,必要时进行干预,正如本章将说明的那样。他们的目标是维持一个"内部分析设置"(Parsons, 2007),以理解无意识沟通和无法避免的强烈移情和反移情。然而,他们不把小组成员视作病人,也很少做解释。

小组的首要目标是促进学步儿的发展。这包括增加父母和孩子之间的(情感)调谐和依恋,这是为了加强他们之间的关系,并促进分离 – 个体化,以便学步儿能够应对下一步——逐步独立——在托儿所或学校待上半天或一整天。小组工作的重要内容涉及了解学步儿和父母的发展需要,以及了解学步儿试图确认和定义的对他们新出现的自我所引发的强烈感受,并据此对小组进行干预。

斯特恩(Stern, 1995)在他关于母亲和婴儿的文章中指出,母婴的内部世界和外部世界的相互关联颇深,无论从哪个点进行干预,无论从哪个"入境口岸"进入,他们之间的互动及自己的表征、对方在自己内心的表征,都会受到成功的治疗作用的影响。在父母—学步儿小组中,"入境口岸"可能是整体的小组,也可能是父母或学步儿个体的行为、感受或想法。对父母或学步儿个体进行干预,不仅会影响他们这一对亲子关系,也会影响整个小组。

同样地,由于依恋和分离在学步期是相互关联的,所以一个干预措施通常会对两者都产生影响,即使主要的焦点可能只是依恋或只是分离。从概念化的角度来说,这些小组为父母和学步儿同时提供了母亲和父亲的功能,一方面是抱持、养育和镜像,另一方面也提供不同的视角、呈现不同的现实、支持分化，以及容纳和调解矛盾心理。他们提供了一个"心理环境"，有助于建立反思性自我（Fonagy，Steele，Moran，Steele & Higgitt，1991a）。当年幼的孩子及其父母向小组敞开，并需要积极的资源输入时，他们就可以将这些功能内化。这样一来，就为处理未来的发展障碍奠定了坚实的基础（Zaphiriou Woods，2000）。

外部结构：为工作人员提供反思性空间

小组领导者和助理负责小组的日常工作（包括设置、提供茶歇点心及监督整理）。领导者和助理一起为小组的利益考虑并一起工作，父母和孩子看到他们所提供的这种合作关系模式，就可以将之内化。然而，不可避免地，他们也会引起强烈的（巨大的）父母的移情，可能会是非常矛盾的移情，很难处理。每次小组活动之后，他们会一起开会，分享他们的观察和体验，也可能会把这些分享的内容带回每周的小组会议中，小组会议会针对整个小组或个别成员进行讨论。这种会议可以帮助他们理解和处理由小组引起的强烈的移情和反移情，以防见诸行动。

  一位年轻的单亲母亲抑郁了，在她第一次来访之后，她错过了随后的几次会面，她传递出一些自相矛盾的信息，大意是说她"不喜欢这个小组，不愿意再来了"，但她的孩子很喜欢小组。这个学步儿小组的领导者很生气，她给出了最后通牒，传达的是报复性的拒绝。通过和团队讨论，这个领导者对这位母亲的焦虑测试有了更为共情性的理解，也使她能够以一种更接纳的方式回应她，做出了一种示范——忍受、包容她像孩子一样的矛盾行为和挑衅，帮助她回到了小组。

有时，学步儿小组的工作人员可能需要持续的支持，以处理父母不断的投射和外化。

D太太一直以模范妻子和母亲的形象出现，表现得像拥有完美的婚姻，又很会挣钱。她引起了其他母亲的嫉妒，让她们感觉自己不够好，所以她们都不太搭理她。她还不断地贬低学步儿小组的领导者，和她竞争专家地位，还反驳甚至嘲笑她的干预措施。虽然D太太有时也参与小组活动，和她的孩子玩耍，但她的行为前后不一；有时，她的孩子的身体似乎是被忽视的，他会遭遇一系列小事故。在这位母亲在场的时候，学步儿小组的工作人员会感到自己好像瘫痪了，无法有效地进行干预或采取行动保护孩子。

在小组会议中，学步儿小组的领导者承认，她很怕这个母亲的到来，在向这位母亲展示她（明明很厉害）的简历时，觉得很慌。她承认，这位母亲勾起了她的愤怒和焦虑。团队提出了这样一个假设，D太太将自己的匮乏感外化在学步儿小组的领导者和其他成员身上，并决定定期在团队中谈论她。这能帮助这个领导者容纳D太太羞辱性的攻击，并在她的攻击中活下来，有时能识别出她的攻击，甚至还能稍微戏弄她一下（"你太有经验了，我最好小心我的工作"），但不是报复回击。

将近一年后，D太太开始展露自己的匮乏感：她谈到与丈夫的争吵，还把这和她与父亲的暴力关系进行比较。她承认，她很怕自己和孩子之间也会变得那么暴力，她发现自己总是生孩子的气，以至于在某天早上她打了其中一个孩子。

在D太太有能力面对和处理这些强烈的跨代际感受之前，这些感受不得不由小组来承受，这样才不会在她的孩子身上重复她自己的创伤性早年经历。过了一段时间之后，D太太的"幽灵"（Fraiberg, Adelson & Shapiro, 1975）可以在小组中被描述出来。对于某些父母来说这太难了，他们可能会接受精神分析取向的咨询师的个体治疗（见下文）。如果父母觉得仍受益于小组持续的涵容，可以不带孩子，自己来咨询，通常只需要一两次个体咨询，他们就能够意识到一些尚未解决的问题，这些问题可能影响着他们的养育方式。如果这些问题只是更大的问题的一部分，父母可能会被转介去做个人、夫妻或家庭治疗。

小组设置：培养依恋与处理分离

"提供一个可预测的、计划性的环境，是精神分析母婴小组生存和健康发展的基础"（James, 2005, p. 128）。通过每周在同一地点、同一时间会面，为预期的变化做好准备（假期休息、房间变化、到达和离开），父母—学步儿小组为他们提供了一种安全基地的模型，这是父母需要为自己的孩子提供的。鼓励父母定期参加小组，通过记住小组成员生活中发生的事情，在两次小组会面之间建立联系（"哦，上次你很喜欢那个玩具"），以及在不同小组成员之间建立联系（"简上周在找你"），从而培养他们的连续性和凝聚力。在漫长的暑假期间，小组会给他们寄卡片，也会记录并庆祝发展性的里程碑和生日。"被记住的体验示范了联系和关系的积极价值。这对遭受文化错位创伤的母亲来说可能是至关重要的"（Woodhead & James, 2007, p. 123）。伍德黑德（Woodhead）和詹姆斯（James）在讨论延伸的亲子小组时特别强调，除了尊重"到达"的需要以外，也要尊重"离开"的需要。我还想补充一点，如果母亲出勤不规律，会引发工作人员被拒绝的感受和不确定感，可能是工作人员表达他们对孩子阶段性的矛盾情绪和离开的一种方式。

培养父母对小组的依恋与归属感及"在一起"的感觉（James, 2005），使他们能够更开放地谈论孩子的"困难行为"（消极、黏人、打人、抢东西、发脾气等），他们自己的矛盾心理以及与之相关的羞耻感和内疚感。他们观察或听到其他学步儿和父母拥有类似的感受和行为时，能从中得到安慰。工作人员会传达兴趣、尊重和共情，但应注意不要评判父母，也不要表现得像是更好的父母。他们还要注意自己可能会犯的错误和退行倾向。

学步儿小组的领导者在茶歇时间想要说服学步儿分享食物，但没有成功，之后，她表达了她对这个小组的恼怒。她幽默地说，永远没法把事情做好，还说："令人吃惊的是，有时自己的感受和行为就像两岁时的自己一样"。

工作人员积极鼓励父母互相学习，一起重构问题，这样他们就会知道自己"不是孤单一人"（James, 2005, p. 135）。他们可能会把两个挣扎于相似问题的父母聚在一起，或者利用茶歇时间来介绍一个敏感话题（比如断奶、在父母床上睡觉、脏乱或离家去上托儿所）。通常，一个回避问题的父母能够在团队的共情性支持下思考问题。在随后的讨论中，父母可能会比工作人员更为积极，这使她有能力找到适合自己和孩子的解决方法，使她感觉到自己更有能力，不再严厉地自我批评。工作人员可能会引出她与孩子分离时的悲伤和丧失，并给予共情。

对小组越来越多的依恋意味着强烈地体验到了与小组的分离，并成为探索这一学步儿（人类）的核心议题的方法。

在一年的大部分时间里，学步儿小组的领导者努力工作，她要帮助小组成员（包括很多有着混乱、错位历史的父母）意识到定期参加的意义。然后她不得不因为另一个专业承诺而取消一

周的活动。尽管这一次的休息经过了谨慎地计划和讨论，但小组的反应仍然混乱无序。在她缺席后的那次活动中，有三对父母和孩子来了，弄得一团糟，还弄坏了一些玩具，还有两对在活动时间打来电话，并得意地表示他们还有其他事情要做。

再下一周当整个小组都回来时，领导者能够向他们表明，中断导致了一系列的反应，从"混乱"感受的爆炸（愤怒和破坏性）到防御性的撤回以及将被动转为主动。然后，这些可以用来帮助父母理解他们的学步儿对安全基地的需求，以及当他们对连续和控制的愿望挫败时他们的反应。

实际上，每周每个学步儿小组（每次会面都必须结束）都会分离，通过仔细准备整理时间，帮学步儿言语化"停止"的感觉，并让他们放心他们和玩具下周都还会出现在这里，可以让小组中的这么多感受更易于被处理。然而，发怒是不可避免的，相比那些吵吵闹闹的孩子，那些更顺从的幼儿有时会"获得准许"直接表达他们的抗议。在这样一个场景或缺席发生过之后，学步儿对进入学步儿小屋会感到焦虑或犹豫，这种行为可能与他们的不安或缺席有关，他们不确定一切是否依然如前。

工作人员处理学步儿对小组开始和结束的反应的方式，对于父母来说是一个有用的示范，当他们努力理解和处理学步儿（及自己）对艰难转变的强烈反应时，可以参考这些示范。而且，这些处理方式会被学步儿内化。

在一次小组活动结束时，奥马尔（2岁3个月）离开学步儿小屋后，又跑了回来，他告诉助理："我忘记说'下周见'了。"

个体干预

干预措施包括直接干预学步儿个体、倾听父亲或母亲以提高他或她的情绪觉察能力以及他或她对于孩子而言的可获得性。

促进创造性的游戏和欢乐（也见第4章）

"游戏为探索内部和外部现实提供了一个安全基地，只要孩子的现实感或想象力没有受到太大的现实挑战"（Joyce, 2005, p. 75）。学步儿发展出假装游戏，部分是为了恢复他们早期与母亲联结的那种感觉，但矛盾的是，这反而使他们有更多的机会学习分离，自己和他人的心理差异以及幻想和现实的区别（见第4章）。学步儿小组的工作人员鼓励父母参与孩子的游戏，并在象征化表征的层面上与孩子交流。然后，学步儿可以使用这种新的媒介，以一种愉快和安全的方式来表达兴奋、危险的感受和幻想，并掌控符合其年龄的焦虑，处理攻击性与丧失、分离与融合。他们也可以通过游戏展现可怕的外部事件，比如从婴儿车上掉下来，或者爸爸进医院了。

有时父母的困难会阻挠游戏。他们对兴奋与混乱、分离与丧失的焦虑，他们投射出来的攻击性，以及他们对抑制和控制的需要可能妨碍他们和孩子一起玩。此时，工作人员可以加入，甚至带着孩子玩起来，提供想法和材料，并玩笑似的放大他们的行为和情感交流。

> 法拉（2岁）讨厌分享，她会毫不犹豫地推打其他孩子。在一个本身就充满挑战的小组中，学步儿小组的领导者带着她来到乐器前，她很生气，皱着眉头。领导者和她坐在一起，咣咣敲打着鼓，试图和她的心情匹配。领导者反复说："我好生气，我非常、非常生气"。法拉开始学她说话，接过鼓槌打起鼓来。她的怒

气渐渐平息下来,她在小组中第一次笑了起来。在随后的小组活动中,当她感到生气时,她就跑去鼓那里,把鼓带到领导者面前,或者只是带着鼓绕着房间走。然后她把这个游戏介绍给其他孩子,她好像能意识到其他孩子的愤怒,然后鼓励他们和她一起吵吵闹闹地打鼓。即使法拉不在的时候,他们也会开始愤怒击鼓。

学步儿小组的领导者用共情性玩法(empathic playfulness)使法拉能以更象征性的方式表达她的愤怒,使她开始用共情的方式和其他孩子建立关系,甚至帮助他们用游戏的方式表达愤怒情绪。

学步儿小组的工作人员还会帮助学步儿构建假装叙事(pretend narratives),例如,用玩具车或玩偶屋做游戏,表演去看望奶奶、去购物或是睡前的场景。

> 当一个年长的学步儿反复把一个婴儿娃娃从娃娃家族里拿出来时,领导者在一旁陪他一起玩,并补充说,和妹妹一起分享妈妈是很难的。领导者告诉该学步儿的妈妈(她曾经被他突然爆发的攻击性吓到),孩子刚才是想和她说,有时他对妹妹的感受是这样的。当他把婴儿娃娃扔到玩偶屋的屋顶上时,他的妈妈笑了。他们之间的焦虑和愤怒扩散开来,接下来他开始演一只愤怒的要咬人的鳄鱼。

工作人员致力于为学步儿及其父母建立愉快、有趣的相处方式。他们会拉着压抑或抑郁的父亲或母亲参与,或把一个孩子从过度深陷的关系里拉出来。这样的干预既会加强依恋关系,也能促进分离-个体化,当父母和孩子一起玩或分开时,他们会产生不同的想法。

工作人员也可以促进学步儿之间的游戏,例如鼓励他们在玩具厨房里一起"做饭",或者一起玩捉迷藏(见第8章)。通过这样的游戏,帮助学步儿发现彼此可以作为同伴和玩伴,这也能为托儿所及之后的同伴关系做好准备。

将学步儿的感受和愿望言语化

在安妮·卡坦(Anny Katan, 1961)有关童年早期言语化的经典论文中,她写道,"如果孩子没有学会命名感受,就可能会出现这样矛盾的情况,一方面他的感受强烈而复杂,另一方面却缺乏表达方式"(p. 186)。将孩子的感受和愿望言语化,能使他延迟行动,把他的体验说出来,并区分幻想和现实(Furman, 1978; Weise, 1995)。

学步儿小组的工作人员经常会将自己觉察到的孩子的感受和愿望言语化,提供语言帮孩子确认体验,并将经验合法化。发现自己在别人的意识里被准确省映,可以帮助学步儿减少不知所措、失控和孤独的感觉。

工作人员可能会直接告诉孩子。

> 其他孩子不肯把斯蒂芬(1岁9个月)想要的车子让出来,于是斯蒂芬大发脾气。学步儿小组的助理试图帮他冷静下来,告诉他他有多生气,并建议他的母亲抱着他。他还是发脾气,把她推开了。最后领导者走过来和斯蒂芬说话,发现他的表情变得很悲伤。她跟斯蒂芬说,他看起来很伤心,还说,之前他感觉很生气,现在感觉很伤心。他立刻就平静了下来,从车子旁边走开去玩其他玩具了。

领导者正确命名了斯蒂芬的情绪,使他能调整自己的情绪状态,然后去玩别的东西。这种干预有助于学步儿建立对其内部状态的连续表征(Fonagy et al., 1991a)。这有助于孩子发展出一种强有力的自体感和自我能动性。随着时间的推移，可以帮助学步儿从行动过渡到语言，从语言过渡到思想（Furman，1978）。

有时，工作人员会跟父母表达或谈论孩子的感受或愿望。这对于提升父母对孩子状态的觉察，并给予恰当的反映，可能是最有效的方法。

当一个学步儿看到母亲大声咆哮时，她很害怕，她把玩具老虎抱得紧紧的，贴着自己的脸，学步儿小组的领导者说："妈妈，你吓坏我了。请把那个野兽赶走"。

领导者注意到另一个学步儿的不安，他小心翼翼地跟在母亲身后滑行，领导者替他发声："我认为他需要一个拥抱。"

这种干预旨在促进学步儿的有效沟通和父母的敏感反应。帮助父母与孩子调谐或"感同身受"（Furman，1992），这可以加强依恋。因为镜映不完全准确且被"突出"了，也就是说，在稍微夸大了的同时也捎带着一些有差异的情绪，所以对学步儿和父母来说，分化都加深了，并能帮助父母认识到孩子的体验和自己的是不同的（Fonagy & Target，2007）。

处理攻击性和设置界限

在小组中，学步儿的攻击性会以各种方式表现出来，从一般的测试、消极态度，到咬、打和愤怒地发脾气。一些父母能够预见并恰当、坚定地处理孩子的这些行为，但有些父母无疑会因为他们自己对活动和攻击性的冲突（Hoffman，2003），而变得要么害怕无助，要么过度控制、拒绝或严厉。学步儿可能会感受到同样的无助，他们学到的可能是害怕——攻击性的确是全能的，会带来损伤或可怕的报复。如果不能安全地表达攻击性，学步儿就无法学会利用它来帮助定义和巩固他的自体感，或者无法在建设性或创造性的活动中使用它。学步儿可能会变得目中无人或过于顺从。

学步儿小组的工作人员会支持父母思考和帮助孩子处理他们的攻击性感受和行为。然而，有时他们可能需要立即采取行动保护孩子，并使小组的所有成员安心，攻击性是可以被安全地涵容的。

一位新妈妈表达了她对孩子发脾气的恐惧；她说，她以为孩子有注意缺陷多动障碍，怕他在青春期时会变得难以控制。

> 在第一次小组活动结束时，伊恩（2岁）想留在屋里玩玩具。他母亲跟他重申时间到了该走了。伊恩开始哭，反复去撞那扇关着的门。他母亲无助地看着他，伊恩最终失去了平衡，他向后倒去，如果不是学步儿小组的领导者接住伊恩抱住他，他的头就会磕在水泥地上了。领导者轻声安慰伊恩，向他保证，等他下周回来时，玩具会在这里等着他。伊恩转向领导者，埋在她脖子里抽泣，最后终于平静了下来。然后领导者把他交给他母亲，他母亲接过他抱在怀里。

在这里，学步儿小组的领导者需要采取行动防止伊恩伤害自己。在安慰他时，她向这个孩子和他母亲展示了伊恩的愤怒和挫败感是可以被涵容的，这挑战了这位母亲的观点——把他视作一个无法控制的青少年，并提供了另一个视角——伊恩很小很无助，需要被抱持。

有时工作人员需要采取行动防止孩子互相伤害。一位母亲把她的小女儿克洛伊（1岁3个月）带来参加学步儿小组，因为她攻击其他孩子。该母亲认为她是在"模仿"她哥哥，哥哥有行为问题，哪怕克洛伊很顺从，哥哥也会羞辱克洛伊。

> 克洛伊第一次来的时候，她立刻粗暴地撞倒了另一个飞奔

的孩子。在之后的活动中，她总是重复这一行为，并一直关注着母亲的反应。她母亲最近刚和她父亲分居，她看起来疲惫不堪、束手无策，无力做任何事。工作人员感受到了她的脆弱，也同样感到无助，而其他父母都躲着她。在团队讨论之后，他们把她转介给了我。

在我们的个体访谈中，克洛伊的母亲能够意识到，克洛伊的一些攻击性行为可能和她父亲离去所带来的悲伤和愤怒有关。这位母亲对我的建议很感兴趣——把克洛伊的感受用语言表达出来，可能会降低她见诸行动的需要。她承认她被自己的愤怒麻痹了，并同意让学步儿小组的工作人员帮助她学会管理克洛伊的行为。在她的允许下，他们追踪克洛伊，预测她的暴力性攻击，并在必要时对她进行身体上的限制。他们将克洛伊的感受和愿望言语化，"我不想分享玩具"或"我想让妈妈和我一起玩"。

几周后，克洛伊的母亲能自己承担这个角色，也能在克洛伊的带领下和她一起玩了。克洛伊变得更加平静，更专注于她的游戏。虽然在她母亲心烦意乱的时候，克洛伊偶尔还是会变得咄咄逼人，但她母亲现在能够恰当地进行干预了。

学步儿小组的工作人员也可以进行干预，以防争抢玩具，并让孩子们学会轮流玩和分享。他们可能会言语化孩子被迫等待的沮丧；而当孩子能够耐心或友善对待别人时，也言语化他们的骄傲和快乐。如果干预成功，可以帮助孩子发展出调节情绪、控制冲动、社会化以及建立良性超我的能力。工作人员在陷入缠结的母亲—学步儿之间扮演着父性的角色，并帮助他们调节攻击性驱力和幻想（Herzog, 1982）。

支持学步儿走向独立和自主

如果发现学步儿在朝向身体独立的发展线（A. Freud, 1965）上取得了进步，例如，他们和其他孩子一起在桌边吃零食、自己吃喝、脱穿衣服、开始使用便盆或厕所等，那么小组会一起庆祝。这些行为上的进步，有助于提高学步儿的效能感和掌控感，并为他们准备好上托儿所需要具备的独立功能。

当孩子开始掌控自己的身体、发展出自己的功能、可以自己照顾自己时，大多数父母都会感到骄傲和快乐，甚至感到宽慰。然而，有些人需要一些支持才能"站在一边欣赏"（Furman, 1992, p. 119）并逐渐放手，尤其是当孩子的进步激起痛苦的失落感时（Furman, 1994）。

在下面的例子中，学步儿小组的领导者在对学步儿进行探索时，给出了身体和言语的反馈，肯定了孩子不断增长的体能和自立能力。这是这个孩子第三次参加学步儿小组的活动。

> 法蒂玛（1岁4个月）对蹦床很感兴趣。她的母亲一次又一次地帮她爬上去爬下来，轻轻地让她弹起来。学步儿小组的领导者跟这对母女谈话了，她为她们的活动提供了一个生动的解说。她让这位母亲注意到，法蒂玛对其他玩具越来越感兴趣。当她说话时，法蒂玛挣扎着自己从蹦床上下来。她母亲走上前去，但领导者轻轻地拉住她，建议看看法蒂玛能不能自己下来。法蒂玛做到了，开心地笑着。领导者指出法蒂玛在掌握这项新技能时所感到的快乐。法蒂玛继续练习，在蹦床边爬上爬下好几次。当领导者走开时，母亲叫法蒂玛过来喝奶，并在之后的活动中一直躲着领导者。

法蒂玛的母亲是一个带有创伤性历史的政治难民,她被自己的原生家庭拒绝,经历了丧失。尽管法蒂玛已经准备好利用领导者的干预,但她的母亲却没有;她明确表达了她仍然需要法蒂玛的依赖和亲密。她花了好几个月的时间,才和学步儿小组的成员建立起相互信任的关系,并允许法蒂玛获得更多的独立性。

另一位母亲有不同的丧失经历,在参加了一年的小组活动,有了共同的经历和相互理解后,才变得更能容忍领导者的言语干预,但她在以前的关键阶段也有一些困难。

> 杰姆斯的母亲曾经怀过死胎,她推迟了孩子的断奶时间,也一直不让孩子剪第一次头发。她常常对他的"成长"表示强烈的悲伤。当她决定训练他上厕所时,他已经2.5岁了,她告诉学步儿小组的领导者,杰姆斯很抗拒如厕训练。领导者指出,当他的尿布湿了并把腿举起来等人给他换尿布时,他其实已经去过厕所了。她暗示,好像是母亲在抗拒这件事。母亲立刻意识到了这一点,想起了更多他准备好的迹象,并从那周开始训练他如厕。接下来的一周,杰姆斯对于自己会拉拉链了感到特别自豪,他说:"我能做到。"

有些父母对自己的养育方式缺乏信心,在每一个新阶段都要求工作人员提供具体的建议,告诉他们如何正确地断奶、如何进行如厕训练、如何叫孩子起床。工作人员担心表现得像专家一样,反而会削弱父母的信心。他们试图和父母一起寻找解决办法,也许会提供一些想法和指导,但更鼓励父母自己从孩子身上找线索,并找出什么是对孩子最好的方式。他们可能会支持父母的决定,例如,对孩子继续要求喝母乳说"不"。通过支持父母的独立性和自主性,也许能让他们以同样的方式对待自己的孩子。

观察反馈和理解行为

工作人员会鼓励父母观察学步儿的行为，并思考他们心中可能发生的事情，以提高他们对孩子的情感觉察，并使他们能够凭自己的能力去理解和回应孩子。直接观察或许能使父母看到孩子的特点或发展，因为这些可能会由于父母的先入为主和冲突而被忽视了。

> 一个很年轻的单亲妈妈来到学步儿小组，她抱怨阿比奥拉（1岁9个月）太自私、不会分享，即使对她也是如此。3个月后，学步儿小组的领导者让她注意，阿比奥拉正在和另一个孩子一起玩游戏，于是这位母亲自豪地说："阿比奥拉是个非常友好的孩子。"她坐到两个孩子身边，协调他们的游戏。2周后，她和阿比奥拉一起把蜡笔分享给小组。她把自己的观察告诉领导者，"她已经开始分享了。"

这位母亲的评论暗示着，她已经接受了学步儿小组工作人员的解释，阿比奥拉需要母亲花费时间并给予支持，才能开始克服她符合年龄的占有欲和缺乏对他人的关心。她意识到，阿比奥拉的行为并不完全意味着她做母亲的失败，这让她变得不那么拒绝孩子，更能为孩子提供情感回应。尽管很明显，由于她自己被剥夺、被虐待的历史，使她很难与阿比奥拉的需要保持联结。

工作人员试图帮助父母考虑孩子处在那个年龄阶段的情感、认知和身体能力，使他们更能容忍孩子对依赖和依恋的需求，并促进孩子的分离－个体化。这可能意味着，修正父母不切实际的期望，将父母感到困惑或无法接受的行为正常化。引用霍夫曼（Hoffman, 2003）的话，许多父母"相信，好的父母教育可以消除攻击性、冲突或矛盾情绪"（p. 1220）。学步儿的矛盾行为、攻击性爆发或退行变化，可能会让他们感到焦虑（"这正常吗？"）、内疚（"我伤害他了吗？"）或指责（"是他不好"）。将孩子的行为置于发展背景中，或将其与外部事件联系起来，可以减少父母的焦虑，使他们解脱出来，并更容易触碰到孩子的感受和恐惧。

当一位父亲听到这样的解释——他的孩子突然拒绝玩滑梯（这是他以前非常喜欢的），是因为他开始意识到高处的危险和与母亲的分离，这位父亲松了一口气。

一位母亲最近带孩子回了一趟她自己的祖国，这次探访对这位母亲来说很重要，但这对她的学步儿来说压力太大了，他被那些不熟悉的人、风景和声音淹没了，工作人员帮助这位母亲理解到这一点之后，她更能共情孩子咄咄逼人的缠人了。

然而，在受到整个小组的支持之前，一个年长的、经验丰富的母亲无法接受领导者正常化她小儿子的任性和探索行为。

母亲经常抱怨罗伯特（1岁）变得"顽皮难搞"，她试图控制他，并把他与两个大女儿进行不利的比较。罗伯特14个月大的时候，在一次外出购物后，他拒绝再坐他的婴儿车。这位母亲来参加小组时特别愤怒，几乎都要哭了。虽然她感觉很丢脸、很不安，听不进领导者的解释，但当领导者邀请另一个母亲谈论自己孩子的困难时，她还是听了。当更多的母亲加入小组，她们争先恐后地描述着喂养、睡眠、购物等让她们愤怒的场景时，罗伯特的母亲明显平静了下来，她确信她并不孤单。

工作人员示范如何进行省映，并鼓励父母思考孩子行为的含义，在他们感觉难以理解孩子的行为时，帮助他们控制住自己，免得忍不住去责备和拒绝孩子的行为。这或许能帮助他们将孩子视为既是"发展的和分离的"，也是"依赖的和有联结的"（Green, 2000, p. 28）。省映性功能的增强，也会提升安全依恋的可能性（Fonagy, Steele, & Steele, 1991; Slade, Grienenberger, Bernbach, Levy, & Locker, 2005）。

识别并涵容父母的体验

弗曼（E.Furman, 1994）强调，"母亲会深深赞赏一个可以理解她、涵容她的人"（p. 160）；斯特恩（Stern, 1995）也写过，母亲特别需要别人对其母亲角色的确认、支持和欣赏，他还说，如果母亲被这种方式"抱持"，她的"母性功能就会被释放或被发现，并得到提升"（p. 188）。

学步儿小组的工作人员会为每一位父母提供支持性的关系，考虑他们的个体需求，并在每次活动时给他们时间让他们交流当前的心理状态。他们聚精会神、富有同情心的倾听，使父母感到被听见、被理解和被接受。这个过程可以帮助父母处理潜在的、压倒性的感受和体验，而不必切断和孩子的关系或外化或投射到孩子身上，或是谴责、拒绝、试图控制他们（见第10章）。用依恋理论的话来说，如果他们预期会被批评、惩罚和遗弃，但他们的预期落空了，那么他们或许可以学会以相互关心的方式交往，而不是以愤怒和恐惧的方式(Lieberman & Pawl, 1993)。"好奶奶移情"(Stern, 1995) 的发展或许能使他们更多地接受自己的需要，因而也能更接受孩子的依赖需求，这意味着他们不再嫉妒孩子得到的良好照顾。关注自己的感受也可以帮助他们更好地区分自己和孩子的需求和感受。

一旦建立了积极的关系，父母可能更愿意接受他们的观点或处理孩子带来的挑战。他们甚至可以容忍尝试性地将现在或过去的关系联系起来。举个例子,当一位母亲回忆起自己曾经被哥哥欺负时,领导者对她说:"现在我明白了,你为什么这么担心汤米(2岁8个月)对欧文(8个月)太粗暴了。"

这样的联系旨在使父母和孩子的关系免受那些悬而未决的关系的冲击,使父母变得更能调谐。

霍夫曼(Hoffman, 2004)在描述类似的亲子小组时,强调了在帮助新妈妈处理焦虑时,工作人员的移情性纽带和母亲们相互之间的纽带的作用。父母和孩子似乎会选择他们需要的东西,他们会在父母—学步儿小组的"支持性母体(supportive matrix)"(Stern, 1995, p. 177)中为自己的发展找到各种"治疗的可能性"(A. Freud, 1965)。这类似于安娜·弗洛伊德(1965)描述的过程,小病人会从经典的儿童精神分析设置中吸收他们需要的东西。

第 4 章

游戏的作用[3]

Jenny Stoker

我们的学步儿小组有一个目标,即在父母和孩子之间创造一种好玩的关系。本章将介绍游戏在学步儿发展中的作用,包括游戏的形式及内容。我们也会描述学步儿及其父母在游戏中的挣扎,以及我们在学步儿小组中如何努力帮助他们玩游戏。

游戏的过程:其在发展中的作用

"游戏"(play)和"玩游戏"(playing)这两个词都很难界定。我们会在不同的情境中使用这两个词:用来描述拥有无限可能性的假装的虚幻世界,或是描述棋类游戏、计算机游戏这样的结构化活动。我们会说玩(play)游戏、打(play)乒乓球或踢(play)足球。玩游戏可能是严肃的,可能是欢闹的,或二者兼而有之。正如迈克尔·帕森斯(Michael Parsons,

---

[3] 本章基于南希·布雷纳、贾斯丁·卡勒斯-瑞维斯(Justine Kalas-Reeves)、瓦力·科恒(Valli Kohon)、珍妮·斯托克和玛丽·扎菲里乌·伍兹未发表的文章,他们在首届安娜·弗洛伊德中心学步儿研讨会宣读了此文章,本章作者感谢这些合作者的贡献,以及他们有助益的讨论。

1999）所说，游戏的特点是：玩游戏时发生的事与外部发生的事是不同的，即游戏发生在一个框架内。当我们玩游戏时，我们有规则，有预期的行为方式，也明白我们的情境和日常生活是不一样的。学步儿的假装游戏是这样，职业足球运动员的比赛也是这样。

即使是很小的婴儿，似乎也有能力建立一个框架，在这个框架内会有一种共识，即所发生的事与日常可能发生的事是不同的。例如，当一个婴儿开心地和父亲或母亲一起玩躲猫猫游戏时，他似乎知道，这和日常那些令人心烦意乱的经历是不同的。就好像母亲和婴儿都知道，游戏中的出现和消失都不是真实的。这一点（非真实性）和对预期不明的共识使它变成了一场游戏。

正如安娜·弗洛伊德（Anna Freud, 1965）所指出的，游戏始于身体，包括婴儿和母亲的身体。她描述了游戏始于婴儿投注于自身身体的性欲活动（包括嘴、手指和皮肤）以及投注于母亲的身体的性欲活动（通常是在喂奶时）。这些对身体的有趣探索很快就发展成了父母和孩子之间更具结构性的"游戏"，例如躲猫猫和挠痒痒。安娜·弗洛伊德描述了一条游戏的发展线，她认为游戏会经历这样的阶段：从对过渡客体和抱抱玩具的依恋到玩一些能满足和升华孩子的本能冲动的东西，同时，也会促进他们对知识的探索。

克莱因（Klein, 1930）认为，游戏起源的核心是焦虑的存在以及通过精心制造的幻想以接受和转变焦虑。克莱因的观点意味着，孩子需要一个能够忍受其焦虑的母亲，帮助他容忍和减轻焦虑，从而使他的攻击性感受变得安全。

温尼克特（Winnicott, 1971）描述了游戏中身体的、客观的体验和情感的、主观的体验之间的关系。他认为，游戏是创造性的核心，它起源于生命的早期：妈妈在婴儿需要的时候就喂他，这使婴儿产生一种幻想，认为是自己创造了食物。愿望被满足的体验加强了他的信念——认为环境会回应他的愿望。这种早期凌驾于环境之上的全能体验，为他之后发展出创造性地处理挫折和匮乏的能力奠定了基础。温尼科特认为，当孩子逐渐长大，母亲不时缺席，逐渐使婴儿的需要遭遇挫折，这对推动婴儿的发展是至关重要的。逐步加强现实感对孩子是有益的。

温尼科特描述了婴儿是如何为自己创造一个过渡性客体（通常是一个安全毯），来应对母亲逐渐减少的适应性行为的。对于婴儿来说，当母亲不在的时候，他自己尝试通过毯子重造母亲的乳房和身体以及安抚功能，毯子就成了以上这些的一种象征。因此，他找到了一种方法，在母亲缺席的时候重造她的存在。毯子变成了一个主观性客体，它不再是外在世界的一条毯子，而是成为婴儿的主观创造物，尽管它仍然同时存在于外部世界。毯子为婴儿提供了一种柔软度和质地适当的中介，通过这个中介，婴儿可以进入母亲存在时的感觉模式。婴儿生命中这一刻的创造力，来自他的匮乏感，他发现了一种外在的形式，赋予其个人意义，重新创造了缺失的体验（Wright，1991）。

温尼科特想象创造性和游戏的过程发生在特定空间中。这种"过渡空间"形成了一个界面，隔开了思想、情感和幻想的世界与意义固定、不可改变的外部世界。在过渡空间中，内部和外部世界可能产生交叠——外部客体可以由主体赋予个人意义。过渡空间的体验使我们能够感受到，世界可以按照我们的愿望进行转化和塑造。这是创造性和幻想的王国。

据温尼科特所言，儿童停留在过渡空间的能力取决于他对母亲的体验，尤其是他与母亲分离的体验。她必须保持可靠，但她必须逐渐变得越来越不适应他的需要，并在他的影响下，给他机会在她不在时使用一个过渡性客体来发展和维持她存在的假象。这种能力会使孩子进一步地独立于母亲。

这种创造性的能力既是为了与母亲重聚，也与接受她的不同有关。和安娜·弗洛伊德不同，温尼科特认为游戏能力的发展与本能需要的满足无关。他认为本能的要求可能会对建立过渡空间构成威胁。如果一个婴儿被独自丢下，或者饿得太久，那么过渡客体创造的幻觉就不会持续了。同样地，如果我们太焦虑或太专注，我们就不可能发挥创造性。我们要么专注于内心世界，要么在外部世界变得躁狂活跃，这样的话，两者之间必要的轻松交融是不可能发生的。

最近的儿童发展研究为温尼科特的理论提供了经验支持（Gergely & Watson, 1996）。这项研究证实，在"母亲语（motherese）"和玩耍互动中，母亲给出类似但不完全准确的镜映（"接近，但明显不一样"），这对婴儿发展对自己和他人的认同非常重要。父母的镜映帮助婴儿开始确定另一个人和我是相似的，但不完全一样；对方是另一个人。杰尔杰伊和沃特森（Gergely & Watson, 1996）强调，父母和孩子之间的模仿或镜映不能是完美的。父母真实的情感表达必须能被区别开来［杰尔杰伊和沃特森把父母的镜映的特点称为"标记性（markedness）"］。一定不能太真实，也不能有太大的不同。这两种方法都可能导致病理性结果。

这些研究人员将他们的工作和精神分析理论联系起来（Bion, 1962; Kernberg, 1984; Mahler et al., 1975; Stern, 1985; Winnicott, 1967），他们都强调了母亲的作用——提供一个能够阅读、调节、回声和反映婴儿情绪状态的环境。他们都赞同正常的发展需要两个时刻——一个是主体和客体之间边界融合的体验，另一个是分离的体验。杰尔杰伊和沃特森（Gergely & Watson, 1996）认为，父母和婴儿之间的镜映所必需的"标记性"，是假装游戏中典型的情感夸大和脱钩（decoupling）的先兆。

游戏的过程与学步儿

在学步期，成长中的孩子慢慢会走动了，游戏和语言使他能继续感觉自己和父母是有联结的，尽管他的流动性增加了。在婴儿期，母亲的调谐是孩子能够游戏的前提条件,但有时也会因调谐而受挫。在假装游戏中,学步儿使用他的初级全能感,按照自己的愿望塑造世界。就像创造过渡性客体一样,孩子用游戏展现和象征化他与父母相处的体验,使他能够在父母缺席的情况下继续感受到与他们的联结。学会玩游戏会使孩子变得更独立。他知道他可以在他的世界中创造主观性的客体,这会让学步儿变得更加独立。

以下是来自我们学步儿小组的小片段,这个片段说明了游戏的作用,它既是与母亲分离的结果,也是与母亲分离的催化剂。

> 艾利克斯(2岁3个月)的母亲谈起她的担忧,她觉得艾利克斯太黏人了。艾利克斯仔细地检查医疗包,而母亲被动地坐在他旁边的椅子上,她的新生婴儿坐在另一边的汽车座椅上。母亲在受到一些鼓励之后,拿出一个洋娃娃给艾利克斯,问他要不要用玩具听诊器听听洋娃娃的心跳。艾利克斯郑重地点点头,把听诊器贴在耳朵上,然后把它贴在娃娃的胸前。他还郑重地给了洋娃娃一些"药"。他们聊了聊,看她是否感觉好些了。然后艾利克斯在娃娃的手上扎了绷带。与此同时,艾利克斯的小妹妹开始哭了。妈妈喂了她。之后,艾利克斯转向他们,开始用听诊器听他妹妹的胸部。他笑了,母亲问,妹妹是不是也需要"药"。艾利克斯带着了解的神情,他又笑了一下,然后给了他妹妹一些"药"。他们又聊了聊,看她有没有变好。然后,艾利克斯推着车走了,自己去玩具车库那里玩了。

在这里,我们可以看到,艾利克斯创造了一个过渡空间,在这个空间里,他照顾假装生病的洋娃娃。当母亲不得不去喂另一个孩子时,对艾利克斯来说,母亲就不再是可获得的了。在这一间隙,艾利克斯在母亲的帮助下创造了自己的主观世界,在这个世界里,娃娃和医疗用品被赋予了个人的意义。在他的假装游戏中,我们瞥见了他内心的幻想世界:也许他认同了母亲照顾他妹妹的样子,也许他表达了一个愿望,希望得到母亲的照顾,也许两者都有。两者都代表着他对于母亲的关爱的感受。母亲并没有破坏他的剧情,而是扩展了它。通过假装和母亲在一起,他能感觉到和她的联结。这种一起假装的体验让他可以更容易分离,于是他去车库里创造自己的假装(游戏)了。

福纳吉和塔吉特(Fonagy & Target, 1996, 2007)讨论了游戏的主体间性,谈到了儿童反思性功能的发展。很小的孩子相信,自己和其他人的想法就是外部世界的准确反映。他们无法区分幻想和现实。因此,想法和感受可能是非常可怕的。但和一个温和的成年人一起玩假装游戏,年幼的孩子就会开始认识到他们的想法、感受、幻想和外部世界是有区别的。当大人和孩子一起玩耍时,孩子开始意识到,他们一起玩的假装游戏是现实的一种表征。他逐渐认识到,现实并不完全是他的感受和幻想的镜像。他分享成年人的知识,认识到他们玩的游戏不是真实的。然后,想象游戏变得安全,也成为一种共享的体验,虽然就算大一点的孩子和成年人有时也会暂时失去区分幻想和现实的能力,尤其是在情绪强烈的时候。

另一天,我们观察到的艾利克斯的游戏证明了这一点。

> 艾利克斯被另一个学步儿弄伤了。他哭着缠着妈妈,妈妈安抚了他10分钟还是不行。艾利克斯的小妹妹被他的哭声吵醒了,也哭了起来。母亲和艾利克斯都要疯了,他们到花园里去了。艾利克斯坚持让母亲留在他身边,陪他滑滑梯。虽然母亲也意识到了小婴儿的痛苦,但她也没办法丢下艾利克斯。最后,学步儿小组的领导者建议,她喂小婴儿的时候可以给艾利克斯读书,他们才进来。艾利克斯的母亲开始给妹妹喂食,而艾利克斯则拿起消

防车的书来和她一起读,虽然这不容易。他们一起读了消防员和他的消防车的故事,他们如何扑灭大火和如何救人。在和母亲谈论了这本书之后,艾利克斯开始玩玩具消防车和消防员,他们戴着黄色的帽子,就和书里一样。他找到一个大的黄色消防头盔,自己戴上了。最后,艾利克斯开始笑,然后离开了母亲。

我们可以推测,在这一观察的第一部分,母亲和艾利克斯因对彼此的爱恨冲突而无法动弹。一开始,艾利克斯生妹妹的气,后来他把怒火转移到了母亲身上,因为她没有保护他;母亲意识到艾利克斯受伤了,但艾利克斯太黏人,让她没有自由喂小婴儿,这又让她觉得很生气。他们对彼此的敌意如此强烈,以至于他们很害怕,如果他们分开就会永远失去彼此。在这些短暂的时刻,他们内心世界中的事实和外部世界是一致的。

随后,我们可以在想象游戏的内容中看到,艾利克斯如何控制自己对母亲和妹妹强烈如火的感受,以及他想从这感受中解脱出来的愿望。在他的游戏形式中,我们可以看到,他如何在假装世界里发现自己内心的体验,他对母亲的破坏性的愤怒,这不一定和外在一致。通过阅读有关生命的危险和威胁,跟工作人员和母亲一起玩游戏,艾利克斯明白了其他人也熟悉他所拥有的各种感觉,而这些感觉是以幻想为基础的,而不是现实的。他了解到,无论是在他心中还是别人心中,都存在着一种不同于行为的情感世界。甚至他的母亲,也和我们大多数人一样,在面对危机时,被书安抚了,而且游戏提醒了她,我们内部的幻想世界是如此相似,重要的是,却又不同于我们所居住的世界。

用克莱因的话来说,只要给艾利克斯的母亲一点支持,她就能够涵容艾利克斯攻击性的感受,而这使他得以继续在游戏中用火和消防员将这些感受象征化。

游戏的内容

上面的小片段表明,在发展中重要的不仅仅是游戏的过程。艾利克斯的游戏的内容也很重要,这可以帮助他处理具体的内部情感体验。

孩子通过游戏的内容探索外部世界,就像小科学家一样去发现事物是如何运作的。他们还探索自己内部世界的感受和幻想,并利用游戏来克服痛苦的情感,体验愉快的感受。学步儿必须学会抑制自己的本能冲动,以免失去父母的爱。例如,他们必须学会处理他们对所爱、所依赖的人突然爆发的不可预测的破坏性情绪。游戏提供了一个中间场所,可用以探索这种痛苦冲突的内容。

弗洛伊德(Freud, 1920)观察了自己的孙子玩棉线轴,他把它扔到婴儿床的边缘,然后又把它拉回来,弗洛伊德由此推断,孩子的游戏给他们提供了一个机会,用以掌控那些不舒服的感受。他们把别人对他们做的事(在这个例子中是与母亲分离)施加在其他人或事物上(在这个例子中是扔棉线轴),从中获得乐趣,把被动的经历变成积极的体验。就像弗洛伊德的孙子一样,学步儿经常在游戏中活现他们分离的体验。

阿离(2岁8个月)的母亲第一次外出三天。她说阿离对她很生气。阿离激动地敲打着玩具动物。他和一个工作人员一起发明了一个游戏,他兴高采烈地把动物们击倒,然后工作人员把动物们扶起来。他笑着一遍遍说:"再来一次。"后来,他抓住一些动物,把它们藏起来,过一段时间就去查看它们。他、他母亲和工作人员一起大笑,最初那种对动物的强烈攻击消失了。

在这里,阿离创造了一个剧情,让他可以积极表达自己的愤怒,这改变了他不得不被动地接受母亲离开的体验。他把自己感受到的（他感到受伤、被抓住、被隐藏）施加在动物身上。他创造了一个场景，在这个场景中，他的愤怒愿望并没有那么强烈，他们不会真的把他的母亲永远送走，他从中获得了欢乐，表达并掌控了他所经历的痛苦事件。最重要的是，和之前艾利克斯的游戏一样，阿离的母亲和学步儿小组的领导者接受并鼓励了他的游戏，让他感受到，当他用这种方式表达情绪时，他的情绪是可以被分享、被容忍的。

学步儿也经常使用游戏来处理创伤体验，就像下面这个案例一样。

弗莱德（2岁9个月）曾经目睹了一场车祸，在一次活动中，他谈到了这件事。他把玩具车开到花园里。当车停下时，他说，它撞车了或者卡住了，他让学步儿小组的领导者拿工具来修理它。几周以来，他一直重复玩这个游戏。

重复是所有这些小片段中的一个重要成分，就像弗洛伊德的孙子的游戏一样，许多学步儿的游戏也是如此。每一次重复掌控痛苦的感受似乎都会增加喜悦。每一次重复似乎印证了他不必维持痛苦体验的受害者身份。重复似乎加强了孩子的能力，使孩子可以管理困难的体验，部分是通过创造幻想世界——不同于不可控的现实领域——实现的。

孩子可以利用游戏来表达难以接受的感受，并掌控那些压倒性的体验。

萨沙（2岁10个月）是个彬彬有礼、心平气和的孩子。她在托儿所待了一上午，她很累，不想换校服。她在玩野生动物玩具，妈妈问她，老虎吃什么。萨沙犹豫了一下，然后说："你。"妈妈笑了。萨沙接着说："它恨你。"母亲大声问她说的是"吃

(ate)"还是"恨(hate)",萨莎重复道"它恨你"。母亲想知道,她能做些什么才能让老虎再次喜欢她,然后他们又开始谈论所有的动物。

在这里,我们可以推测,萨莎把这些针对母亲(她所爱、所依赖的人)的破坏性感受归咎于老虎,以此来保护自己。她母亲帮助她,鼓励她游戏并试着从游戏中找到解决办法。

游戏的困难

大多数父母有时会觉得,很难和孩子一起玩游戏,但有些父母发现自己无法和孩子发展出一种好玩的关系。这可能有很多原因,我们可以从温尼科特的警示开始寻找,即过于专注于我们自己无意识的本能需求,会干扰我们找到可以游戏的过渡空间的能力。

成年人的这种专注可能会造成无意识恐惧——害怕失去婴儿的依赖。父母对分离的恐惧阻碍了"仿佛(as if)"空间的发展:必须否认丧失,而且要常常防止它出现。

> 伊莎贝拉(2岁8个月)不能参与假装游戏。她自己睡在洋娃娃的床上,而不是把娃娃放上去。她在房间里散漫地走来走去,捡起玩偶屋的玩偶和玩具动物,但从来不和它们玩。而母亲严肃地坐在远处看着她。工作人员鼓励母亲加入伊莎贝拉一起玩玩偶屋,但她过去的时候伊莎贝拉已经走开了。

伊莎贝拉母亲的成长背景饱受创伤和剥夺。很可能她从来就没有体验过快乐。她是个单亲妈妈,与世隔绝,罹患精神疾病。她似乎想努力把伊莎贝拉养得像个婴儿，继续用母乳喂她，和她睡同一张床。她希望伊莎贝拉依赖自己，同时对这个愿望感到内疚。这种冲突使她想要找一些方法和伊莎贝拉一起玩，但如上所述，她无法找到一种方法使之持续下去，然后她就会走开。她发现，她无法和孩子一起创造一个幻想的"仿佛"世界，所以无意中剥夺了伊莎贝拉发展出一种安全可控的方式与她分离。结果，伊莎贝拉和母亲陷在一种非常矛盾的关系中，在这种关系中，幻想和现实似乎没有什么区别。

有些父母可能会挣扎在强烈的感受中，他们会把这些感受投射到他们的孩子身上。

> 在来参加学步儿小组时，父亲说，他们和理查德（2岁）度过了一个可怕的夜晚。他整晚都没睡着。父亲说，他感觉精疲力竭，他脱外套时看起来也非常紧张。
>
> 后来，理查德拿着玩具扫帚在小屋里晃荡，在空中茫然地挥动着扫帚，而他父亲跟在他身后。工作人员问理查德，是不是想做些"打扫"。父亲插嘴说，理查德在家喜欢玩吸尘器，而他还是焦急地围着理查德，说他担心他会用扫帚打人。过了一会儿，他把扫帚从理查德手里拿了过来。

父亲把自己的愤怒投射到理查德身上，这阻碍了他帮理查德玩游戏。他只顾沉浸在自己的本能冲动中，他只能看到理查德行为中的攻击性，把他的行为视作威胁而不是好玩的，他也无法鼓励理查德创造自己的过渡空间。

许多父母在和孩子玩游戏时，往往会变成说教的人，去教孩子而不是跟随他们的脚步。在这种情况下，孩子在创造游戏时所需的全能感，受到了父母的挑战，使孩子无法创造出自己的主观空间。就好像孩子成为父母的一部分,不能按自己的想法来玩。有些父母发现,孩子学步期的特性以及对于控制和身体问题的关注,会唤起他们自身的一种防御,这时他们的关系正需要一种好玩的退行的能力。另一些父母发现孩子游戏的天性被抑制了。学步儿会玩自己的身体、他们制造的垃圾、感官,这会给那些以强迫特征来控制自己凌乱感受的父母造成问题。这样的父母很难在孩子泼水、涂抹培乐多橡皮泥或者把积木塔弄倒发出噪声时加入他们一起玩。嫉妒伴侣与学步儿的关系也会抑制游戏。父亲可能会感觉和伴侣、孩子之间不再亲密。他对这点的愤恨情绪可能会使他回避和孩子一起玩耍。有一个父亲,他是孩子的主要照料者,他对此是愤懑的,这渗透在他和儿子的游戏之中。

> 约翰(2岁9个月)把玩具娃娃放在床上。他低声说他们要睡觉了,我们应该安静下来。父亲说,他应该在娃娃下面放一条毯子,这样他们会感觉更舒服。他固执己见,要教约翰怎么做。约翰坚定地回答说他不要,但父亲仍然坚持,否则床太硬了,"你不喜欢睡在硬床上"。约翰把父亲的手推开,把自己的手放在床上,以防父亲干扰。父亲补充说"我不喜欢睡在硬床上",但他没再坚持。但此时约翰的兴致大减,他跑去玩别的东西了。

也许是出于对约翰的自由的竞争或嫉妒,约翰的父亲想让他按自己的方式玩游戏。这种控制的愿望也可能是因为担心孩子的学习速度不快,或没有像父母所希望的那样去学习。

在学步儿小组中支持玩乐

重要的是,学步儿小组中的工作人员不能和父母竞争,也不能破坏父母和孩子的关系。因为内疚而和孩子玩耍的父母会很没意思。如果父母觉得自己不如工作人员,他们也不会好玩。如果工作人员变得说教,这会剥夺父母—学步儿关系中潜在的创造性。小组的终极目的必须是为了让父母和孩子一起享受游戏的乐趣。

这一目标要靠多种方式达成。有时工作人员会在情感上支持母亲或父亲,帮助他们调整自己感受的强度,这样他们的孩子就可以摆脱父母的干扰(比如上述案例:艾利克斯、理查德和约翰),按自己的想法去玩。在这里,小组为个体的父母提供了一种父母的功能,提供了安全感和关怀。在约翰父亲(上文所述)的例子中,工作人员花了很多时间与约翰父亲谈论他与妻子之间的困境,并温和地以约翰的名义说话,帮助父亲思考约翰头脑中可能发生的事,并看到约翰拥有与他不同的正当观点。

有时,仅仅是允许父母和孩子一起玩,一起搞得乱糟糟,就能让受到抑制的父母获益匪浅。他们会看着工作人员或其他母亲兴高采烈地鼓励孩子泼水,在汽车沿着地面行驶时发出欢快的"啊啊"响声,或者用锤子愉快地敲击钉子。工作人员会温和地鼓励他们加入,他们新发现的乐趣会受到孩子和游戏的强化。在工作人员的支持下,他们不再那么焦虑、不知所措和防御,他们能够分辨出孩子的需要,他们能跟着孩子的节奏玩,并允许他们自己在游戏中变得更加孩子气。

虽然工作人员没有教导父母如何与他们的孩子相处,但是许多父母认为,与工作人员一起思考孩子的心理在这一特定发展阶段发生了什么是有帮助的。例如,和工作人员一起思考孩子明显的攻击性游戏,了解这是一个正常的阶段,这并不一定意味着他们的孩子长大后会成为一个恶霸，而且它可以以升华的方式被接受，这能帮助父母减轻被孩子迫害的感觉。不把攻击性视作孩子的个性特征，这样可以解放父母，并帮助孩子找到其他表达攻击性的有趣方式。同样地，父母们常常发现，明白孩子必须学习如何分享他们的玩具，这也是有帮助的；学步儿以自我为中心、占有欲很强，这也是正常的。知道了这一点，父母对孩子的行为不再感到羞耻，而且在控制孩子的行为时会更幽默，而不再采取激烈的措施。

结　论

　　游戏和创造的能力对我们一生的发展至关重要。乐趣发生在我们自己的主观世界和外部客观世界之间的空隙中。在这个舞台上，我们创造了我们想要的客观世界。我们创造了自己的个人叙事，我们探索，我们实验。在戏剧、绘画、音乐或扑克游戏等不同领域，我们创造了自己的假设，我们或选择分享或选择私藏。通过在游戏中创造的幻想，我们可以安全地实验我们原始的本能冲动，无论是性欲的还是破坏性的冲动。我们可以安全地尝试不同形式的关系，我们无须感到威胁，因为这个幻想和实验的世界与外在世界是不同的。在游戏的世界里，我们学会调节自己内部世界的情感与幻想和外部世界的行为反应。游戏的内容允许我们进行实验，游戏的过程提醒我们这是一个实验：它强化了幻想与现实之间的区别。

　　在本章中，我们看到游戏从出生就开始了，并在早期发展中起到了至关重要的作用。游戏有助于建立一种认同感，并有助于区分自我与他人。游戏始于身体。游戏是母亲和孩子日益分离的产物和催化剂，尤其是在学步儿阶段。幼儿使用游戏的内容来掌控痛苦的情感，探索他们的内部世界，尝试认同和表达不被接受的感受。

　　我们的学步儿小组有一个非常重要的功能，即作为父母和孩子之间好玩的关系的催化剂。对大多数父母来说，这并不容易，有些人似乎根本做不到，但父母和孩子共享天伦之乐的那些时刻是最好的赏赐。父母和孩子都可以从好玩的隐喻中受益，这些隐喻提醒他们，他们的内部幻想世界与他们居住的世界相似却又不同。这种意识加强了他们之间的关系，反过来又促进了进一步的乐趣。我们收到了来自离开小组后的父母的反馈，有意义的是，他们报告说，他们在小组中经历的最重要的体验，就是观察和分享他们的孩子在小组中快乐地游戏。

第 5 章

正常的困难和困难的正常：
一个学步期儿童的观察文章

Anna Plagerson

> 从孩子与母亲的共生一体性发展到孩子从母亲那独立出来，其中的标志是，（孩子）形成了内部调节能力，这种内部调节能力是由成熟所协助和促进的——尤其是运动、知觉、言语和认知的发展。这个过程在大多数情况下以一种"钟摆"的方式进行……即退行和前行在或短或长的周期中交替出现，容易让人认为孩子的成熟过程出现了偏差。只有观察一段时间我们才能评估这是否是平均水平的学步儿的行为……是正常还是异常。
>
> （Peter Blos, 1976, pp. 163-164）

上面引用的文字强调了我对一位母亲和其学步儿的观察体验的关键，观察在安娜·弗洛伊德中心的学步儿小组进行，每两周一次。时长9个月的观察揭示，母亲和学步儿经历的是一段富有挑战且复杂的旅程。观察从这个学步儿（我称为艾米）2岁3个月大持续到她3岁生日前。

事实上，我对艾米和她母亲的观察比我原先预计的要艰辛。随着我更了解攻击在正常学步儿发展过程中的位置，我开始理解其中的困难。我意识到我选择观察这对母女是因为，他们似乎代表了一种理想化的母女形象。在艾米和她母亲（我称为 B 太太）的身上，我看到了一个观察"足够好"体验的机会。B 太太似乎代表了"足够好的母亲"（Winnicott, 1945），她是共鸣的、敏锐的、共情的及投入的。B 太太从艾米的兴趣中寻找线索，然后阐释它们。她是吸引人的和有反思性的，而不是侵入的或说教的。

接下来的观察就是这种足够好的母亲养育的一个例子。

> 艾米走到了图书角那边，她母亲紧随其后。艾米开始选书，很明显她能够认得出一些书。她指着一本书说："《偷看》。"她母亲骄傲地笑着，说："对。"艾米挨着母亲坐下，等待母亲给她读这本书。艾米的母亲读了整本书，然后引着艾米注意每幅图中有意思的地方。艾米回应了母亲的这些提示，其余时候就静静坐着听。在整个过程中，艾米都积极参与，这对母女也都完全沉浸在彼此身上。（2 岁 3 个月）

这种舒服的、亲密的、轻松的交流吸引了我，促使我选择观察艾米和 B 太太。但是当她们的关系遇到了麻烦，艾米就变得越来越安静、退缩，有时甚至会挺残酷地拒绝母亲，我的观察也变得困难很多。

B 太太和艾米需要应对影响其关系的艰难外部现实：她们搬家了，跟亲人住在一起，并遭遇了丧亲之苦。此外，母亲最近清晰地表示想再生一个孩子，艾米受到这个愿望的影响，虽然整个观察的 9 个月中，母亲生二胎的愿望并没有实现。艾米父亲的正面作用缓冲了这些压力体验带来的影响。本章我们会检视艾米可能的发展，以及我在观察这对母女时的体验。学步期本来就在生理、认知成熟度、内在表征和环境现实各方面都有剧烈的变化，我希望通过本文呈现出，要在本来就充斥了剧烈变化的时期区分正常和可能的病理情况是多么复杂的一件事（也许我这个尝试并不明智）。

背 景

艾米是 B 太太和 B 先生的独女，B 夫妇两人都是 30 出头的职业人士。B 太太放弃了自己的高技能工作成为艾米的主要照顾者。她是个迷人的、聪明的、平静的女士，她打扮合宜，穿着牛仔裤、黑 T 恤和毛衣。B 太太没有试图把自己打扮得过度女性化，这点和艾米形成了对比，艾米总是穿着漂亮的裙子，打扮得非常"女生"，虽然她穿的鞋子是非常实用的。我常常觉得艾米穿这些衣服时看起来有点不舒服。她有点轻微地对躯体感到尴尬，她朴素的发型、严肃的表情和她那些活泼的衣服形成了某种对比。我常常观察到艾米和她的母亲会很投入地一起读书。

矛盾的冲突

经过了"与世界的热恋"期（Greenacre, 1957），学步儿开始越来越意识到母亲的分离。这加强了孩子要获取母亲关注的需要，她通过与母亲分享自己对世界的发现来获取母亲的关注。这是一个矛盾的时期；孩子的独立性增强了，而这被与日俱增的脆弱和索求所平衡。学步儿希望和母亲亲近，但又会通过拒绝母亲来维持独立。艾米在 2 岁 4 个月时表现出了这些矛盾的倾向。

> 学步儿小组的领导者和 B 太太在聊天、弄面团。艾米跑到厨具后面站着。她看着装有塑料水果和蔬菜的托盘。她拿起一个（塑料蔬菜），起名"甜玉米"，还假装吃它。她的动作是平静且深

思熟虑的。她还对其他"食物"重复了这个过程，轻柔地说出食物的名字。她拿起甜瓜，说"嗯，甜瓜"，然后又大声重复。她说得越来越大声，但是无论是学步儿小组的领导者或是 B 太太都没有看过来。艾米把甜瓜放下，走回母亲身边。她拿起一个母亲弄的绿色面团球说："绿球。"B 太太立刻对此做了回应，艾米走到桌边加入母亲的活动。（2 岁 4 个月）

艾米表现出对于独立活动的渴望和能力；她离开母亲，非常投入地探索和命名世界。但是她也想和母亲分享这些，当她没有得到想要的关注时，她就会回到母亲身边来获得自己想要的。艾米知道当她言语化母亲的活动时，她的母亲会回应她。这个观察似乎为艾米良好的言语发展提供了线索；在这个有教养的、能表达的家庭，言语和词汇很可能是被高度肯定的，艾米的言语能力是她学习的结果，她知道如何做最能吸引母亲的关注和捕获她的兴趣。

在这个阶段，母亲对学步儿的矛盾的回应是非常重要的。就像马勒和同事曾经写到的："母亲的最佳情感可获得性非常重要，再怎么强调都不为过……母亲对学步儿的爱以及对他的矛盾的接纳，促使学步儿用中和了的能量贯注在自我表征上"（Mahler et al., 1975, p. 77）。

B 太太很努力地让自己对艾米的情感一直保持着可获得的状态。但是，通过观察我了解到，当面对学步儿的矛盾需求和其对独立的愿望时，这对于 B 太太和其他母亲来说会有多难。上述的观察显示了 B 太太的灵活度，她允许艾米去漫游，也在艾米回来的时候欢迎她。

在接下来的观察中，B 太太也许是第一次体验到女儿不需要自己。学步儿小组的其中一个概念就是，帮助学步儿形成与其他成人和孩子的关系，以帮助其分离－个体化的过程（Zaphirious Woods, 2000）。

艾米立刻接受了学步儿小组助理的邀请,从母亲身边走开去玩耍,过程中没有看向母亲。开始时,B太太在和其他母亲聊天,也没有看艾米。在对话结束后,B太太去找艾米,发现她正沉醉于和助理的游戏中。B太太略带着尴尬地停下来,抱着双手似乎有点不知道要做什么。她看起来并不像感觉被拒绝了,而是有点被逗乐了。她开始和其他孩子玩耍,同时回到了她之前的对话中。(2岁4个月)

B太太的弹性使得这次分离得以发生;她没有干预或者强行加入女儿的游戏。她看起来用和其他孩子玩耍来处理这种空隙的体验,或者说是一种缺乏角色的体验。

艾米变得越来越好奇和独立。这有时可能会被母亲感觉为拒绝。即使一个像B太太这样"足够好的母亲"也会表现出一些迹象,表明这时期对于母亲以及学步儿来说都是困难和痛苦的。接下来的观察(4个月之后进行的)显示母女的反应都出现了改变。

艾米走到桌子边说:"我想画画。"B太太说:"亲爱的,你想画画啊。"然后开始拿出画纸和画笔。同时,艾米发现了一些喷壶,然后她从架子上把它们拿了下来。她穿过房间,并没有注意到坐在桌子边准备好要画画的B太太。B太太看着这一切,看起来有点泄气和被拒绝。艾米走着,然后大声地蹦蹦跳跳。她走向书本那里,挤坐在角落里看着一本书。B太太看着她,接着把画笔和画纸放到一边。她在房间朝艾米喊道:"要不要我给你念书?"但是艾米没有回应,然后B太太独自坐在桌子那边,看起来有点难过和被拒绝。(2岁8个月)

这个观察展现了他们关系的转变。B太太惯常追随艾米兴趣的敏锐性并没有引发预期中艾米的反应。因为一起读书曾是他们最爱的活动之一，因此艾米拒绝母亲的邀请是非常重大的事情。艾米决绝地走开和发出声响跳开，似乎是攻击性的甚至是激惹的。B太太看起来能理解艾米的反应有这层意义，B太太看起来是感受到了被拒绝。

正如费曼（Furman, 1922）解释的，指向母亲的攻击性往往以否定的形式出现。她描述了一个儿童，他不表现出躯体攻击的形式，但是常常忽略母亲的活动建议或刚好做出相反举动，而伤害了母亲的感受。与此同时，孩子也拒绝与学步儿小组领导的互动。一开始看似是一个忠诚冲突，而现在变成了一个指向母亲的强烈愤怒的冲突。费曼的例子和艾米在上述观察中的例子高度相似。在这个时期，她常常拒绝学步儿小组领导和助理的提议。我在想，艾米到底在愤怒什么？她到底为什么惩罚母亲？无论是马勒（Mahler et al., 1975）还是费曼（Furman, 1992）都认为，指向母亲的攻击是应对害怕失去母亲的爱的必要且恰当的反应。这是转向分离和个体化过程中的必要一步。它结合并混合了学步儿对如厕训练的愤恨，如厕训练被学步儿体验成是一种侵入。以下的观察是在6周后发生的，并且显示截止到这个时期，艾米的如厕训练已经进行了一段时间。

> 比起上周，艾米看起来和B太太更疏远了。她一个人坐在图书角，背对着房间盯着一本书看。她基本上和B太太没有眼神接触，就像是"拉黑"她了一样。艾米在到点要回家的时候会哭，说她不想去外婆家。B太太告诉小组领导者，他们在如厕训练上没有取得进展。（2岁9个月）

艾米的愤怒和对母亲的排斥似乎跟她如厕训练没有进展有关。这给我一个印象，这是一个有关力量或控制的争斗，艾米拒绝顺从母亲的愿望。

费曼（Furman, 1994）认为，学步儿与日俱增的分离性可以导致母亲巨大的情绪困难。她的孩子变得越来越独立意味着她必须把孩子看成是独立的客体，而不再是一个自体客体了。母亲失去了作为自己的一部分的孩子，必须要调整自己，把孩子当成一个独立的人来爱。费曼检验了为什么这个转变对于母亲来说是如此困难，以及母亲可能会使用什么防御来处理这种自恋丧失。她认为，"幼儿的母亲倾向于不去体验这种意识的焦虑，她们会反过来先离开孩子，在身体上或心理上离开，且无意识地把孩子放在那个能体验到淹没性焦虑的位置上"（Furman, 1994, p. 154）。我开始想，B太太想要再生一个孩子的想法是否也是用来防御艾米离开带来的丧失感。艾米发脾气，她独自玩耍，以及她越来越具控制性和攻击性的行为（下文将会提及），都显示她无意识地体验到了这个愿望所产生的"淹没性焦虑"。

再生一个孩子的想法

在我进行了6个月的观察后（当时艾米2岁9个月），B太太告诉其他母亲，她正在试图怀孕。为了当艾米的母亲，B太太放弃了职业女性这个身份，而艾米现在表现得像不再需要母亲一样。在这个缝隙中，B太太就产生了一个想法：再生一个孩子，一个全然需要自己的孩子。B太太脑海中的这个想法影响了艾米，她无意识地需要去处理她对母亲的爱和恨、需要和怨恨。我猜，随着艾米到达了新的自立水平，母亲想要再生一个孩子的愿望会被她感觉成被母亲拒绝，从而使她更加拒绝母亲。

我在这个时期的观察中发现，艾米和母亲陷入了一种相互拒绝的恶性循环，导致她们都从彼此身边离开。作为一个观察者，这是一个非常艰难的体验。我发现我很难聚焦在艾米身上；我想要观察其他孩子，然后抗拒写艾米这个痛苦的观察报告，也许这是一种防御，为了处理那些在我身上激起的困难感受。经过反思,我在想我的感受是不是平行了 B 太太的体验(我的感受和 B 太太的一样)。我的愿望是有一个不那么痛苦的观察,我的应对方式是聚集在其他"更容易"的孩子身上,这与 B 太太想要再生一个孩子从而减少痛苦的养育体验是类似的(Wilson, 1980)。

我想,艾米立刻展现了她对于母亲想要另一个孩子的愿望的觉察。

> 艾米站在了得宝*桌子的边上,B 太太在附近和另一个母亲聊她想怀孕的事情。艾米专注在自己的游戏中,小心地把得宝玩偶反复地放在不同的床上。每一次她都会轻轻地给它们盖上毯子。其中一个玩偶被放到了浴缸里然后盖上了毯子。B 太太正看着其他孩子做"青蛙跳",然后叫艾米也来做青蛙跳。B 太太蹲在地板上做出了一个青蛙的姿势,试图鼓励艾米跟她一起做。艾米继续做自己的游戏,几乎不看 B 太太的方向。然后艾米弯了膝盖,做了一个小小的蹦跳。B 太太富有激情地对此发表评论,但是艾米继续聚焦在得宝游戏上。(2 岁 9 个月)

我认为艾米和玩偶的游戏象征了她在试图理解家庭动力,她在俄狄浦斯三角中的位置,以及她对于性生育的早期理论:这是西蒙·弗洛伊德(1905)称为"求知本能"的东西。我们可以看见这些玩偶被放在床上又被拿出来,就像她的父母,也许我们可以把她的游戏看作是一个曾经被她看见或她想象中的原初场景。这个在浴缸里的玩偶可能代表了艾米,她被排挤在父母配对之外,因此是孤立的。她轻柔地盖上这些玩偶的动作让我好奇,这是否是一种防御,防御她对于自己被排除在外以及可能会被取代

---

* 得宝(Duplo)是乐高的一款产品,每个得宝小块的长、宽、高是常规乐高积木的 2 倍,因而适合年龄更小的孩子。——译者注

而感受到的攻击性。这个游戏是非常吸引她的,对她来说也是很重要的游戏,所以她不会被引开注意力,只做了一个小小的尝试来"青蛙跳"。

我对艾米在这个特定的学步儿小组会面中的感觉是,她因为自己的想法和幻想感到困扰和不安,这在她的游戏中有所表达。她的游戏变得越来越聚焦,她把自己指向新孩子这个想法的兴趣和攻击性都见诸行动了,如下所示。

艾米从厨房出来,捡起一辆火车,然后把它给了另一个孩子的父亲。她看着和学步儿小组领导者说话的B太太,然后看着一个跳上蹦床的孩子,接着又回到了厨房。她看着另外一个孩子"煮饭",突然又跑回玩偶那边,又跑到了图书角那里。她没法在哪里停下来。她来回看着书架,然后看着婴儿床。她开始双手握着婴儿床,推着婴儿床碰击墙面。她捡起一个婴儿奶瓶,摇晃瓶子,然后开始假装喂食一个玩偶。她又捡起两个奶瓶,开始用这三个奶瓶喂养婴儿玩偶。每个奶瓶都用来喂养两秒钟,接着她有了四个奶瓶,后来又有了五个奶瓶,这些奶瓶都在地上排成一排。她看起来孤立地全神贯注在自己的游戏中。(2岁9个月)

我认为艾米在这里表现出了自己的攻击性的愿望——把婴儿床撞向墙,然后摇晃"婴儿"。但之后,她通过用很多奶瓶喂养婴儿玩偶,躁狂地将这些防御掉了。

另外一个观察是在这之后的一天,反映了一旦艾米想着这个想象中的新生儿,她就会被自己的攻击性和占有欲所淹没。

艾米坐在懒人沙发上"阅读"一本书。B太太坐在附近,弗雷迪和母亲走到B太太身边,然后他们开始聊天,弗雷迪靠在B

> 太太膝盖上。艾米往上看，看到了弗雷迪，然后用自己的腿踢弗雷迪的脚。她说："不不不不不。"弗雷迪的母亲跟弗雷迪说话，但弗雷迪又靠在了 B 太太身上。艾米又开始踢弗雷迪，然后又喊道："不不不不不。"她看起来非常痛苦，然后一直都是这样，甚至在弗雷迪被母亲带走之后仍然如此。B 太太摸了摸艾米的头，艾米冷静下来了。然后，艾米又开始读书。(2岁9个月)

B 太太能够抱持并忍受艾米的攻击性爆发，并且扮演了一个更需要的角色来疏导和中和艾米的攻击性。我想这个指向其他学步儿的攻击可以被理解为，是对于她母亲的原始愤怒的置换。

与父亲的关系

艾米的父亲只在学步儿小组中出现过1次，但我猜他给艾米和 B 太太提供了足够的稳定性、支持和爱，使他们能够挺过这些困难的时期。接下来的一段观察就是艾米和父亲一起参加学步儿小组时记录的。

> 艾米一个人在地板上玩玩偶屋。她小心地把玩偶放在桌子四周。她像是在创立一个家庭。她也放了一些玩偶在床上。她很沉迷地玩了5分钟。然后她往上看，找父亲在哪里。他站在地毯那里和小组助理在聊天。艾米从地板上站了起来，走到房间的角上一直走到父亲那里。父亲伸开手臂说："你好，甜心。"艾米笑着投入父亲的臂弯，趴在父亲的腿上，然后蜷缩起来，就像是父亲的腿和手臂之间有一个婴儿。(2岁9个月)

这显示艾米和父亲之间有一种亲密和可靠的关系。就像 B 太太在之前的观察中表现的，每当艾米接近，B先生总能对艾米保持可获得的状态，而且他会温暖地欢迎她。艾米明显地被这种回应所取悦和安抚，她投入父亲的怀抱，可以开心地退行到一个更早期、更不复杂、更不矛盾的婴儿性体验中。马勒（Mahler et al., 1975）和费曼（Furman, 1992）认为，学步儿最糟糕的攻击性就是指向母亲的攻击性，因为她是孩子最重要的爱的客体。艾米可能会体验到，自己和父亲的关系中问题更少。

对艾米和她父亲的这个观察发生时，艾米还在处理她对母亲的矛盾感情，并且对母亲想要再生一个孩子的想法正在进行反应。也可能因为艾米父亲是全职工作，他在复杂的如厕训练中涉入较少，所以他接收到艾米的矛盾感受也较少。

拉康（Lacan, 1964）认为，父亲在母亲和孩子之间扮演了第三方，可以减轻他们之间紧张的关系并且构建一个空间，让孩子可以开始独立和去认同。我想象B先生能够作为一个支持者支持B太太，帮助她处理艾米的矛盾和拒绝，因此减轻了（艾米对B太太）自恋的威胁。B先生的存在和支持也可以解释B太太平常的平静和自我肯定。B太太很少在学步儿小组中提到丈夫，不像其他母亲会在小组中抱怨自己的伴侣。在这个家庭中，很重要的是要承认有父亲，一个第三方，所以艾米和B太太并不是一个孤立的二人组。

攻 击

我已经观察到艾米指向母亲、玩偶、其他孩子的几例攻击，我对学步儿攻击的发展和体验变得好奇。我更进一步检验了艾米的攻击性。

我观察到，艾米的攻击性在一开始是被控制和被防御的。在艾米大约2岁3个月时，我发现，当学步儿小组领导者扮演一个喧闹的男孩发出吼叫时，艾米会变得非常心烦。如同费曼（1992）的观点，我推测这个吼叫本身表示了艾米对自己内在与日俱增的攻击性的体验和恐惧。费曼（1992）认为在这个早期阶段，孩子还难以区分自己和他人，所以任何人的愤怒都可以是自己的愤怒。学步儿担心攻击性会失控、会伤人或伤己。这种对于攻击的害怕源于学步儿脆弱的自我，它无法防御自己的攻击性的原始力量，以及这种攻击性能够造成的真实的或想象的结果。费曼提出，有些学步儿会通过"把它（攻击性）给了……客体，然后变得害怕这个客体"的方式，来保护自己和母亲免受相互攻击之苦（Furman, 1992, p. 190）。这可能是艾米听见别人吼叫会如此害怕的另外一个原因。

形成对比的是，在2岁10个月时，吼叫的这个想法对艾米来说变得不那么有威胁性了，艾米能够享受这种兴奋并且能跟别人分享这种兴奋。

> B太太推着艾米的秋千。西蒙坐在另一个秋千上被他妈妈推着。这两个母亲一起聊天。西蒙被推高时开始兴奋大笑。艾米看着他也开始笑。不久，两个孩子就一起一边吼叫一边笑，然后秋千荡得越来越高。他们的母亲也在笑。B太太跟艾米说："你是一头大笑的狮子吗？"艾米笑着朝西蒙欢欣大喊："你是一头大笑的狮子，你是一头大笑的狮子。"她的整个身体随着笑在摆动。（2岁10个月）

在进行观察时，我被艾米的动作和表达变得如此自由而触动。这表示她的攻击性已经被中和了，能够被释放为兴奋的大笑。B太太挣扎着保持和忍耐艾米的攻击性获得了成功，驱力的融合开始发生，使得这些困难的感受更容易被忍耐。B太太从艾米的暴怒和攻击中活了下来，所以艾米也不用那么担心她的愤怒会是摧毁性的。我猜艾米已经知道吼叫可以是好玩的，因为她不再需要紧紧防御住自己的攻击性，她可以更自由地探索其他兴奋的感受了。

但是，学步儿发展的故事很少是直线向前或简单推进的。正如布洛斯（Blos, 1967）强调的，发展是钟摆式摆动的，不幸的是，在艾米和她母亲的例子中，外部的环境导致了艾米的发展在一个可以理解的点发生了退行。B 太太的父亲突然意外去世了，而在搬家的这段时间里 B 太太的父亲一直和他们住在一起。B 太太对艾米的需要表现出了一定的敏锐度，所以她把孩子带到学步儿小组来了。她告诉小组领导者，她认为这样有助于艾米的稳定性。但是这次见面是在 B 太太父亲的葬礼后一天，B 太太和艾米都表现得安静和退缩，当然这也并不让人意外。她们回到了自己的老地方，熟悉的阅读角。

之后，艾米在学步儿小组中的行为回到了之前攻击的、控制的形式。这可以在接下来的观察报告中看出来，这是在她们丧亲后一个月进行的观察。

> 艾米在外面摔到并且弄伤了自己，她大声哭了起来。她允许母亲亲吻她、安抚她，但是不允许母亲给她受伤的手肘和膝盖抹药。她冷静下来，走到了一个安静的角落继续玩。学步儿小组的领导者接近艾米，给她拿了一些水果。艾米尖叫着推开领导者和水果。这次会面的结束，B 太太跟领导者说："最近发生了太多事，艾米也在感受这一切。"要回家时，艾米变得非常烦躁，她推开了母亲。（2 岁 11 个月）

这次观察对我来说是非常痛苦的体验，有太多原始的情绪接近表面。在小组结束时，当艾米推开母亲并且生她的气时，我为 B 太太感到痛苦。因此，我认为这让我们看见了死亡对于艾米和她妈妈来说多么具有毁灭性。B 太太与小组领导者的简短沟通显示，她也一定非常悲伤。她说的"发生了太多事"是可以理解的，他们在 B 太太父亲去世时刚好跟他一起住，所以直面了失去他的事实。结果可能是，B 太太的情感可获得性和韧性都降低了，艾米看起来再次被母亲的艰难感受所吞没，她不像一个月前那么能够将母亲作为安抚和情感调节的途径。

结　论

我对艾米最后几周的观察发生在她快 3 岁时。

> 在小组的结尾，艾米跟 B 太太说："我不想回家，我不想回家。"当 B 太太没有反应时，艾米喊着说出了同样的话。然后，突然她的情绪改变了，艾米说："接下来去商店吧。"她没有等母亲就独自走到外面的婴儿车那里。艾米在婴儿车旁边静静等待，那时 B 太太正在收拾东西和大家告别。艾米帮母亲把婴儿车推到大闸之外，她明显并不想坐在婴儿车里面。（快 3 岁大）

看到这个，我感觉艾米新出现了独立性和分离性。她知道她要离开，并且能够避免陷入这种她必然会输的力量争斗。她发现了一种保护面子的妥协，就是决定去购物。看她独自走出这个学步儿小屋是一件令人震惊的事。她能够平静地等在婴儿车旁边，表示她内在的有些东西有了巨大的成长。艾米的最后身影也有象征性的意义：她离开的时候没有坐在婴儿车内，而是和母亲肩并肩走着。这让我感觉这是这段关系中两个独立的人；她们不再处于一种"共生一体"的状态中（Blos, 1967, p. 163）。

伯格曼（Bergman & Harpaz-Rotem, 2004）强调，无论母亲在情感上的可获得性有多高，学步儿在越来越意识到自己的独立性和孤独性时都是痛苦的。她写道："一个表征性的危机发生并不完全取决于母亲的行为，或甚至不完全取决于母亲的情感可获得性……母亲和学步儿似乎都体验到了之前那种在一起的方式的丧失。"她进一步解释，学步儿体验到抑郁情绪，这导致了他们发脾气，婴儿越来越意识到"母亲不再能够以足够好的方式存在：她不能修复这种新觉察到的分离性所带来的丧失"。而丧失和愤怒是对这个过程的可理解的反应（Bergman & Harpaz-Rotem, 2004, p. 558）。

伯格曼的文字让我想象到了这个时期艾米更多的内在世界，因此能够帮我解释其行为的强度和残暴程度。事实上，我把这章起名为"正常的困难和困难的正常"就是因为，通过这个观察，我发现自己想要看一个"足够好"的学步儿体验。但是，在看着它变得有多困难，并注意到观察这个过程有多困难的时候，我想我对这段关系的健康程度的一些焦虑也反映了 B 太太的感受，她也体验了艾米与日俱增的攻击性、拒绝，并且感到担心。

如果我仅仅是观察了这对母女一段更短的时间，我可能会对她们的关系的预后得出一个完全不同的判断。但是，通过观察艾米和 B 太太 9 个月时间，看着她们如何挺过来，并能够管理各种危机，我觉得（布洛斯也如此认为）这给了我一个更平衡的视角。此外，我对于学步期的精神分析理论的阅读向我保证了，我所观察到的只是母亲—学步儿关系中正常的困难，即使她们所处的环境让她们在这本就充满压力的时期又承受了额外的压力。我在结束观察时充满了信心，相信艾米和她母亲能从她们的正常困难常态中挺过来，且能做到的不仅仅是挺过来。

第 6 章

一个视力部分残疾的父亲和他具有先天性婴松软综合征的女儿们的关系[4]

Inge-Martine Pretorius 和 Julie Wallace

本章描述了我们在前后4.5年的时间里，参加安娜·弗洛伊德中心的父母—学步儿小组，并和其中一对姐妹以及她们的父亲一起进行的工作。露易丝和玛丽患有先天性肌张力减退症（即婴松软综合征）；同时，她们的父亲作为主要照料者其视力是部分残疾的。

本章在审视这对姐妹的发展进程的过程中，特别关注了和学步儿的自体意象有关的两点。首先，对学步儿而言，和其身体意象紧密关联的自我意象是个体自我感建立的核心（Greenacre, 1958）。其次，带着先天性躯体残疾出生的孩子在发展积极自我意象这一议题上面临着特定的挑战。研究已经表明，除了病理性状况的程度与疾病的预后等因素之外，实际上父母对待儿童残疾的态度也是至关重要的（Castelnuovo-Tedesco, 1981; Luiser, 1980）。我们的观察发现，这个父亲自身所患的残疾让他特别能共

---

[4] 感谢南希·布雷纳、瓦力·科恒、艾维·瓦斯雷克奇（Evi Vasilakaki）和玛丽·扎菲里乌·伍兹对本文富有价值的贡献。本文的早期版本已发表在：Pretorius, I.-M. and J. Wallace (2008) Being seen to be able: the impact of visual and motor impairment on the relationship between a father and his daughters. Child Analysis, 18: 41–67.

情自己的孩子并和她们保持调谐，而这对女儿们建立健全且稳固的自我意象也是有所帮助的。父亲和女儿们还利用学步儿小组容纳性的氛围进一步促进了上述进程的发生。在露易丝17—38个月的时候，父亲和她参加了比勒陀利乌斯的学步儿小组。随后，在玛丽11—30个月的时候，父亲也带玛丽来参加朱莉（Julie）的学步儿小组。

家庭背景

在露易丝出生之前，她的父母分别拥有自己的职业。露易丝的父亲患有退行性眼疾，并且病情有逐步恶化的趋势。在露易丝5个月大的时候，父亲成了她的主要照料者，母亲则返回了工作岗位，恢复了全职工作的状态。露易丝和玛丽一生下来就患有良性的先天性婴松软综合征，表现为非进行性的肌肉虚弱（Berkow & Fletcher, 2002）。生来就患有这种综合征的婴儿，其肌张力和头部控制都较差，不过她们能在辅以物理治疗的情况下正常发展。在露易丝28个月时出生的玛丽，其躯体症状要比姐姐好一些。

露易丝与父亲（比勒陀利乌斯）

露易丝是在17个月大的时候加入这个学步儿小组的。她是一个非常引人注目且充满活力的小女孩，她那种咿呀学语的状态也非常讨人喜欢。她能够通过挪动屁股的方式让自己在房间里快速移动，她也能够用发出声音和用手去指的方式让别人明白自己的需求。偶尔，她也会大声尖叫，也许这是她表达因自己有限的运动能力而感到沮丧与挫败的一种方式。在进入小组的第一天，父亲就表达了他对露易丝的婴松软综合征的态度。

> 他说:"露易丝会在她准备好的时候开始走路。逼着孩子去开始做这做那是没有任何意义的——他们有自己的步调。"在一个父母评论露易丝展现出的"屁屁移动法"时,父亲回应道:"你也不想想,我在买鞋子上省下了多少钱啊!"(17个月)

这位父亲的预期很可能是,别人会对露易丝有不同的看法,其他人很可能就是一群缺乏耐心并且会催促自己女儿的人。他的那些言谈刚好也印证了他对露易丝的未来所持的乐观态度,以及他对其他人是否也如此乐观所感到的担心。他们夫妻俩似乎能够调整自己对露易丝的期待,以此来弱化他们可能因露易丝不能在其他孩子都已经能爬会走的年龄拥有这些能力而体验到的哀伤、羞耻与失望(Wikler in Lamb & Billings, 1997)。

父亲对自己这种相当与众不同的进行性障碍的体验,很可能让他能够更多地接纳露易丝的境况,并对她所患的这种终会好转的障碍充满信心。同时,这似乎也让他变得更为敏感:他不仅对其他人的态度敏感,对露易丝因身体原因所致的被动性和可能因此而带来的挫败感也很敏锐。比如,他能够意识到女儿坐在地上时所拥有的视野范围是有限的。他会不时地举起露易丝,让她看看站着的学步儿们在桌上做些什么。父亲还告诉我们,露易丝从很小的时候就清楚地知道自己要什么,在6个月的时候就能够指着去要她想要的东西。他还说这孩子就像她妈妈一样,是个意志很强的人。似乎在他的眼里,这是一个有能力的孩子。不过,单就这一点来说,露易丝确实超出了同龄的孩子。通过用手去指的方式来表明注意焦点的能力,往往是在幼儿9个月大的时候显现的(Bates, 1990; Bates et al., 1987; Edgcumbe, 1981)。

露易丝的语言能力发展也是超前的。父亲称,她在1岁的时候就已经开始说话了。在进入小组的时候(17个月),她已经能够用言语表达自己的需求、感受和挫败感了。父亲习惯在和女儿一起玩的时候用言语描述她们的动作，或是对情感进行言语化（比如当有孩子在小组里哭的时候）。这可能也促进了露易丝理解和谈论情绪感受的能力（Brown & Dunn, 1991）。有一次露易丝曾跟我说："家里闹哄哄的，一片混乱＊"，这表明她已经掌握了一些复杂的词汇。不过，和多数学习说话的孩子不同的一点在于，她不会创造出一些孩子气的词语；她说话的方式更像是一种模仿。在感到兴奋的时候，她的语速会变得很快，除了父亲之外，几乎没人能理解她究竟在说什么。她还会在感到兴奋或不安的时候摆动自己的双臂。实际上，由于她对自己身体其他部分的控制是很糟糕的，摆动双臂似乎成了能让她释放躯体能量的唯一方式。从过早发育的用手去指的能力和言语能力中不难看出，露易丝的自我和心理理论的发展是超前的，而这也许是对她运动能力受限的一种补偿（A. Freud, 1952）。

随着时间的推移，父亲愿意在小组中分享自己的体验以及去共情其他父母，这两点使他成了小组的一个核心成员。他时常来找我讨论有关露易丝发展的问题，并会对我们的交谈表示感谢。看上去，他能够利用我和这个小组来增强他在养育女儿这个问题上的信心，并让自己可以更有效地应对挫败感（比如他发现自己过去所热爱的阅读一事已经变得越来越困难和令人疲惫了）。

共情

在进入小组的时候，露易丝也开始接受规律的物理治疗，以此来促进她的肌肉控制能力。此后不久，她的尖叫就消失了。在小组里，父女俩展现出了一种不同寻常的对彼此的觉察。

＊ 原文用的是 pandemonium，在英文中属于高阶词汇。——译者注

父亲安顿露易丝在地上坐好后，给她滚过来了一些彩球。她一边抓住这些球，一边念出它们的颜色。集齐所有的球之后，她就把这些球滚回父亲身边。其中有几个球滚到了蹦床的下面，那是一个超出父亲视野范围的地方。这个时候，露易丝会一边指着球，一边大声叫出球的颜色，"黄色，在那儿，在那儿。"（21个月）

露易丝似乎在很小的时候就觉察到了父亲眼神不太好这个状况。即便她不能自己把这些球给捡回来，她也会帮父亲去找这些球。相对地，父亲对于她在控制自己身体方面的尝试也很敏锐。

父亲推着坐在木制小火车上的露易丝在花园里游荡。当她准备要下车的时候，父亲想要过去帮把手。这时候，她对父亲说："爸爸，不要，露易丝要自己来弄。"父亲回应她说："你想要自己下来，那好，来吧！"露易丝犹豫了一下后，将身体前倾，然后把自己的双手放在了草坪上。经过了一番努力后，她将自己的屁股挪到了地上。父亲对她这个成功的尝试露出了骄傲的微笑。当天下午晚些时候，露易丝溜出了父亲的视野范围。当父亲找到她并试图靠近的时候，她说："爸爸，不要。"父亲回应说："爸爸必须时不时地看你一眼。"说完后他就走开了。（23个月）

露易丝变得越发坚定且自信。在赢得自己的主体性这件事上，她似乎表现得很坚决。尽管在父亲走近的时候，她并没办法让自己挪个窝儿，但她能够用清晰的言语要求父亲离开。同时，父亲也给她留出了空间，让她自己去尝试，去犯错。而这种空间的存在也让露易丝知道，在父亲的眼中自己是有能力的。父亲没有对露易丝自己从火车头上爬下来的尝试做出任何不必要的干预。这件事发生后，父亲详述了被出于好意但却没有征求他意愿的"好心人"扶着过马路时的那种烦扰。他体验到的这种自主性被无视的经历让他特别能够尊重露易丝为获得独立所做出的尝试。相应地，露易丝也表现出了一种对他人超乎寻常的理解能力，并能共情他人。

> 露易丝看到了爱丽丝的生日气球后，一边要求父亲拿一个系在自己的手腕上，一边说："露易丝要带着气球到处走走。"父亲向她解释，这些气球是爱丽丝的，如果她想拿气球，必须先征求爱丽丝的许可。露易丝对着这些气球看了一会儿后念叨了几句"爱丽丝的气球，爱丽丝的气球"，然后就走开了。（26个月）

对一个孩子而言，表达共情的前提条件是，他或她在能够把自己想象成一个可以被他人体验的客体的同时，还能够对客体化的他人的主观状态进行想象（Stern, 1985）。尽管露易丝需要依赖他人的阶段要比其他孩子长，但她似乎对其他人在感受和想法上是独立的这一点有着清晰的理解。而这与父亲细心的解释，可能还包括她对自身弱点的觉察，是密不可分的。

对运动的需求

驱动露易丝去玩的力量似乎不是好奇，而是她自己对于运动的需求。她特别喜欢来回推小汽车或是推小型儿童自行车。对她而言，这些玩具似乎能带来一种控制感和掌控感，以及她暂时还不能在自己的身体里感觉到的一种活动性。她喜欢和父亲或其他成年人玩来回滚球的游戏，但她不太倾向于和其他孩子一起玩。尽管她确实是一个讨人喜欢的小姑娘，但我发现和她一起玩并不是什么容易的事。她能够忍受平行游戏，但当我试着和她进行一些互动游戏的时候，露易丝会展现出相当的控制，并迅速背过脸去。

在露易丝22个月的时候，她开始试着让自己站起来。一个月后，她第一次能够在抓着父亲的手的情况下，从花园的入口走到学步儿小屋这里。在那一刻，真的很难分清究竟是谁脸上的骄傲更为浓烈！其他父母（和学生）都对她的这一成就表示了祝贺。露易丝在2岁生日的时候得到了人生中第一双真正的鞋子。

父亲认为露易丝在学会走路后，能更多地在行动上表达自己的情感与爱意了——她会时不时地走到父亲身边求一个抱抱。似乎在身体无法离开父亲的时候，她是不会去寻求亲近的。但是，当她有能力离开时，她会定期回到父亲身边寻求情感补给；而这正是早期练习阶段（或"练习期"）的典型行为（一般在7—10个月的婴儿身上出现）（Mahler, Pine & Bergman, 1975）。

在露易丝2岁的时候，她表现出了一种不亦乐乎的状态——一种在"完全练习亚阶段（practicing proper subphase）"的学步儿身上（多在10—18个月大的幼儿身上出现）很典型的状态。她因自己新获得的运动能力而表现出的高兴与骄傲具有一种感染人心的力量。无论天气状况如何，她都想到户外去玩！在那个阶段，露易丝最喜欢做的就是把一个洋娃娃放在婴儿车里，然后在学步儿小屋周围推着婴儿车玩。婴儿车在她练习走路和跑步的时候给她提供了一些支持。或许，露易丝把自己当成了那个动不了的洋娃娃。通过游戏，她将这种动不了的被动状态转化成了积极主动的状态（A. Freud, 1936）。露易丝也开始佩戴一些漂亮的、带有蝴蝶或花朵图案的发夹了。她也能够听取并接纳我们的赞赏，表明她开始对自己女性的身体与外表感到愈发的骄傲。

双重挫折

玛丽是在露易丝28个月时出生的。此后不久，露易丝就出现了突然发脾气、耍性子的行为，这让父亲感到非常无助。

露易丝费了半天劲,挪着自己的腿,试图跨坐在儿童自行车上。但她失败了,一屁股坐到了草地上。她大哭起来,并拒绝了学步儿小组的助理为了让她站起来所提供的帮助。露易丝就待在自己摔倒的地方,躺在草地上一动也不动。随着时间的流逝,她变得越发无法驾驭,也越发不安起来。我走近她,共情了她,并鼓励她允许我帮她站起来,但她还是拒绝接受任何帮助。后来,父亲走了过来并拉起她,但她仍然无法平静下来。她还是很激动,哭闹着,一边挥舞着胳膊,一边描述着摔到草地上的这一幕。我站在父亲的身边看着露易丝在接受安抚和拒绝安抚间摇摆,在父亲的臂弯里斗争。他那些安抚性的话语,他想和她一起玩的邀约,他要帮她回到儿童自行车上的提议都不能让她平复下来。大约过了10分钟,他对露易丝说他会放她下来,等她平复之后,他会过来和她一起玩。露易丝躺在草地上,继续大声地在那儿哭着。最终,父亲再次提出要帮她回到自行车上,而这次她接受了这个提议。(30个月)

露易丝拒绝接受帮助并选择一直待在自己摔倒的地方的事件带有一股戏剧性的味道。她所展现出的这种痛苦与烦扰的强烈程度可能正是呈现了,她因妹妹出生一事而感到的不安,并混合着因丧失了对自己身体的控制而摔倒所感到的自恋受挫。当因为疾病或躯体状况而受到束缚的时候,儿童会表现出愤怒与发脾气的行为(A. Freud, 1952)。在这个阶段,露易丝常常会拒绝父亲的安抚,还会对父亲感到生气,而这让父亲感到痛苦与无助。

尽管露易丝表现出了"完全练习亚阶段"的不亦乐乎,但和处于这个阶段的多数孩子不一样的是,她并没怎么受到磕碰与摔倒的影响。她进入这个阶段的时间要远远晚于多数孩子,而她超前的认知技能与她对自己的高期待可能也构成了一种阻碍，让她更难接受自己在躯体控制发展方面的迟滞。

露易丝突然出现闹脾气行为和我们印象中父亲出现视力衰退在时间点上是一致的。因此，我们对小屋做了一些改变（如在楼梯上涂了白线），同时我们也开始更加主动地参与到露易丝的游戏中，试图促进她的自主意识和情绪表达类语言的发展。

父亲在玛丽3周大的时候开始带着她一起来参加学步儿小组。几个月后，露易丝在一个育幼学校入学了，每天早上她都会去上学。在母亲的帮助下，露易丝在学校里适应得很好，但几周之后父亲跟我们讲了一件令人苦恼的事。

> 父亲说，露易丝有几次在学校里表现出了攻击性：她把椅子扔向了一个小女孩，还把对方压在了地上。父亲似乎对此感到不知所措，怀疑这一切的发生是不是与自己有关。他说露易丝很不喜欢穿着脏兮兮的尿布，但她更不喜欢换尿布这件事。有的时候，父亲为了换个尿布得"把她按在那儿"。他担心也许自己的举动影响了露易丝的行为。（34个月）

他继续说自己意识到在对待女儿方面，他可能没有女性那么耐心或温柔。这倒让我们吃了一惊，因为我们一直把他看作是一个温和且知道怎么照顾人的父亲，同时我们也在想他会不会对自己的残疾有一些潜在的愤怒。父亲糟糕的视力状况可能导致换尿布时间加长，而这可能会被露易丝体验为一种侵扰。她可能是在用发脾气表达一种双重的挫败感——她自己所体验到的挫败和她的父亲所感到的挫败。父亲认为露易丝意识到自己的同伴都已经完成了如厕训练，我们讨论了仍然穿着尿布的羞耻感导致她爆发出攻击行为的可能性。

躯体残疾可以促进想象和幻想的产生（Castelnuovo-Tedesco, 1981），但这种状况似乎并不适用于露易丝。她所展现出的那些较为具象且重复性的游戏可以被认为，是她的自我对控制感与掌控感的防御，是她在早年缺乏对自己身体有所控制的体验所导致的结果（A.Freud, 1936; Sandler & Freud, 1985）。露易丝时常会突然地从幻想中跳出来。比如说，有一次，她的父亲试着用一种顽皮的方式鼓励她吃香蕉。他对她说："它（香蕉）想要被吃掉。"但露易丝却回应说："香蕉才不想被吃掉呢。香蕉什么都不想要，爸爸！"

在露易丝2岁11个月的时候，她说话时仍是以称呼自己名字的方式来指代自己。多数学步儿在15—18个月的时候就已经能够使用人称代词"我"了（Bates, 1990; Edgcumbe, 1981）。看起来，露易丝因身体原因所致的自主性发展缓慢复杂化并延迟了其自我意识发展中对不同形式的"我"（主格的"我"和宾格的"我"）的整合。

如厕能力的获得

露易丝在游戏中保持了一种相当活跃与主动的状态，就好像她在试图弥补那些失去的时光一般。渐渐地，她开始能够接受我的帮助并能够允许我参与她的游戏了。同时，她在游戏中显示出了建立规则的迹象，这意味着可以开始对她进行如厕训练了。这一切都是在她3岁之前发生的。下一段观察报告记录了露易丝3岁生日当天的状况。当时她和父亲带了一个蛋糕到学步儿小组，和大家一起庆祝。

> 父亲说露易丝已经开始了如厕训练，随之还发生了一系列的意外。在学校的一次意外后，老师公然把露易丝说成"一个愚蠢的，还穿着尿布的小屁孩儿"。露易丝为此感到丢脸，而父亲则勃然大怒。他说他已经让露易丝的母亲去学校和老师沟通交

涉，因为他觉得如果是自己去学校，一定会"大发雷霆"。父亲告诉我们，在这件事情发生后，露易丝又穿了几天尿布，随后她就称自己"现在已经是个大姑娘了"，再也不要穿什么尿布了。做出决定后，她基本上没遇上什么麻烦。

在大家都准备离开的时候，露易丝说她要便壶。父亲很快就把便壶给她拿来了。用完后，露易丝骄傲地举起便壶向我炫耀——她太过兴奋以至于差不多洒了个底儿朝天！我们一起清空了尿壶，然后夸奖她所取得的成就。她挥舞着双臂，显得兴奋极了（其实所有旁观者也跟她一样兴奋）。（3岁）

似乎老师的羞辱性话语刺激了露易丝，让她获得了如厕能力(Furman, 1992)。可能正是对自己身有残疾的女儿的认同激化了父亲的情绪，让他对老师的麻木勃然大怒。正是因为担心自己有可能无法控制住愤怒的情绪，他才让孩子的母亲出面去和学校沟通。

正如学会走路之后露易丝会更多地在行动上表达情感与爱意一样，在获得了如厕能力这一新的发展里程碑后，她也开始表现出更多的脆弱，并寻求更多的安抚。自我意识与掌控感的增强似乎也降低了她自恋的脆弱性，让她能够以一种与自身年龄相适应的方式去寻求安抚。

在玩玩具飞机的过程中，露易丝摔倒了，并因此大哭起来。当时她父亲正抱着玛丽，因此去找露易丝的人是我。露易丝举起自己的胳膊让我把她抱起来。在走向父亲的一路上，她都紧紧地抓着我的身体。我把露易丝放在腿上，坐在了正抱着玛丽的父亲旁边。露易丝一边抽泣着，一边语无伦次地说了点什么。在我和她父亲轻声细语地跟她说话的时候，她安稳地在我腿上待了不少时间。平复之后，她选了一个花花绿绿的弹性胶布贴在自己流

血的膝盖上。（3岁2个月）

在那个学期结束的时候，3岁2个月的露易丝离开了学步儿小组。此时的她已经是一个有能力的、自信且活跃的小女孩了。

玛丽与父亲（朱莉）

我在玛丽11个月大的时候第一次见到她。那时的她还是一个一头金发并且一脸严肃的小小孩儿。她就那么坐在婴儿车里，听着自己的父亲以一种非常实事求是且平淡的方式描述她的状况，并表示这一切不过意味着她的发展会稍微慢一点儿而已。父亲的语气是积极且接纳的。他说自己已经在露易丝身上经历过一次这种状况了，而现在自己的大女儿一切都挺好的。他用相同的方式说明了自己的状况，除了那句一切都会好起来的。他不希望小组里的其他成员知道自己视力不佳这件事。他说他会在自己准备好的时候告诉他们。

我从来没有见过玛丽的母亲。这位母亲所从事的是一项非常辛苦的职业。有时候，在玛丽的游戏和行为中不难看出母亲缺席对她的影响。我觉得在移情关系中，我变成了一个父母式的形象，玛丽和父亲都在依靠我获得支持。

衰退的视力状况使父亲更加难以承担照料者的角色，但随之而来的焦虑和挫败感让他对玛丽所遭遇的困境特别敏感。

> 当我注意到玛丽是多么努力地在那里踢着自己的腿的时候，父亲用一种极其感性的语调向我描述了不会爬给女儿带来的挫败感。（11个月）

卡斯特诺沃－特德斯科（Castelnuovo-Tedesco, 1981, p. 145）指出，和身体缺陷有关的精神病理性问题往往都和自恋有关，但"令人吃惊的"是，有些患有躯体残疾的个体"在心理上完全没有受损"。父亲因为自身状况衰退而产生的受伤感觉会在某些时候和他因玛丽的状况而感到的挫败与沮丧掺和到一起。

> 父亲带了一个蛋糕来庆祝玛丽的1岁生日。我们一起玩了得宝小屋。玛丽冲我笑着，递给我一些玩具小屋的部件。她在拿回玩具某个部分的过程中遇到了困难。父亲说她为增加自己的行动能力付出了大量的努力，但基本上没获得什么令人满意的回报。
>
> 在吃点心的时候，我们拿出玛丽的蛋糕和小组一起分享。这时，另一个孩子偷偷拿走了属于玛丽的那块蛋糕。她大声抗议起来。父亲没有看到另外那个孩子鬼鬼祟祟的行为，因而对玛丽的抗议显得非常生气。我介入了他们之间的冲突，父亲承认自己确实没有注意到发生了什么。同时，他利用这个机会向其他父母说明了自己的视力状况。（1岁）

说实话，反思这件事的时候，我很难判断究竟发生了什么：父亲是因为自己的身体状况所致的局限而感到愤怒呢，还是他更担心玛丽所体验到的限制。有的时候，他无法在外在的"威胁或挑战"出现的时候保护玛丽。他的反应强度是不同寻常的。在我看来，对他而言这是一种突破，是对自己惯常出现的、想要防御情感表达的冲动的突破。

> 玛丽和父亲远离了喧闹的人声与其他的孩子，跑到一边去玩儿童式小汽车了。她很努力地想要把自己放到车里，却还是做不到。最后是父亲把她放进车里去的。随后，他对玛丽说："看这

个。"边说边按响了小汽车的喇叭，然后问她："你能做到吗？试试看！"玛丽试着去模仿父亲的行为，但她的手指并没有足够的长度和足够大的力量去弄响这个喇叭。意识到这一点后，他举起了自己的手掌，然后又举起了她的手掌，并说："这么做试试。"玛丽成功地把喇叭弄响了。他们两个都笑了。父亲说完"就是这样！做得好！"后，亲了她一下。（13个月）

在这个互动中，他们将全部的注意放在了彼此身上。父亲对女儿的需求做出了有效的回应，同时他们的表达与行动都与对方保持了一致。

对运动能力的关注

和露易丝一样，玛丽的关注点也集中在了运动这个问题上；她在游戏中展现出了一个幻想的世界：这个世界里出现的人物通常不是在骑某种动物就是在开车。相似地，看书的时候，她会挑那些和交通以及运动有关的书籍。在我看来，这表达了她想要获得更多行动能力的愿望。

在随后的一次观察中，玛丽会在和学步儿小组的领导者玩的时候，时不时确认一下父亲是否在场。

点心时间过后，父亲主动要求去帮忙收拾和清洗餐具。我先帮了他一下，告诉他要把这些东西放在什么地方后，就去和玛丽玩了。玛丽的运动能力的增长是显而易见的。她坐在地上，借着一只手的帮助，靠着自己的屁股在地上来回移动。她的手指向了一个玩具手推车。我确认了她想要的究竟是哪辆车后，她就一脸高兴地挪到了我这里，把手推车给拿走了。玛丽来来回回地推着车玩。在成功把车推出去一段距离后，她开心地尖叫起来。在玩的过程中，她时不时地回头看父亲一眼，以确定他是在场的，然

后她换了一辆小车，重复着刚才的玩法。（14个月）

对同龄人的观察同样能促进个体运动能力的发展。格里纳克（Greenacre, 1958, p. 612）在她的文章"对自我认同感的发展有决定作用的早期躯体性因素"中这样写道，"我们可以通过持续地和那些在外表上和我们有着明显相似的个体的联结，来强化我们对自己身体的感觉。而很显然，这种强化方式是贯穿我们一生的。"我时常能看到玛丽停下正在进行的活动去观察其他蹒跚学步的孩子，随后，她会显得很兴奋，并表现出一种想要移动的强烈愿望。有的时候，她会兴奋地来回挥动自己的胳膊，或是挪向一个玩具。她在用这样的方式表达自己想要变得更加独立的愿望。不过，在其他一些时候，看到别的孩子能自如地移动会让她落下沮丧的泪水。

双重挫折

有的时候，父亲的困难会和女儿的困难重叠到一起。

> 玛丽一来，就没停下来，一直在做各种不同的事。她先迅速地爬到了一个双层大巴那儿，玩推车和开车。然后，她挪到了房间的另一个角落，去推一辆婴儿车。在这辆婴儿车里还坐着一个洋娃娃。后来，她又爬到了蹦床那里，并指着一个装满小球的筐嘟囔着。父亲跟了过去，并问她，"你想要什么呀？"玛丽边回应说"na，na，na"，边把一个球扔到了蹦床上。球从蹦床滚到了房间的角落里。看到父亲找不到这个球的时候，玛丽提高了音调。父亲说："我找不到。"玛丽继续嘟囔了一会儿之后，听到有人敲鼓的声音，就爬过去一探究竟了。（16个月）

在这个场景里，出现了一个有趣的声响，它将玛丽的注意力从自己和父亲都找不到她想要的东西的挫败感上转移了。在另一个场景里，她的挫败感被一点点地扩大了。玛丽指着一个东西，但父亲努力了半天也没有看到她想要的究竟是什么。尽管他表现得非常耐心，拿了很多球过来，但她丢掉的那个球滚落在了他视野范围之外。当玛丽挥动着胳膊，带着越发挫败的感觉指向自己要的那个球的时候，我意识到自己能同时感受到他们父女二人的挫败感，并通过言语化的方式将这些呈现给他们。

克莱因（1946）和温尼科特（1960a）都讨论过环境对儿童发展的重要性，并对如下的一点做出了强调——如果环境无法适应儿童的发展，那么儿童就会丧失正在发展中的自我感，而重新获得这些自我感的唯一方式就是退缩与隔离。我们将残疾定义为一种环境性的侵害，汤姆斯和麦克吉尼斯（Thomas & McGinnis, 1991）的观察发现，在能够提供足够好的环境（治疗性环境）的情况下，个体是可以自然地适应这种侵害的。汤姆斯和盖思克（Thomas & Garske, 1995）用温尼科特（1960a）的观点去理解患有先天性残疾的个体。他们强调，当一个孩子需要遵从一个已经受损了的环境时，可能存在发展出假我的风险。尽管玛丽的状况表明，她会受到自身所处的特定环境的影响而特别有可能发展出假我，但是我却无法在她身上觉察到这种防御的存在。后来，玛丽的父亲接受了一次眼部手术。恢复后他可以维持短时间的阅读了，这让他很开心。在这个阶段进行的一次观察证实了我之前的看法。

玛丽慢吞吞地通过挪动屁股的方式靠近书架。父亲跟着她，在角落的懒人沙发上坐了下来，并对她说："好的，你想让我给你读个故事，那我就在这儿坐下啦。"玛丽在书架下坐好。她一边挥舞着手臂，一边用腿敲打着地面。父亲觉得她是想要找一本特定读物，他就取下来了一本。玛丽边加大了手臂和腿的动作，边摇头边说:"na,na",表明这不是她想要的那本书。父亲拿起了另一本书后,得到了相似的回应。父亲问她说:"你想让我读小波的故事吗?"他边说边拿出了小波系列绘本,但他得到的回应依然是否定的。随后,父亲举起了玛丽,对她说:"我会托着你,这样你就可以自己去拿想要的那本书了。"她选了一本带轮子的、有关火车的读物,而父亲愿意读给她听。但这仍然不是她想要的。玛丽从父亲手中把书拿了过来,放到地毯上拖着。她笑了,父亲也回以微笑。他说:"噢!这才是你想做的。"(17个月)

在这个过程中,没有任何一方委曲求全、勉强妥协于一个解决方案,他们一直在尝试,直到玛丽得偿所愿。

几周后,我收到了父亲的短信,他告诉我他需要接受一个手术,因此他们会缺席几周的小组。当他们回来的时候,父亲对于自己的健康问题显得很冷静,将他的担忧转向了玛丽。实际上,他已经连续好几周都没办法把她抱起来了。她的运动能力已经有了明显的发展。在玛丽试着向前迈步的时候,父亲一直抓着她的胳膊。

父亲住院这件事情让我开始为这个家庭多重的残疾和脆弱感到担心。由于玛丽母亲的缺席,有的时候在玛丽和她父亲面前,我会承担起母亲的角色;但在另外一些时候,我承担的是父亲的角色,要去防止父亲和女儿之间的过度纠缠。

在吃点心的时候,父亲鼓励玛丽到桌子边上,和其他人待在一起。对她而言,水果是一种完全没有吸引力的东西。不过她把所有的饼干都拿走了。父亲告诉她不可以一个人拿走所有的饼干,这让她感到特别不安。他把饼干从她手中夺了回来,而这让玛丽变得固执且愤怒。她的哭声是如此之大,以至于父亲把她从桌边给拉开了。我走到他们父女身边,轻柔地告诉玛丽她有多么的不安。父亲觉得她有点儿"身体不适",不知道是不是因为她正处在出牙期。我大声地询问是否能做点儿什么帮到她。就在这个时候,学步儿小组的助理拿出了乐器和另一个孩子一起玩了起来。她邀请玛丽加入他们。玛丽接受了这个邀请,很快,她惯常的那种幽默感就回来了。我跟父亲说,他看起来挺累的。他承认了这一点,并告诉我,妻子出差了几天,孩子们都想念妈妈,而且最近的天气很糟糕。露易丝没去学校,而玛丽也开始耍性子了。他说自己盼着妻子的归来,同时很感谢小组给他提供喘息的机会。(19个月)

小组为他提供了一个表达不满的空间,也同时为父亲和女儿提供了一个机会可以专注于父女关系之外的资源。

躯体独立的获得

玛丽在20个月的时候,表现出了试着去走路的迹象。这个时期,父亲会在她蹒跚学步的时候握着她的手给她以帮助。

玛丽到达小组的时候看起来有点惨兮兮的。但当父亲把她从婴儿车里抱出来后,她就变得活泼了,她走向了她最喜欢的玩具。父亲告诉我,玛丽现在已经能站起来了,并能通过扶着家具保持住站立的姿势。他还说她的语言能力发展得很好,这让她能更好地被理解。玛丽通过挪动屁股,一点点地蹭到了别的孩子身边,和他们在小屋外玩了起来。这显示了她的独立性。当我们出去找她的时候,有一瞬间她消失在了小屋的后面。我们绕过去后发现,她正坐在那儿,吹着地上的植物。看到我们之后,她绽放

出了一个大大的微笑,并慢慢地挪回了父亲的身边。(20个月)

差不多同一时间,她的脾气也开始渐长。似乎在她无法被理解或者当她要离开小组的时候,她就容易发脾气。由于在那个时候,离开小组这件事对于其他孩子来说也很困难,因此我最初觉得玛丽不过是和其他孩子一样,是在用发脾气的行为来应对分离。然而,我后来注意到,她在来的时候和走的时候都处在一种激动且焦躁不安的状态里。我开始怀疑也许她这种焦躁不安的状态和她受到的限制要多于其他孩子有关,即当其他孩子都能走着来走着去的时候,她还不得不坐着婴儿车参加和离开小组。

在撰写有关医院里侵略性的医疗程序对儿童造成的影响这一问题时,安娜·弗洛伊德(1952)提到了伯格曼对矫形骨科病房的儿童所做的观察。伯格曼描述了儿童为了应对活动性受限这一状况所使用的防御机制,以及当加诸己身的限制被部分移除或以一种意外的方式被取代时,这些儿童所表现出的怒意。玛丽最近所获得的活动性仍然要少于她看到的其他孩子的活动性。也许这让婴儿车带来的额外限制更加难以被忍受了。

玛丽看到另一个孩子正推着一辆玩具婴儿车,之后她也慢慢地挪了过去,想要拿一辆车来玩。她指着车的把手。我问她是不是想要抓着把手去推着车玩。她说"对",然后我就扶她直着身子站起来,让她能推到婴儿车。她玩得很开心。父亲也加入了我们的活动,并提到她的肌肉已经强壮多了。玛丽甚至在没有帮助的情况下走了几步。当她想要到室外玩的时候,父亲从我手中接过了她,并解释说,扶着玛丽玩会让大人的背部肌肉感到疲累。(20个月)

在儿童发展的过程中，似乎存在着一个父母双方都想要鼓励儿童发展的时机。对于一个没那么依赖的儿童而言，这个时机的出现也受其行为的调节。在另一个场合里，父亲告诉我，玛丽活动性的增加给他带来了更多的负担，因为他不能保证自己一直都能"留意到她了"。

在暑假后，玛丽和父亲回到了小组。看到玛丽能在没有帮助的情况下走路，还能用一种新的方式去探索她最喜欢的玩具，我感到欣喜。当她低头看着小球瀑布般地从坡道上滑落时，她的脸上浮现出了一种具有感染力的愉悦表情。不过让人伤心的是，父亲的视力衰退得更严重了。他强调说，玛丽会是自己最后一个孩子，因此他希望玛丽在家待着的时间能尽量长一点，想要尽可能多地看看她。

结　论

露易丝和玛丽都因为运动能力发展的延迟而体验到了相当程度的挫败，而在某些时候，这种挫败感还会因为父亲的视力损伤而雪上加霜。不过，个体因先天性的疾病或障碍而体验到的丧失感是不同于后来才出现的残疾带来的丧失感的（Catelnuovo-Tedesco, 1981），同时这两个女孩的状况都预后较好。在得到支持的情况下，这位父亲能够将这一点铭记于心。同时，他能够利用自身残疾的体验更好地了解女儿们的挫败感和迫切想要获得自主性与运动能力的愿望。露易丝生来的果敢与决断帮她克服了自己的障碍。尽管自我感和情感调节能力（她仍会在感到激动或不安的时候挥舞双臂）的发展要慢于其他方面的发展，但总体上她已经变成了一个自信的小女孩。在学习管理和应对因为自身状况而来的挫败感的过程中，玛丽也显得相当果敢。她努力想要和父亲分离，但是父亲可能因为自身残疾的发展而在有些时候不愿意父女分离发生。这一次，他更多地从小组，特别是从小组的领导者身上有所学习。在这些支持的帮助下，分离得以发生。最后要强调的是,正是这些父母(父亲、母亲以及小组)所展现出的接纳与乐观的态度,加上他们的共情与敏感,才让两个女孩都感到别人眼中的自己是有能力的,并且这种体验对于她们的发展是至关重要的。

第2部分

安娜·弗洛伊德中心方法的改良和应用

第 7 章

差异和残疾：
在一个特殊学步儿小组中的体验

Jenny Stoker

"这是令人困扰的！"这是玛丽（2岁11个月）对于哈利（2岁10个月）让人不能理解的喃喃自语的评价。玛丽的话如此坦白，这种坦白在学步期之后变得越来越少见。她多数时候都把哈利当作婴儿一样无视，但有时她拥有惊人的能力，会代替小组把不舒服的感受表达出来。

本章将涉及安娜·弗洛伊德中心的父母—学步儿小组——"足迹"。这个小组比安娜·弗洛伊德中心的其他父母—学步儿小组更受保护，它维持了2年之久，接收转介来的有特殊需要以及发展迟滞的儿童。本章会描述小组的背景以及小组所做的工作，同时也会探索玛丽谈到的不舒服感受，演示它们是如何在小组中引发的，以及这些感受会如何影响小组的发展。

背 景

"足迹"最初是一个为有视力障碍的学步儿及其父母成立的小组,由英曼信托基金资助[5],旨在回应临床需要。众所周知,视障儿童与父母的关系自孩子出生首年起,就充满危机(Fraiberg, 1977)和困难。缺乏视力,意味着婴儿与照顾者之间建立联结的正常模式(如互相注视、联结的注意寻求和社会参照)会受损(Fraiberg, 1977; Sandler & Hobson, 2001; Wills, 1965, 1979a, 1979b, 1981)。相关专业人员对开组计划表现出了毫不含糊的热情。这个小组提供了一个机会去研究视力在儿童早期发展中的角色,并且将中心此前对失明儿童所做的护理工作延续到了视障儿童身上(Wills, 1965)。

基于安娜·弗洛伊德中心的父母—学步儿小组模型,小组需要有8对父母—学步儿,1个小组领导者以及1个助理,还需要1个视障老师来提供专业意见[6]。这个小组定期见面,每周用1.5小时来进行自由玩耍和有结构的零食时间。

小组的发展

在这件事情中,虽然专业人员对目标小组富有热情,但实际得到的转介很少,这在本章后面会谈到。当时的医学发展已使患有单纯视障的儿童

---

[5] 英曼(Inman)信托是一个由英国精神分析协会管理的基金,它由威廉姆·英曼(William Inman, 1875—1968)设立,致力于研究眼睛障碍和情绪之间的关系。

[6] 作者感谢马里勒·戴维斯(Marielle Davis)、艾莉娜·波拉斯(Elena Borras)和米琪·奥瑞尔(Midge Arroll)的帮助。

比从前减少，小组中的儿童同时患有其他发展迟滞问题的情况更为常见。有其他专业人员报告，把患有不同障碍的儿童的父母放到一起往往会比较安全和容易，这样他们就不容易做出痛苦的比较。因此，我们决定扩大标准，将视力障碍学步儿改成有视力问题和其他特殊需要的学步儿。

这样，小组就变成了一些有特殊需要的学步儿及其父母的小组。"特殊需要""残疾""发展迟滞"和类似术语在一些重要方面是含糊不清的。对这些学步儿来说，即使有明确的诊断，但实际情况是怎样的，以及这些情况会如何影响他们，这些问题的答案都是不清楚的。绝大多数的父母都活在孩子受损情况不明的情况里，例如，他们并不确定孩子的障碍是心理的、生理的，还是两者都有。

因而，在大约1岁的孩子加入小组时，无论是职员、还是父母，都不知道他们的孩子和其他孩子有什么共同点，标准只有他们是异常的，或者症状在更早的时期开始。与常模的偏离是整个小组的构成，它描述了父母的挣扎，也反映了小组的进程。上文所引述的玛丽的评论显示，由差异引发的障碍正是这些孩子本身已经在挣扎的事情。由此希望小组成员具有以下共同点：都偏离常模规范促使父母和学步儿有一种（自己是）普通的而不是异常的体验，能够感受到情感发展，以及在这么去做的时候可以让他们更加不聚焦在残疾上，虽然这件事不可避免地经常影响着他们。

"足迹"的主要目标是帮助父母和他们的学步儿处理不同结构的残障所伴随的情感影响，并试图减少在原来的问题上再发展出的心理问题。很多作者都强调残疾儿童的次级情感问题所具有的危险性。弗雷伯格（Fraiberg, 1977）的先驱工作让我们关注到，父母与失明子女之间建立满意的依恋关系存在的障碍。瓦莱丽·希娜森（Valerie Sinason, 1992）确定出学习障碍儿童的"次级残疾"。她认为这种次级残疾是一种防御性行为模式，次级的夸大隐藏了初始残疾的痛苦。安娜·弗洛伊德中心以及塔维斯托克中心的一系列文章都聚焦在儿童的先天疾病或慢性疾病与情感发展的关系上（Burlingham, 1979; Moran & Berger, 1980; Sandler & Hobson, 2001; Simpson & Miller, 2004）。

学步儿

接下来的内容描述了3个参加小组的学步儿，我们希望大家能够了解其特殊需要的差异度，以及与这些孩子和父母工作的性质。

玛丽

玛丽参加小组时差不多2岁，她很聪明，语言表达也很好。她的视网膜有问题，深度视觉很差，但眼睛总是闪烁的。玛丽是个很活泼的孩子，她花了很长时间来学习如何走楼梯、玩滑梯和荡秋千。玛丽的父母在她几个月大时就发现了她的状况，他们当时很担心她会彻底失明。

在第一次见面时，玛丽的母亲问职员，玛丽看起来是正常的吗？似乎很担心玛丽上学后会被其他孩子欺负。玛丽的父母能够很好地使用小组并且对小组做出贡献。他们发现了一些儿童障碍更明显的父母所共有的议题，例如同胞妒忌，其他孩子会妒忌更被关切和被担忧的孩子。他们分享了对于未来的担忧：他们不确定视力障碍是否会影响玛丽的日常功能，以及担心要多大程度上告诉其他人孩子的情况才是好的。

玛丽的父母也挣扎于玛丽的控制行为，这些行为如果发生在比她小一岁的孩子身上则是正常的，但玛丽的这些行为在托儿所中是让人困扰的。职员帮助他们思考要如何更好地应对这些。

> 玛丽抗拒进门，她对于弄脏鞋子感到很焦躁。职员向她保证，她可以在门垫上把脏东西蹭掉。爸爸说她在那一刻是非常任性执拗的。他提到了玛丽不再使用纸尿裤，有过几次意外（尿裤

子），而之前一周在托儿所她都能保持屁股干净。小组领导者说，玛丽正在挣扎着理解控制，如果她被他人预期能控制自己的身体，那么为什么她做的其他事不被预期？这种压力对孩子来说是很困难的，他们往往会退行，并且在事情不顺心时变得烦乱。(2岁6个月）

玛丽离开小组时，除了她患有视力障碍之外，人们已经很难把她从同龄孩子中区分出来。

亚当

亚当是独生子，患有早产儿视网膜病：他一只眼睛的视网膜脱落了，这意味着他无法用这只眼睛看东西；而另一只眼睛虽可视物，但视力如何尚且未知。亚当在15个月时加入了这个小组，当时他几乎不能坐起来，也无法吃固体食物。他母亲被告知，孩子也有严重听力障碍，需要戴助听器。母亲在这个阶段承受了巨大的压力，像很多有类似障碍的孩子的父母一样，她挣扎着试图让孩子戴眼镜和助听器。

> 亚当撑坐在地毯上，看起来警觉且小心。他戴着助听器和眼镜，看起来这次能够容忍它们更久的时间，尤其是他能够被说服着一手拿着一个玩具，拿一会儿才扔开。当妈妈从身边走开，他的目光也似乎是跟随着的。
>
> 妈妈看起来心事重重，无法长时间关注亚当。她心酸地说到自己要如何依赖有医学背景的亲戚来帮忙理解亚当的健康问题，这些亲戚的态度比自己的直系亲属要更现实一些。直系亲属们否认问题的存在，她还需要去说服他们（以及自己）早产到底对孩子造成了多么严重的影响。（15个月）

我们共情地听着妈妈讲述她的经历，同时和亚当玩着，鼓励妈妈也参与进来。参加了几周的小组后，他们好几个月没来，再回来时，亚当已经取得了很大的进步。亚当警觉的好奇心促进了其精细和粗大运动技巧的发展。亚当妈妈为孩子取得的进步深感自豪，也在亚当身上获得了更多快乐。

> 到了之后，他们坐在地毯上。亚当妈妈说，亚当现在能用一只眼睛看得非常清晰了，也能听见低沉的声音，医生已经让他把助听器摘掉，她仍在努力让他戴眼镜。亚当能够爬以及几乎能走了，他非常积极主动，胃口也很好，个子还是娇小，但异常灵巧。亚当坐在妈妈的大腿上，攀着爬上妈妈的身体以更靠近妈妈。过了一会儿，他开始探索工具篮，拿起一个又一个玩具，细心地用右眼检视它们，然后以一种强烈遗弃的方式将它们丢弃。
>
> 之后他巡逻到厨房碗柜那边，向着妈妈走了几步，又向门的方向移动了几步，然后停下来，弯下腰，用手反复感受脚下地毯的质感。他推着手推车在房间里快速走着，略微有点失控，但还是跟上了手推车的速度。（1岁9个月）

哈利

哈利比所有孩子参加小组的时间都长，接下来我们会详细介绍他。罕见而复杂的情况导致哈利整体发育迟滞，还有些视力障碍。确诊他患有什么障碍是非常困难的，因为很难说清楚孩子受影响的程度到底有多深，这些也可能导致他出现类自闭的特征。

哈利在20个月时参加了小组。当时他几乎不会坐，我们不知道他到底视力如何，他完全不会发声，但是会吹口水泡泡，不开心时会痛苦地呻吟。他的父母并不确定孩子是否认得他们，也不确定到底自己对孩子来说是否特别。他躺着或者撑着东西坐着,能够对光线和声音有反应,能享受音乐。如果能用手拿起一个拨浪鼓,对他来说就已经是一个了不起的成就。

> 哈利拿起来一个铃鼓和沙锤。他(用手)伸向它们,就像是他能看见它们一样。他喜欢拿木棍敲鼓。之后,他会趴着用脚踢地板,就像在演奏那些用动作发出声音的乐器玩具一样,他用脚演奏着曲调。
>
> 哈利爸爸说,他们已经从原来那种完全沉迷于找出诊断的状态中出来了,变得更能接受孩子未来的不确定性。爸爸跪下来,身子倾向哈利。他和孩子玩,还挠孩子肚子的痒痒。哈利看起来很享受这一切。爸爸把哈利举起来,给了他一个大大的拥抱。哈利趴在爸爸的胸口,开心地依偎着爸爸。这一幕非常感人,这和爸爸担心哈利并不认为自己是个特别的人形成了鲜明的对比。
>
> 在零食时间,爸爸坐在哈利旁边,伸手护在四周,保证哈利不会倒。哈利抓了一杯果汁。爸爸把小块的猕猴桃块喂给哈利,他跟我们解释说哈利在咀嚼食物上有困难。哈利吸着桌布,但还是好好地把果汁喝了。(1岁8个月)

最开始的几周,职员们轮流和哈利一起玩耍,并和带哈利来的人(妈妈、爸爸或奶奶)互动。他们试图给哈利提供刺激,也试图让他做自己,鼓励他和父母之间进行情感交流。就像组里的其他家庭一样,重要的是改变父母和专业人员关注且习惯于寻找(问题的)进展的倾向。职员和哈利的父母阐述了思考情感发展的重要性,来对抗他们对哈利的躯体和医学问题的持续关注。父母不需要过于努力地为哈利做物理疗法,而更应该强调这个家庭对于正常生活的需要。他们讨论了对未来的不确定性感到痛苦，对孩子的残疾感到内疚和有责任，他们还讨论了父母对情境反映的差异，以及他们为哈利的问题给家里更大的孩子带来的影响而担心。职员也和哈利的父母讨论了他们看见正常发展的孩子时的感受，以及想要和其他有类似问题的家庭接触的愿望。

  妈妈谈到，她对哈利缺乏进步感到担心。她想要做计划，但是她发现自己很难处理不确定性，例如，不知道哈利何时才会走路或者到底他能不能走路，到底选择什么学校对哈利是最好的。当我们聊天时，哈利拿起了一个摇晃器，他偏好黄色的那个。妈妈和他玩了一个戏谑游戏，她把黄色的摇晃器藏了起来，给哈利递了一个蓝色的。她试图让孩子给她也递一个。哈利并没有这么做，但他看起来很享受妈妈的声音和这个好玩的互动。当妈妈把这个小乐器在四周移动时，哈利会露出微笑。之后，哈利摔了一跤，他焦急地哭了起来，并躺在地板上。妈妈温柔地靠过去哄他，用自己的头发轻轻触碰他的脸。哈利笑了，看起来很享受妈妈的挠痒痒。妈妈还和哈利玩了另一个游戏，她碰了碰他的鼻子，问哈利他的鼻子在哪儿。她就像是一个6个月大的孩子的母亲，看见哈利开心的互动是一件令人感动的事。这之后，也是有史以来的第一次，哈利在妈妈的腿上睡着了。

  她还谈到，要在刺激和过度刺激之间找到平衡点是多么不容易。他们希望哈利学会主动，周末的时候试着不帮哈利做那么多，给哈利一个更普通的生活。（1岁9个月）

随着时间流逝，这对父母发现，哈利的小问题比进入小组时所报告的更多。这对他们来说当然是痛苦的，但他们还是保持了泰然的态度，意识到每个人都会进行比较，即使人们有很多差异，但也有很多共同点。

人们很容易迷失在寻找进步的过程里，但有时，寻找进步是恰当的。例如，孩子能够认出父母是特别的人，而职员对这件事有印象，那么和父母谈谈这个是很重要的；孩子期待洗澡而发出高兴的喊叫声，或者在换尿布时发出难受的哭声，都显示他对外面的世界有记忆和觉察，指出这一点也很重要。

我们很难知道哈利的视力到底如何。他的眼睛是分散的，经常动着，所以并不确定他是否在看某个东西，但他又似乎会盯着东西看，也会受光线困扰，以及能够拿到附近的玩具。哈利参加小组后有了突破，有人给了他一个木拼图，上面有很多摆出不同表情的熊宝宝的脸孔。

> 他靠近来看它们，沉迷于"惊喜"脸孔。他盯着它看，咯咯笑，显然他能把这张脸孔找出来。如果拼图颠倒了，他也会立刻把它转回正确的方向。（1岁9个月）

有时，小组领导者会在哈利父母的要求下，单独与他们会面。在会面中，他们谈到和家里最大的孩子的关系，这个孩子变得对妈妈非常有占有欲。另外，他们还讨论了哈利在这个阶段到底是否适合开始上托儿所，并最后决定不这么做。

在小组的第二年，哈利有了很大的进步，的确是很大的"进步"。在高强度物理治疗的作用下，哈利可以在小组中较长时间地站立，还能用一只手扶着东西，沿着桌子或某个角落走动。这种移动能力的发展，使他能够转向其他孩子，以及开始表达对他人的活动的兴趣，他的行动看起来变得有目标性了。因为耳朵有中耳导液管，哈利的听力越来越好，他开始能够发出一些声音。父母开始抱怨哈利发脾气，这时我们会帮助他们，把它看成是一个积极的发展。发脾气反映了哈利开始有了独立的意志，也许他甚至知道了其他人也相应地有自己的独立意志，这是正常学步儿发展中一个非常正常的现象。

> 爸爸谈到他们度过了艰难的一周。他和太太出门休假,把哈利留给亲戚照顾。结果旅途中,亲戚给他们打电话说哈利病得很厉害。他们很担心,归程像噩梦一般,然后赶紧把哈利送到了医院。结果医生没有检查出问题,他们感到非常困惑。小组领导者说,她猜是否是因为哈利想念父母,以及被一些自己不认识的人来照顾,而感到不开心。爸爸说,孩子可能会想念姥姥,但不会想念他们。他认同哈利开始沟通这一点,哈利现在会张开双手,等待被抱起来了。(2岁7个月)

哈利持续进步,妈妈对此感到非常开心。

> 哈利突然拿了一片橙子放进嘴巴里,然后站了起来,又坐回到自己的椅子上。妈妈兴奋地唱起了歌,"太棒了,哈利,太棒了……"哈利又站起来一次。之后,妈妈把他带到厨房。在厨房里,哈利先拿着玩具电话,接着又玩起篮子,他摆弄和探索着。(3岁2个月)

对于其他的孩子来说,哈利妈妈的反应似乎是躁狂的、过度兴奋的;但对哈利来说,他的能力有了很大提高,也许,妈妈的反应是因为看见孩子取得了这些进步而感到松了一口气。对于像哈利这样不聚焦在外部世界的孩子来说,我们需要更加强烈地反应来获得他们的反应。

不同的小组：不同的目标

现在，让我们回到本章开头，通过检查小组发展和初始目标变化的方式，来谈一谈玛丽说到的不舒服感受。

首先，转介到小组是非常慢的。虽然放开标准后，情况小有改善，但要找到8对能够规律参加的亲子仍是非常困难。其中一个可能的原因是，即使我们报销计程车费和停车费，但还有很多有特殊需要的学步儿住在离安娜·弗洛伊德中心非常远的地方。而那些住得近的特殊儿童，又有很多是"向外预约治疗"。此外，对那些孩子已确诊了的父母来说，这似乎也是一件困难的事。参加这样的小组意味着确定了这个诊断（"我不能忍受被纳入这样的一个儿童小组中，我孩子的残疾不会这么严重的"）。或者，他们担心因为孩子的情况比小组中其他孩子严重而无法忍受，或者不能与这些比自己境况好的人相处。也许，那些身处困境又纠结是否参加小组的父母，担心他们自身摇摇欲坠的防御可能在小组设置下会变得脆弱，尤其当这个小组是关于情感功能，而不是其他例如物理治疗和言语治疗这样具象的东西。

我们的职员们在想，是否我们生出一个很少人想要的孩子（如这个小组本身）的体验，与父母感觉自己生了一个不被要的孩子的感受是有关且有共鸣的。就像父母一样，他们对"孩子"的高期待会变成失望。而工作人员想要为他们提供帮助的愿望，也许激起了父母面对孩子时，孩子没有反应的挫败感。

其次，有些父母的参与是断断续续的，小组变成像是一种偶然的探访。在其亲子小组中，这种情况使得他们很难建立连贯感和信任感。不过这些家庭的确对时间感到压力很大。职员面对着这些亲子不可预测的出席，及其在维持连贯性上的困难，似乎也反映了这些父母感受到的孩子发展缺乏预测性和连贯性的程度。也许，父母把职员们拒绝在外是为了应对孩子被排除在正常可预期的儿童发展模式之外，以及测试职员们到底有多需要他们。

再次，朋友和家庭中的其他成员经常陪同学步儿参加小组。就仿佛这些父母在参加小组时需要额外的支持，父母通过这种方式来加强防御，以保护自己不受职员和小组其他成员的伤害。

还有另外一个不同的点——专业人员间的竞争感。可能与转介很少有关，职员们争相为学步儿提供服务。而在与其他专业人员的合作中，我们开始意识到，修复压力强度的正是激励很多在这个领域中做出卓越贡献的人。尼德克肯（Niedecken, 2003）写到，专业人员想要保护学习障碍者对抗来自社会的死亡愿望，但这只是他们无意识的自大。另外，尼德克肯也生动地描述了她和同事们是如何全身心投入，帮助与他们一起工作的孩子。然而，他们自己的全能感常常受到挑战，导致淹没性的无助感和焦虑。羞耻感和觉得自己像个失败者的感受，让他们想要切断关系。似乎，职员们存在着分裂、不信任、幻灭、开小差的风险，这降低了职员们发挥作用的能力。

最后一个不同点是，妈妈参与时遇到的困难。爸爸和保姆（他们一起而不是单独）是最主要带孩子来的人，而妈妈则常常缺席。起初，我们注意到，坚持让父母参与实际上意味着排除了很多转介个案——似乎很多妈妈都回到了工作岗位并做好了儿童照料安排。他们发现，发展迟滞的孩子没有表现出分离焦虑的信号，反而能轻易跟陌生人相处。小组中的学步儿，往往是爸爸的工作弹性更大，使爸爸有更多的时间陪孩子参加。另外一些案例中，妈妈在开始的时候会来，但当发现小组和她们的工作或培训要求相冲突时，就意味着，之后会由保姆带孩子来。这些情况看起来都是非常真实的问题，但也不禁让我们思考母性防御的脆弱性，它可能导致妈妈很难参加一个关注情感幸福的小组。

对此，其中一个假设是：妈妈会特别强烈地觉得自己要为孩子的残疾负责。她们对将来会如何感到非常焦虑，并且挣扎于处理孩子的问题带来的孤绝感。一位妈妈谈到了这种困境带来的强烈不公平感，以及她对于物理治疗师、言语治疗师要求她或孩子做的各种用来最大化孩子发展潜能的治疗性技术感到非常有压力。当然，这些孩子也往往需要一些躯体干预来帮助他们向前发展。但是，这些妈妈就像是活在了内疚中，为过往的伤害而内疚。同时，她们感到如果在这些恢复了的工作中没有表现得像超人一样好，那么自己就要为当前的伤害而负责。仿佛在无意识里，她们觉得自己生了一个怪物（Niedecken, 2003），她们被迫要去摆脱自己所在的这个深受压力的角色。这些都是与诊断有关的创伤，他们需要反复哀悼无法拥有一个完美婴儿的丧失，这是他们在日常与受损孩子相处中要做的事。所以，这些妈妈被其他事情占据了更多心神。相比其他照顾者，她们给孩子提供什么的能力会更有限，这使她们很难参与到小组来。

还有很多问题仍然未被解答。学步期往往会激起父母的矛盾感受，那么残疾儿童的父母对孩子的矛盾感受会更强烈吗？我们要如何寻找证据？残疾的程度和种类是否有差异？来参加小组是否会影响这些父母体验到的冲突？

研 究

为了回答这些问题，我们一开始就在小组中设定了研究。在孩子参与小组的开始和结束，所有父母都会接受一个半结构访谈[7]——试图去抓取他们为人父母的体验，去弄清楚他们的具体困难到底是否反映了孩子的

---

[7] 之后会对该访谈进行省映功能编码（Fonagy, Target, Steele, & Steele, 1998; Slade, Bernbach, Grienenberger, Levy, & Locker, 2004）。

情感体验,以及找出他们的省映功能是否在带孩子来参加小组的期间发生了改变。

艾森·西林(Ethan Schilling;硕士研究生,2005—2006)分析了初始研究访谈中4对父母的反应。他发现,有些证据指明,父母觉得"在关系中难以用一种可靠的、高度省映的方式来思考感受,以及他们的多数反应(尤其与孩子有关的感受)并没有足够展开或足够有说服力,让人可以判断他们达到了某个确切或普通的省映功能水平"。在这之下,他找出了似乎反映父母指向孩子的更深的矛盾主题。父母多数时候都感觉自己与孩子的关系非常艰难,互动很少,且感到被关系所消耗。孩子有各种需求,对外在有很多焦虑。但有时,也会有愉快的互动。这个研究的样本非常小,且没有控制组,但研究结果仍然验证了我们原先的一般性印象。

结 论

最后,让我们回到玛丽困扰的感受上,她说那句话的时候快3岁了,控制是这个年龄最重要的议题。如果她当时正在努力控制自己无意识的破坏性愿望和冲动,那么她认为哈利的行为让人很烦就不是什么让人意外的事了。

但成人又受到了什么影响?

足迹小组和安娜·弗洛伊德中心其他小组存在差异的最基本原因是,残疾的婴儿和幼童在每个人身上激发了强烈的困扰的感受。面对孩子身体上无法可施的损伤,就像是承认和提醒他们自身的脆弱和死亡。即使他们都抱着好意,但在无意识层面,孩子可能代表了对创造性的活力和能力的威胁。如果无法有意识地觉察,每个人内部都可以潜藏一种对失败的恐惧,害怕自己像这些孩子一样失败,害怕自己被传染,害怕孩子的依赖性,以及害怕孩子潜在的失控。父母暴露在丧失预测性以及孩子可能的肆意的冲动行为之下，于是产生了焦虑，异常的孩子可能成为潜意识里不可接纳的驱力的实体。这些感受当然也会在正常学步儿发展中，在他们父母的身上被激发——控制的议题在这个阶段非常常见。但在与残疾孩子的关系中，不同的是内在冲突的强度，以及害怕这些会持续到未来。在这些残疾的学步儿身上，我们害怕随着他们成长，我们需要面对很多要学习去控制的事情。无意识的、不可接受的愿望面临喷发的风险，这破坏了我们的平衡，把我们推进使用全能修复的防御位置，或者让我们感到失败和无助。

第 8 章

在政府公租房开展学步儿小组：
忽视、侵扰、强制迁移以及边界的重要性[8]

Lesley Bennett

本章描述了在一个大型公租房[9]开展学步儿小组的情况。我们利用精神分析的思想和理解来思考这个特殊的环境，以及它对个体和小组的影响。我们检验了父母组织的角色和作用，以帮助我们弄清楚在小组间竞争和分享稀缺资源时可能产生的问题。我们开展这个小组的经验表明，仔细管理边界对小组的健康生活和生存来说是必要的，正如它对学步儿的健康发展一样。在思考这个社区学步儿小组的本质时，我们会考虑该公租房设计者的愿景，这似乎决定了它最初的构想。本章将用案例和观察说明在这个社区中反映出的，对个体和小组产生影响的"强制迁移、忽视、侵扰"问题，将强调保持边界但在边界内进行沟通的重要性。

---

[8] 作者感谢苏珊娜·雷兹－纽拉斯（Susanna Riesz-Neurath）在观察中做的贡献。
[9] 地方议会建的社会房屋。

小组的诞生

2003年，安娜·弗洛伊德中心从确保开端计划中获得资金，在社区开展外延的父母—学步儿小组，目的是服务那些可能很难来到安娜·弗洛伊德中心或地方的确保开端儿童中心的父母和学步儿。安娜·弗洛伊德中心和确保开端这两个组织的目标都是让脆弱的、难以接触到的家庭参加小组。

资金用于提供玩具及小组领导者和助手，来帮助小组按照安娜·弗洛伊德中心的治疗原则进行工作。在安娜·弗洛伊德中心，重要的是规律性、连续性以及在受保护的空间中保持反思性的思考。与确保开端模式一致，小组成员可以"随到随进"，但小组会鼓励他们定期前来。确保开端在公租房确定了地点，并给维护公租房的委员会提供了资金以翻新场地。作为交换，虽然没有签订正式的合同协议，但确保开端可以在楼内开展若干个小组。当安娜·弗洛伊德中心学步儿小组开始每周在一个下午里使用大厅时，这栋建筑同时也向其他新的小组提供活动场地，包括一个青年小组、一个母乳喂养小组和另一个学步儿小组。

公租房的简要历史

公租房设计于1969年，尽管当地居民激烈地反对，建造仍继续进行。建筑师试图通过将连栋住宅（terrace housing）的原则应用于政府要求的高密度住房，以保留城市般的生活。住宅设计还要进一步考虑对沿途火车所发出的声响进行限制。一排排连栋公寓和铁轨沿着分界线平行排列，以阻挡噪声进入公租房内部。它并不符合每个人的口味，有人将它引人注目的分层结构比作"两只爬向远方的大蜈蚣"。后来，它被认定为二类建筑。

这些年来，该公租房的维护已经减少，现在似乎只有那些没有多少选择的家庭才会搬到那里。他们中的很多人都挣扎于贫穷、社会隔离、移民或难民身份，从世界各地饱受战争蹂躏的地区逃离到这里。虽然初衷是为了让公租房内部与不必要的噪声隔绝，但公租房看起来就像有了一面密不可透的墙，阻碍了与外部环境的交流。这个无法穿透的屏障隔离了这里的居民，阻碍了他们与更大范围的社区进行有效联系。住户们说他们的信件无法送到，因为邮递员找不到他们的公寓，有几位学步儿小组的访客在此迷路，最终未能到达。

边 界

边界对于学步儿发展为健康的、独立自主的个体来说很重要，对于小组、组织和社区的茁壮成长和运行来说也很重要。维加·扎盖尔·罗伯茨（Vega Zagier Roberts, 1994）描述的有机体概念是很有用的框架，在这个框架内我们可以思考基于社区的小组工作。

根据罗伯茨所述，"外部边界——即把内在和外在分隔开的膜或皮肤，对有机体的健康存在是至关重要的"（p. 28）。她认为，"边界需要足够结实以防止渗出，防止有机体瓦解，但也要有足够的可渗透性来让物质双向流动。"如果边界是不可渗透的，那么有机体就会变成一个封闭系统，逐渐消亡。有了交换的概念，接下来起重要作用的是调节，只有特定的物质才能进入和离开。因此，边界需要被管理，这样有机体才能执行它的任务。

罗伯茨强调，在复杂的有机体中，大量的开放系统会执行特定功能，他们的活动需要得到协调以满足有机体的需要。通常，有机体会发展出管理系统来进行协调。在遭受压力或危机时，可能需要优先考虑某些子系统的活动。

在试图理解和处理可能出现的问题方面，精神分析的思想很有创造性。和个体一样，小组和组织也会发展出防御来应对那些太过威胁或痛苦而无法承认的困难情绪。这些情绪可能会因小组间的冲突产生，特别是在争夺稀缺资源时，就像竞争中的学步儿。

安娜·弗洛伊德中心（AFC）学步儿小组成立几周后，母乳喂养小组就把会面安排在了同一天的早些时候。由于母乳喂养小组的开幕式会打断学步儿小组的三次会面，所以该开幕式不得不临时取消。刚开始，母乳喂养小组的成员会迅速离开，但该小组的工作人员经常会留在大厅里聊天。他们的领导者还成立了另一个学步儿小组，但其成员不久之后便脱落了。该领导者在和一位所在小组出勤率很高的AFC领导者交谈后，将小组的时间换到了下午，却发现出勤率并没有变好。与此同时，AFC学步儿小组开始发现，大厅没有在他们到达前腾出。当提出因此而造成的困难时，他们感受到了一些敌意。另一位工作人员跟母乳喂养小组的妈妈说，她们"妨碍"了AFC小组。不久之后，他们从大厅搬到了健康中心，结果一些妈妈"流失"，转移到了AFC学步儿小组。

小　组

安娜·弗洛伊德中心学步儿小组继续在这个地点会面，持续了4年。最早的几个父母组成了最初的核心小组，他们感觉自己是小组的主人翁，其中一人甚至在公租房维护减少时主动要求打扫大厅。一段时间之后，尽管小组经历了很多困难，有时体验起来还会像攻击，但仍有其他成员加入，并继续成为小部分核心的定期参与者。

为父母和学步儿提供一个安全的、受保护的空间是重要的，这样，学步儿心智发展中的正常混乱和攻击性就能被忍受、被管理，被体验为平常的而不是迫害性的。提供反思的空间是安娜·弗洛伊德中心的人员督导的重要功能，使小组能够管理受到的攻击，并得以存活。

接下来所选取的事件能说明开展这个小组面临的一些挑战，如何思考和应对这些挑战，以及如何在公租房、公租房的历史以及居民们过去和现在鲜活的经验背景下逐渐理解这些挑战。小组甚至是工作人员都体验到了他们颠沛流离、人微言轻以及被侵扰的创伤性经历。小组之间以及小组与社区互动中出现的困难凸显出，我们需要对边界进行有效管理以及清晰地深入交流。

现在，我想描述一下周边环境以及父母和学步儿们会遇到的困难，让大家感受一下他们参加小组所要付出的身体和心理上的努力。读者可能会认为我太注重描述外在环境而不是"内在"发生的事。我在这里要说明，如果不首先考虑那些已经"明确的"外部特点，那么对内在世界进行反思经常会很困难，因为这是为了营造安全的、能让人思考和工作的空间。

大厅给玩耍提供了很宽敞的空间。房间被窗户两面包围，由于位置被抬高，如果人从里面透过窗子向外眺望，能看到公租房很开阔的景色。但是，从外面来看，路人几乎是看不见大厅的。大厅后面一堵墙的基座被抬起，需要台阶才能上去，这对带着婴儿车和学步儿的父母造成了困难。当大厅空着的时候，窗户会被滑动的金属百叶窗盖住以防止公物被破坏。它们从地板一直到天花板都是电动控制，能让人看到公租房存在的危险，这似乎能代表居民们试图成为周围环境的主人翁以及作为一个社区共同发挥作用时所遇到的障碍。

在这些家庭加入小组时，我们对他们了解甚少。只有当信任逐渐增加时，他们的背景才会慢慢显露出来。这些家庭不是被转介而来的，他们通过口口相传听说了小组，为了认识其他人和让孩子玩耍来到这里。在这个地点开展小组的4年间，约有30个家庭参加了小组。有些家庭能够定期参加，有些家庭断断续续地过来。这个小组原计划是由8个左右的家庭组成，后来小组的成员数量各不同，一度多至13个家庭。我们没有拒绝任何一个家庭参与。

被忽视

这些家庭来自世界各地不同的种族，英语沟通能力各不相同。有几个家庭是来自战区的寻求庇护者，一些是难民，另一些在物质上很贫困。所有人都住在这个公租房；有些人已经在这里住了几年。尽管建筑师的愿景是建造城市般的生活，其内涵是近邻和睦邻，然而公租房中很少有家庭认识其他人，更不用说公租房之外的人。每个人似乎都是孤立的，许多人脱离了他们的家庭和文化。学步儿小组成了其中一些人之间的纽带，给了他们偶遇时相互交谈的理由。

我们小组的一名成员曾在电梯里看到一位怀孕的女士。后来，当她看到这位女士推着婴儿车（车里有婴儿）时，她告诉了她关于学步儿小组的情况。索菲亚，虽然已经在她的公寓里住了8年，但是她并不认识自己的邻居，感觉自己与世隔绝。她来到了小组，但好几周她都一直保持着距离，独自坐在豆袋坐垫上埋头于学习交通法规。她说她希望学习开车，这是离开公租房的一种方式。

她的孩子杰布（17个月）在房间里四处乱抓乱扔玩具。我们试着让他参与游戏，对他的兴奋进行评论，同时通过我们自己对玩具的好奇心来示范，鼓励他停下来去探索玩具。这些试图让他集中注意力的尝试都被他的母亲索菲亚不时打断，她在豆袋上大叫。

为了保持连续性,并说明个体成员的情况如何反映在小组和社区的生活中,我会把重点放在这对母子上,他们成为定期的参加者。

正如这栋被比作蜈蚣的住宅在建成时遭到了当地社区的抵制一样,这些居民也遭受了同样的待遇,他们往往脱离了自己的家庭社区,在更大范围的社区中感受到被忽视和排斥。自公租房建成之后似乎就一直如此。

被侵扰

我们频繁感受到小组被侵扰。有一次,一位女士突然闯入大厅训斥我们,因为前一晚这里没有关灯。在别的时候,则会有青年闯入。青年工作者长期在隔壁办公室工作,青年小组在另一个时间使用大厅。青年生活的动荡和不可预测性在公租房、大厅和周围都表现得很明显。

> 门被打开了,一个戴着头巾的年轻人骑着自行车进来。大人和学步儿都吓了一跳。几个孩子跑向了他们的母亲,另一些离得更远的孩子则一动不动。领导者上去与这个年轻人交谈,他回应说他在找一个青年小组的领导者。领导者松了口气,给他指明了办公室的方向,他便骑车出去,很有技巧地避过了学步儿们。领导者试图减少被侵扰带来的影响,她谈论了这次意外的拜访,对学步儿说这个大男孩让我们大吃一惊,而现在他已经去办公室了。妈妈抱怨了公租房中的青年们,几分钟后,孩子才安定下来小心翼翼地玩耍。

涂鸦是青年让自己被了解和被看见的另一种方式。20世纪90年代,帮派文化在几个公租房内发展壮大,并在2001年因这个公租房的一次谋杀而告终。这些涂鸦对居民来说是一种恐吓,是帮派成员寻求认可的媒介。

一名敌对的帮派成员删去了当地青年的"标记",接着他们之间便引发了一场打斗,导致这个公租房内的一名青年被刺伤和杀害。

这个社区爆发的真实暴力事件与一些父母在原籍国所经受的那些可怕经历有联系。当该公租房的另一起谋杀案在小组生活期间发生时,就说明了这一点。

"一名男子在该公租房的一间公寓内被人刺死",媒体头条报道,标题有"恐惧之墙阻挡了追捕杀手的行动""警察被居民围起了石墙""居民很害怕被报复"(Camden New Journal,2006年6月)。这堵(恐惧的)墙就像公租房的正面,把社区和外界隔开,代表着不可逾越的界限。

> 安娜·弗洛伊德中心的工作人员抵达后并没有意识到这件事。本周,大多数家庭都参加了。最初,在学步儿还没有安定下来时,妈妈是克制的。工作人员对孩子易兴奋和冒险的行为发表了评论。渐渐地,妈妈开始谈及有关谋杀的谣言。他们每个人都有自己的版本,对"真正"发生了什么的争论愈演愈烈,直到他们的情绪镜映出他们孩子的情绪。这段时间以来,索菲亚一直是小组中没有联结的成员,对她的儿子杰布也没有联结,但这件令人震惊的事件让她活跃了起来。她和另一位母亲争论着谋杀的方法和动机。工作人员对学步儿们感到担忧,和母亲们一起反思了孩子的理解;当天的小组中,父母焦虑着想要保护孩子的安全,减少他们能够注意到的那些冒险行为。索菲亚说她的大孩子不敢跟她一起去学校,她感觉不好,因为她无法不让他们知道这件暴力事件。她自己被吓坏了。
>
> 索菲亚第一次说到她离开故乡的事,并描述了她在那里经历的谋杀和其他恐怖行动。她说她在这里并没有感到更安全,而且她很难离开她的公寓。我们会和她一起思考,她是如何成功地

把孩子送到学校，带杰布来学步儿小组玩耍，以及保证孩子的身体安全的。我们开始能够理解，索菲亚在管理杰布正常的学步期攻击性以及开始寻求独立性方面所遇到的困难。

父母太专注于个人安全，以至有时很难支持他们去思考如何帮助孩子理解他人的想法。工作人员常常会怀疑，他们是否有能力在这样的背景下充分利用那些支持安娜·弗洛伊德中心方法的治疗原则。然而，由于父母继续参加小组，其中一些人还参加得非常规律，我们可以推测，在可预测的、心理上有安全感的环境中，提供规律的、友好的游戏"空间"便是"足够好"的。尽管索菲亚说得飞快，但她是因为感到足够安全才谈到被触发的、她以为已经遗忘的创伤记忆。也许是信任和期待的感觉得到了传递，这对于父母和孩子都很有帮助。

渐渐地，索菲亚自己也开始玩起来，她戴着一顶精心装饰过的帽子，用橡皮泥精心制作出精美的东西。我们夸赞了她的创造力和技巧，她还吸引了其他学步儿和她一起玩。在来到小组一段时间后，她制作了一个靠在沙发上的人像，我们一起回想着这个沙发看起来是多么舒适，这个女人看起来是多么放松。我们不知道索菲亚是否把这个小组看作是一个休息、包容和安慰的地方。与此同时，杰布开始参与进来，在他的游戏中展开并表现了他的想象力。

被发现

学步儿小组中渐渐兴起孩子最喜欢的"捉迷藏"游戏,这反映了他们在家庭中所体验到的丧失,感觉到的被忽视和颠沛流离,也许还有他们想要被发现的愿望。

杰布经常跌跌撞撞地走进大厅,他和工作人员、他的妈妈或其他的学步儿没有联结,他们继续被当成是物品,他会从他们那里拿走他想要的玩具。除了偶尔被大声训斥外,杰布经常被妈妈索菲亚忽视,他很难参与进来。有一次,杰布(2岁6个月)蹲在一个豆袋后面。一位工作人员注意到了他,偷偷看他,开玩笑地说:"杰布不见了,他在哪里呀?"令她高兴的是,杰布突然冒了出来,很看重"找到"了他。他又迅速蹲下了几次,大声笑着好像想突然给我们一个惊喜。露西,一个更小、更安静的学步儿安全地坐在妈妈的大腿上看着这一切,咯咯地笑着。露西以前一直对杰布很警惕,因为杰布经常跌撞到她,这让她的妈妈十分惊慌。

接下来的一周,杰布跳过了豆袋,又藏了起来。捉迷藏的游戏又开始了,这让他很高兴。这一次,露西也藏了起来。一个工作人员和一个孩子一起,他们在工作人员的帮助下轮流躲藏,然后寻找。在大人的支持下,两个孩子都能在被对方发现之前等上几秒。

几周后,杰布和露西创造了他们自己的捉迷藏游戏,只有他们两个人在房间的另一个区域进行。杰布越来越意识到露西是另一个人,并设法给她那个他们都很心爱的婴儿玩偶,索菲亚已经给玩偶梳理好了头发。反过来,当杰布走近,可以站得更稳的时候,露西不再那么焦虑,并和他一起笑。

边界管理

对于学步儿来说,共同关注焦点、了解"轮流"、忍受延迟满足和管理挫折是至关重要的。父母以一种安全、冷静的方式管理学步儿强烈的情绪,可以让那些强烈的情绪变得更容易消化。此外,如果孩子能自己内化这个过程,也是很重要的。

共享资源的小组也需要认识到,别的小组也有类似的需要以及希望被考虑到的"内心"。"父母"组织需要在容纳的但可渗透的边界内提供反思性的清晰交流,或正如罗伯茨(Roberts, 1994)所描述的"边界管理"。

青年小组在一个夏天搬走了。这意味着我们的小组不会再受到青年的干扰,但这也意味着大厅里不会出现其他人,不再有清洁工。大厅里肮脏不堪,有时候还会发现一些危险物品,包括毒品。小组领导者拜访了附近的地方议会和住房协会办公室,两边都说维护的责任在另一方。由于没有书面合同,在维持清洁的问题上,安娜·弗洛伊德中心和"确保开端"都感觉处于弱势。而且,目前没有其他"确保开端"的小组使用大厅。为了尽可能减少家庭的健康和安全问题,安娜·弗洛伊德中心的工作人员自己打扫卫生,提供厕纸,并清理其他人的粪便和垃圾。他们感到筋疲力尽和愤怒,平行地想到了小组的家庭们所体验到的不被看见、被忽视和被遗弃。

第二年春天,很明显,又有另一个小组在使用大厅。玩具,或丢失,或被发现破损,或处于杂乱之中。这是个令人担忧的问题,因为随着发展,年长的学步儿们开始表现出能够把人、游戏和客体放在心中的能力,他们开始寻找他们最喜爱的玩具。安娜·弗洛伊德中心的方法鼓励小组规律、一致地帮助学步儿,这反过来,能让他们从这一周到下一周的过渡感到放心和被记在心中,在繁忙的环境中尽可能关心这些玩具,并为它们保留一个空间,这似乎是我们向孩子和父母表达关心的基本方式。

我们了解到，一个地方议会开设的日间托儿所现在每周使用大厅两天。我们考虑过和"幽灵般的"兄弟小组分享玩具，也会想到每周发现一片混乱时的受挫感。当发现那些经过精心修复的物品又被损坏时，我们会有特别的被迫害的感受，虽然受到破坏的都是小物件，但这似乎是没完没了的。我们最初的沮丧感加剧，变成了学步儿般的暴怒！有时，当这些破坏看起来像是故意捣乱的时候，我们被激起了很强烈的情绪以至于我们想要报复。这些不断遇到的困难经常会被带到安娜·弗洛伊德中心的团队会议中进行讨论，其作用很像父母的功能，帮助我们理解和调节情绪，使这些情绪不会成为淹没性的，并能让我们继续行动。

> 安娜·弗洛伊德中心的工作人员赶到时，发现大厅已经被破坏。碎玻璃到处都是，灭火器已经被启开，洗手间也被"滥用"。尽管和双方都取得了联系，但是地方议会或住房协会都没有人来。

安娜·弗洛伊德中心的工作人员打扫了大厅。他们认为，两个组织都不愿承担责任，而且都放弃了这项任务，希望把它交给另一个组织。当外部环境不断以一种与父母不被注意和被忽视的真实体验相一致的方式被侵犯时，我们感到很难创造一个安全舒适的地方帮助父母反思。

两个小组的工作人员需要联系，以建立一种关系。正如我们所知，在与学步儿一起工作时，通过尝试理解和做出调整来跟进分歧意见或不协调是很重要的。我们安排了一次和日间托儿所的工作人员及其"父母"组织的管理人员的会议，来讨论共同关注的问题。

安娜·弗洛伊德中心的工作人员不希望加剧两个小组之间的分歧。当提到大厅最近被破坏时，另一个小组的领导者显然没有意识到这一点。地方议会主任说，她因为这件事取消了他们的小组活动。很明显，是安娜·弗洛伊德中心的工作人员留下来发现了这里的残局,并清理干净。当提到共享玩具的事情时,议会主任向他们的工作人员要来了玩具柜的钥匙,交给了安娜·弗洛伊德中心负责人,并说玩具应该分开。虽然她这样做让人感到不舒服,而且确实加剧了两个小组之间的分歧,但安娜·弗洛伊德中心的领导接受了这个提议。虽然她很快就反悔了,但当时,她被激怒到了一定的程度,以至于表现出"孩子般"拥有和保护玩具的愿望。如果要建立建设性关系,就要意识到人在有压力时会退行到早期的方式,并需要对此进行管理。

利用这个机会,我们也和父母们一起对我们渴望占有自己的玩具而不愿与日间托儿所分享进行了反思。我们把自己比作学步儿,渴望一切尽在掌控,我们开玩笑地谈到自己想要发怒的感受。索菲亚笑了,用手指着我们说:"你们这些调皮的女孩,你们必须分享,而他们必须照看好。"最近,索菲亚看起来比较轻松,也更多地参与了杰布的管理。她会直接和他交谈,而不是从远处向他叫喊,并向他解释其他孩子也想玩玩具,他可能会觉得很生气,但是他必须等到轮到他的时候。

也许,我们承认自己所具有的孩子般的、与分享有关的心理斗争帮助了这些父母,让他们在孩子很自然地表现出这样的心理时,能够管理他们自己的羞耻感。然而,以自我为中心的学步儿所表现出的控制和不顾他人的行为通常都会穿插着一些分享的快乐,不同于他们,小组之间的相互竞争会一直存在,几乎没有共同分享的快乐体验。我们只体验到了由于另一方的存在而产生的"争吵",并努力重新调整我们持续追求的、得到"父母"组织或"边界管理"支持的关系。

强制迁移和结论

　　安娜·弗洛伊德中心的工作人员来到现场时，发现日间托儿所在那里。显然，托儿所现在需要和安娜·弗洛伊德中心小组在同一时间进行活动。由于两个小组不能共用大厅，托儿所也没有父母在场，安娜·弗洛伊德中心主动向在外面的学步儿小组的父母和学步儿打招呼，提出陪他们去公园。由于天气寒冷恶劣，带着孩子的父母拒绝去公园，并离开了。

　　安娜·弗洛伊德中心的工作人员担心他们未能成功阻止小组成员的迁移。他们感到被强制迁离了自己的基地，并思考这如何在小范围内反映出这些家庭从他们的文化和原生家庭中被强制迁移出来。

　　我们借此机会同另一小组的工作人员以一种相互支持的方式讨论了大家共同关注的问题。两个小组都能够承认在分享紧缺资源方面存在的困难，包括当前所遇到的时间重叠问题。领导者们都一致认为，这应该是地方议会主任的责任。在安娜·弗洛伊德中心管理人员的支持下，议会主任同意有必要找到一个替代解决方案。

　　在这里，安娜·弗洛伊德中心的管理人员承担起了父母的角色，设定了明确边界，在这个边界内可以进行清晰的沟通。如果学步儿要学会修正行为和妥协，他们需要明确的边界以及对感受的言语化，同样，在今后的人生中，当协调个体、小组或组织之间的关系时，如果要实现社会性和功能性共存，就必须管理边界和明确沟通。

　　在两个小组间这次富有成效的"冲突"之后，日间托儿所很快就在附近找到了一个替代场地。小组领导者们对彼此更加积极和有共鸣。玩具柜的钥匙也还给了托儿所。

几个月后。

三个男子带着未拴绳的大狗走上台阶，进入门厅。他们做了些交流，还哼了一声。领导者很担心他们可能会进入大厅，就一直待在能看到他们的位置。最终，他们离开了。

接下来的一周，有工作人员在抵达时发现戴着头巾的年轻人们围着大厅，并和他们谈判很难进入大厅的问题。

父母们和学步儿们到了，那些开始奔跑、爬上阳台栏杆和烟囱的青年让他们很烦恼。父母们变得焦躁不安，孩子模仿着外面这些青年的滑稽动作。领导者决定锁上外面的门。随后，索菲亚焦虑地谈论着一群年轻人，他们最近捅死了一名正从车里拿出购买的物品的男子。那个男人和她来自同一个国家。

在对外面的青年做出反应时，该小组显露出了他们脆弱的安全感。父母很抵触这些青年是"自由跑者"[10]的说法，有10个人坚持认为这些年轻人有邪恶的意图。

在发生了这些事件后，安娜·弗洛伊德中心的管理者们判断这个小组正处于危险之中，并决定继续推动原来的一项计划，即迁往当地的"确保开端"儿童中心。正如那些已经拥有资源的家庭离开了这个公租房一样，这个小组也要离开。工作人员感受到的失败、内疚和悲伤减弱了宽慰感和希望感，也许正反映了某些父母离开自己祖国的感受。

我以这个公租房先前的一位居民给当地艺术展览的投稿作为本章的

---

[10] free runners，指城市环境实践的一种城市技巧。

结束。这触及了隐藏在墙后和不可渗透的边界后的人类叙事,它是被隔开的,但是我们都需要触及。

>（这片）伦敦公租房上方的天空是灰色的、单调的、空的。杂草从下水道里长出来,窗帘被拉上,没有光亮,这个地方被遗弃了。奇怪的是,天空中没有垃圾,也没有小鸟。所有的人都去了哪里?……在19世纪和20世纪,艺术家们都注重城市中的体验——街道、火车站、家中内部的私人空间、个人居住空间,以及外部世界逐渐进入一个人的头脑并填满所有可用的精神空间的方式。这座城市本身也成为人类意识的外在模型——一个永远无法被理解的有机体,只能在碎片中才能被理解……绘画和艺术与建筑的关系是非常复杂的。最重要的是,这是一个关于人的故事,而不是关于事情和墙。[11]

---

[11] 关于在2007年9月在卡姆登艺术中心举办的建筑艺术展览的文章,作者:阿德里安·舍尔(Adrian Searl),卫报。

第 9 章

在收容所针对无家可归的家庭组建学步儿小组：循序渐进的技术

Elspeth Pluckrose

本章将介绍如何在收容所针对无家可归的家庭组建学步儿小组。对于那些家里有孩子且孩子很有可能有创伤史的住户，小组提供每周一次的随访服务。这有别于传统的安娜·弗洛伊德中心学步儿小组，因为在收容所这样的机构中，首要的目的不是保持心理健康，而是提供住宿条件。收容所学步儿小组的发展经过了一个循序渐进的过程，在这个过程中我渐渐对这些特定的小组成员的需求有了更深入的了解，这也相应地改变了我的实践工作。

收容所的生活

收容所

收容所是一个大型公共建筑，可为100个家中有5岁以下儿童的家庭提供住宿。这里的工作人员很辛苦地工作，努力满足住户们对于庇护所和安全的基本需求，但是在工作人员中仍然有着争论和张力。当面对着压倒性的艰巨任务时，从忽视、敌对、无力感和敌意中逃开几乎是不可能的。

我之前曾担任过收容所的管理人员，过去的经验让我意识到机构中的动力很可能毁灭性地分裂收容所的支持服务部门，从而影响学步儿小组的运行。

杰奎斯（Jacques, 1955）曾描述过机构中的集体性社会防御系统。在这一系统下，个体利用机构来满足自己心理上的防御需求以抵御焦虑、内疚和不确定性。这些防御机制被整合进了机构的系统里，并影响个体完成日常任务的有效性。门西斯·莱斯（Menzies Lyth, 1970）利用这一理念来理解医院护理系统中的防御机制。这些机制降低了医院在完成其首要任务，即为病人提供照顾时的有效性，但可以防御工作所带来的原始焦虑，通常这些工作都令人恐惧或反感，常常需要近距离接触死亡和依赖感。我们也可以以相似的方式来看待收容所的结构：在不同的支持服务部门之间的分裂和投射可以帮助工作人员们防御焦虑，这些焦虑来自与脆弱的、依赖的来访群体的工作。

门西斯·莱斯描述了医院的护士们如何在责任感和权威性方面做文章以试图减少焦虑。作为个体的护士使用分裂和否认的方法将她自己的一部分投射到其他护士身上。她可以把自己不想负责任的愿望投射到年轻的护士身上，然后带着优越感很严厉地对待她们，同时又将苛刻、非难的那部分自己投射到她的上级身上，预期上级会严苛地对待自己。

在收容所里，似乎无论是住户还是两组工作人员都会被投射为是不负责任的，应该被批评和指责。每组工作人员都认为另外一组应该为没能很好地支持收容所里的住户们负责，同时他们又对于自己完成这一工作感到深深的无力。每一组都认为自己的工作比对方更辛苦。其中一组是办公小组，他们轮班工作，负责收取租金、处理破坏租赁协议的行为、组织维修和处理住户间的冲突。另一组是支持小组，他们不负责处理住户的复杂需求，而是聚焦在实际的工作上，负责帮助住户寻找新的住处。两组工作人员都倾向于认为住户们是难以工作的，他们应该为自己的困境负责。

这样一来，住户个体的痛苦就被回避了。但是将责任感和权威性问题投射给彼此使得这个体系中每一个个体的工作人员常常感到无力和缺乏权力感。这可以体现在，当一个健康安全监察员给收容所打电话，讨论检查安排的时候，工作人员们常常会争论谁应该来接这个电话，并最终将电话给了一个清洁工。最终，工作中的困难被归结为收容所管理者的个人失败，而管理者在这个过程中也会变得越来越失去作用。

通过一系列复杂的过程，因无法满足住户们的需求而产生的焦虑被投射出去；因无法帮助住户恢复原有的生活而产生的内疚被回避起来。工作人员们会认为这些住户似乎是不值得被帮助的，或者觉得他们是自作自受。这些防御机制使得人们从整体上感受到了一种被忽视感、无力感和无望感。

要在这样的环境中组建小组，我需要努力与不同部门建立合作的关系，试图去观察和理解机构中的困难和痛苦，但又不让自己过于沉浸其中。我知道有些时候学步儿小组会被拿来和其他的支持服务进行对比，从而试图在我和其他的收容所专业工作者之间制造冲突。但我始终将焦点放在为参加小组的家庭提供尽可能好的设置上。

妈妈

在收容所养育孩子的父母要面临很多挑战。大部分的家庭来自贫困的社区，长期生活在充斥着虐待、成瘾和家庭暴力的环境下。很多人是难民和寻求避难的人，他们往往经历了很多的丧失和创伤。收容所可以满足他们的基本需求，但是很难解决更深层的困难。

在我第一次走访他们的时候，我就意识到他们体会到的剥夺感有多深，我认为建立一个小组，在小组中避免激起他们的剥夺感是非常重要的。我们有充裕的预算来购买玩具，但是需要留意保留一些老旧的玩具，因为提供一个"过于美好的体验"可能会唤起痛苦的嫉妒情绪和破坏性。

即使如此，这些动力仍能在小组形成的最初几周看到，最明显的是，当妈妈看到孩子在玩厨房玩具时，她们常常会表达自己想要"一个那样的厨房"的渴望。厨房让这些难民妈妈想到自己失去了的家园、食物和文化。这种剥夺感和丧失感会唤起强烈的敌意，以至于她们会开始争论说自己国家的食物才是最好的。

在收容所中，每个家庭住在一个单独的卧室里，有厨房区域和一个独立的淋浴间或卫生间。其平均居住时间是5年，这加剧了无助感。妈妈们往往是耗竭的和心事重重的。她们的期望很低，需求很少，似乎觉得没有什么能够长久，而向我们提出诉求则会让我们远离她们。

学步儿

在收容所的长期生活会从很多方面影响学步儿童。通过观察他们，我逐渐意识到长期的收容所生活对他们有着怎样的影响。他们中的很多人缺乏社交经验，很难参与到玩耍中来。他们不会说话，也不能交流自己的情绪状态。他们会为有趣的互动感到高兴，但很难分享成年人注意的事物。这体现在，有一次在加餐时间，我鼓励一个看上去对零食没有兴趣的孩子来画画，而这时整个小组的孩子迅速丢下手头的食物，开始争夺起蜡笔来。收容所里的房间太狭小，学步儿没有机会体会普通的生活，例如围坐在桌前一起吃东西等。因此所有人都坐在桌子前一起吃零食对他们而言是一种新奇的体验。另外，他们也没有机会在物理上或情绪上尝试与他们的妈妈拉开距离，因此在面对分离时，他们会体会到巨大的困难。

克莱因（1940）从早期丧失带来的焦虑和防御出发来理解分离焦虑。她认为这与婴儿处理妈妈的出现和缺席的日常体验有关。婴儿是完全依赖于妈妈的。每当婴儿需要妈妈而妈妈不在时，对于婴儿而言就"失去了"妈妈一次。这些发展还伴随着断奶的过程，断奶的过程让婴儿意识到他并不是独占妈妈的，妈妈也可以关注或爱其他人。经过一段时间，在正常的发展中，足够好的母亲总是会回来，婴儿能够体验到这种可靠性，并建立起一个内在妈妈的意象，当妈妈不在的时候，这一内在的意象将支持婴儿。这个过程如果进展得顺利，即足够好的体验能够被内化，同时不伴有太多的敌意，那么妈妈缺席的体验将促进婴儿的发展。发展带来的好处有助于平衡丧失的体验。

但是，有时婴儿不能忍耐妈妈不在时的沮丧感，这会使他们产生破坏性的情绪体验，从而使这一过程变得更为复杂。这些破坏性的情绪会擦除好妈妈的意象，让婴儿处在恐惧的状态中。婴儿将充满迫害焦虑，他们将妈妈看作是冷漠的、让人痛苦的，同时他们还会体验到施害者内疚，他会害怕自己造成的破坏。婴儿感到他已经破坏了外部的和内化的妈妈，将妈妈变成了一种坏的、令人恐惧的内部的存在。

在学步儿阶段，处理分离焦虑需要修通丧失的体验，在学步儿的内在世界建立一个安全的、可靠的妈妈的意象。学步儿需要学习处理对妈妈的矛盾情感。妈妈既是他爱的那个妈妈，也是有时不在他身边、让他感到痛苦的妈妈。

在收容所，分离过程会变得更为特殊和复杂。我们很难理清妈妈自身的困难（包括她自己没有修通的丧失体验）在多大程度上会使学步儿的分离问题变得更为复杂。但是，大多数参加小组的学步儿都很明显地表现出分离困难，即使是那些功能良好的妈妈的孩子。在收容所中，母亲—学步儿这个二元关系中缺少通常生活中会出现的元素，比如妈妈的离开和返回。住在一个单间里意味着婴儿和学步儿总是能够见到或听到他们的妈妈。对于学步儿来说，当他们看不到妈妈时，就会非常恐慌。

小组可以给学步儿提供空间和更多的距离，使他们的一些基本发展过程得以展开。

学步儿小组

治疗框架

对于所有的安娜·弗洛伊德中心学步儿小组而言，提供一个持续稳定的设置都是非常重要的。但是收容所自身的环境使我们需要在技术上做一些改变，其中最明显的一处改变就是在处理小组边界上的灵活性。

温尼科特（1960b）有关"抱持"的观点可以用来帮助我们理解这种灵活性。"抱持"是妈妈"对婴儿需求的实时适应"：妈妈稳定可靠地（但不是"机械性的可靠"）满足婴儿的需要，"传递来自妈妈的共情"。温尼科特认为，母亲的抱持使婴儿建立起"存在的连续性"。它最主要的功能是减小由"个人的消失"所带来的影响。

对小组框架的适应性调整源于我对成员们在特定时间与场合所持有的特定需求的理解和共情。在实践中，这意味着在处理边界问题上做出一些改变，以及做一些调整以增加出席率，并减少每次小组治疗间隔后的脱落率。每次小组治疗都会准时开始和结束，但是如果一些人早到了，他们不会被赶出去。小组没有固定的成员。即使小组已经很满了，妈妈和孩子也不会被排除出去。由于收容所中的很多家庭来到英国都是为了寻求避难，他们很可能会对被排除在外和紧闭的大门非常敏感。用温尼科特的话说，拒绝可能会带来"难以忍受的影响"。

我们也允许对小组的一些打扰，比如其他住户有时会穿过房间去使用计算机进行房屋的相关交易等。在这里，我遵循自己的反移情，或者"母性的共情"的指引。虽然把闯入的其他住户赶走可能看上去是对小组的一种保护，但是这种形式更像是在保持"机械的可靠性"。所有的住户都共享着无家可归的体验，对于学步儿小组的成员来说，这种对于边界的处理可能会让他们感到你并不能够理解他们在收容所里的生活。

虽然在这方面边界是可渗透的，但是我一直没有忘记保持治疗框架稳定的重要性。我认为小组应该是在固定的时间开始和结束的，尽管一些家庭会在开始前就到了房间，或者在结束之前就需要离开。我会和小组成员讨论有人闯入小组空间的情况，尝试主动站在他们的一边为他们着想。这类似于帕森斯（Parsons, 2007）所提到的"内部的分析性设置"，在咨询的进程里，当不可避免地发生对分析的破坏时，分析师始终在心中保持着"内部的分析性设置"。具体设置和边界都在我的心中，我使用自己的反移情来传递我的理解并调整所使用的技术。

为了鼓励成员出席以及处理咨询的中断所造成的影响，我将学步儿小组的技术进行了扩展。我会主动和妈妈保持联系，让她们知道我心里有她们，帮助她们更多地出席小组。有时我会写信给她们，有时——如果足够熟，我会直接敲她们的门。可能这也符合温尼科特对于"共情"而不是"机械的稳定性"的描述。

咨询的中断是很难处理的，因为稍长一点的中断会被体验为抛弃。这背后的机制可能和个体没能在内部建立一个稳定的好客体有关，这导致他们难以容忍分离。我通过不断地试错发现，像通常那样在中断咨询之前通知小组成员是没有帮助的，这会让他们很困惑，一些家庭在听到要中断咨询的时候就立刻不来参加了。相反，我在中断之前会提前一周写信给每一个人，鼓励他们来参加中断前的最后一次小组。在这次小组中，我会以平常的方式告诉他们我们什么时间会回来。最后的这次小组对于妈妈和学步儿们而言都是很困难的。我应对这一点的方式是，给每个学步儿一个气球，他们在离开的时候可以带走气球。这回应了学步儿在那一刻想要带走一些实在的东西的需求，对于他们来说相信我们还会回来是不容易的。尽管气球不会一直存在，但它可以帮助妈妈和学步儿们保留住好的体验。

与妈妈们一起工作

我在一开始就很快意识到自己需要改变和妈妈们的工作方式。从第一周开始,她们大部分都坐在舒服的沙发上而不和自己的孩子一起玩。

在一个早期的小组中,我观察到一个男孩一边一个人玩,一边时不时地看一眼妈妈,而妈妈坐在沙发上发着短信。她没有看小男孩。我试图帮助他获得妈妈的注意,但是妈妈没有任何回应。过了一会儿,我听到这个妈妈和朋友说:"我不知道为什么他们会认为他想跟我玩,他总是跟我在一起,他其实想要离开我跟其他人玩。"

尽管妈妈的话听上去很无情,但我从中看到了另一些正确的东西。这位妈妈没有办法在这个时刻向她的儿子提供他想要的关注;因此,她把他带到了一个其他人能够为他提供关注的场合。事实上,大部分来参加小组的妈妈都想为自己找到一个空间,同时还希望这个空间也能够给孩子提供一些东西。对他们困境的理解让我重新思考自己的角色。我在自己的心中给妈妈留出同等的位置,希望通过倾听她们的困难,能够帮助她们在心里给自己的孩子留出更多的空间。

安沃(2岁)和他的妈妈并不经常来参加小组。我注意到这位妈妈生儿子的气并且怀疑我。我努力让他们感到受欢迎,同时我会和安沃玩耍,让他的妈妈可以坐在沙发上。她经常生气,在房间里对他儿子吼叫。有一周她似乎特别沮丧,她跟我坦白说安沃的爸爸遇到了麻烦。她说她感到自己被其他的住户评判和批评。我知道她想让我知道她也害怕我会评判她。

从这一次情感互动开始，她经常带安沃来参加小组。她会讲更多她的婚姻中的困难。她对儿子很严苛，也表达了对儿子的不满，因为儿子像她一样，很容易哭。当儿子的行为让她想起丈夫的时候，她会很恨儿子。例如，当安沃在车里玩得很开心或者和其他孩子打架的时候，她就会想起他那个好斗的、喜欢车的爸爸。

尽管当她直接向安沃表达敌意的时候，我会保护安沃，但我尽量允许她讲出来自己有多累、有多不堪重负。当她来到小组中并立即跟我说"今天我恨安沃"时，我接纳她的这种真实的痛苦，并鼓励她在沙发上休息一会儿，让她知道"今天我会照顾安沃"。我理解妈妈和儿子彼此都需要空间。另一些时候，当她感到抑郁，开始自我批评，特别是针对自己对孩子的养育时，我帮助她理解她的反应。我们一起观察安沃，她开始能够表达她对安沃所取得的成就和掌握的技能的欣赏和骄傲。

通过接纳安沃妈妈对儿子明显的敌意和恨意，我为她提供了一种涵容，在小组中为她创造了一个空间。事实上妈妈对儿子的这种让人感到痛苦的恨意，是妈妈都会遇到的正常矛盾。我没有直接就她对儿子苛责的态度进行回应，这使得她严厉的超我部分得以松动。她既担心自己对孩子太苛刻，某种程度上又希望对孩子苛刻。而她严厉的超我部分则不断攻击她，指责她是个失败的妈妈，让她觉得她那敏感的、缺乏韧性的儿子在迫害自己。由于我能够接纳她，把她视作一个普通的妈妈，她也开始能够接纳自己的儿子，把儿子看作一个普通的男孩，有可爱的部分也有缺点。我帮助她在心里为安沃留出了一个家。

妈妈们的脆弱教会我，我的首要任务是为她们提供一个安全的空间。她们已经被孩子的需求搞得精疲力竭了，需要一个人来涵容她们的情绪和痛苦。她们可以休息一会儿，让学步儿团队来处理困难的情况。我们没有对他们本就耗竭的资源做更多的要求，而是向她们示范如何应对学步儿们令人头疼的行为。

和学步儿一起工作

一旦为父母建立了一个"抱持"的空间，也就相应地建立了一个能够更好地和学步儿工作的空间。在很多方面，小组领导者与收容所学步儿的工作和在安娜·弗洛伊德中心小组中很相似，包括帮助学步儿更好地调节情绪和使用象征来游戏，让学步儿更多地表达情绪，以及欣赏每一个学步儿个体的成长。

但是，在小组中还需要对一些特定的发展性困难更加留意，特别是和分离相关的困难，这在收容所的生活环境中是一个很明显的议题。

亚丝米娜（16个月）很难和她的妈妈分开；她似乎下定决心要在身体上始终和妈妈在一起，如果她的妈妈离开，她就会一直哭泣，没法安抚。亚丝米娜对我想要接近她的尝试表示拒绝。随着她慢慢长大，这种情况也在加剧；如果她注意到我在房间的一头看着她，她就会转向妈妈，很生气地哭。亚丝米娜的妈妈开始对她的状况感到担心，尽管我感到了越来越多的无望感，我还是坚持试图找到一种方法来帮助亚丝米娜。我开始在跟她妈妈谈话的时候，保持一定的距离，同时我很小心地不去看亚丝米娜，尽管一些时候我们也会谈到她。慢慢地，她增长了信心，可以在妈妈的面前走进小组了。她开始表现出对玩具和其他孩子的兴趣，但是她回避和妈妈以外的成年人接触。有一天我注意到她在玩猛兽的玩具，拿着这些玩具在她妈妈面前吼叫。站在她们的旁边，我开始和亚丝米娜的哥哥玩同样的游戏。亚丝米娜的哥哥接着也对亚丝米娜吼叫起来。亚丝米娜觉得这很有趣，并和我有了短暂的目光接触。接下来的一周,她重复了这个游戏,不过这次她能够时不时地对着我吼叫了。接着,在我坐在地板上和其他孩子玩的时候,她从后面接近了我,用一个布袋玩偶挠我脖子的痒痒,还咯咯地笑。当我转过身去的时候,她跑到了妈妈身后,一边笑一边假装刚刚在我背后的不是她。她后来又重复这个游戏,练习在我和她妈妈之间移动。

对于亚丝米娜来说,在一开始,很小的分离对她都是一个令人害怕的任务。小组给她提供了一个机会,让她看到离开妈妈几步、发展出安全感并相信妈妈始终会在那里会有怎样的好处。她意识到她的妈妈有想要和她分开的愿望,这让她产生了敌意和愤怒,而敌意和愤怒又使她在行为上更加黏着妈妈。最终她使用了一个游戏来帮助自己分离,这个游戏允许她安全地、象征性地表达自己的攻击性。这让她暂时感到了足够的安全,可以来练习离开妈妈。

和亚丝米娜这样的孩子工作使我在技术上做了另一个改变。妈妈们常常问我,她们能不能离开学步儿小组的房间"几分钟"。我通常会允许她们这么做,但那时我还没意识到这其中的重要性。现在来看,妈妈离开和回来的过程能够给我们提供一个机会来观察学步儿的反应,并主动帮助妈妈和学步儿处理分离的体验。

形成一个治疗性小组

从我的经验出发,在理解小组的进程和发展上,最有挑战性的一点是将小组看作持续的治疗性小组,而不是一系列具有治疗性的时刻的叠加。小组治疗理论强调对小组的承诺,因此日常的出席对于建立一个运作良好的治疗性小组是非常重要的。但是,尽管收容所中的小组成员一直在变,小组领导者始终都能够感到这个学步儿小组是一个治疗性小组。也许这是因为我们形成了一种"核心小组"的概念,这使我们在心中保持着一个小组的框架。随着时间的推移,小组成员开始形成一个更大的核心小组,成员会更多地、更持续地出席。尽管出席的人不一定每次都一样,但是他们能够保有一些核心的小组功能。小组领导者和常规出席的成员创造了稳定性,更为关键的是他们还承载着小组的历史和小组的体验。整个小组因此能够朝着福克斯(Foulkes, 1964)所描述的小组治疗方向前进。在福克斯的治疗模型里,治疗的基础是小组成员之间,也包括和咨询师之间的网络,在网络中他们共享交流和理解。比昂在军队中的小组治疗经验(Bion, 1961)也可以帮助我们理解这一点。比昂观察到,尽管因为士兵们要返回战场,小组的成员经常变动,但士兵对小组的忠诚和投入不会改变。在收容所中,更为重要的是成功地让小组持续下去,而不是关注小组成员的变动。

格兰德等人(Garland, Hume & Majid, 2002)描述了在与难民工作时,要建立起一个网络让小组具有治疗性是多么艰难的工作。他们发现,丧失的体验会使一个经历过创伤的人"撤回他与周围世界的情感联结,强化他的边界来抵御外部世界的渗透。"对于经历过创伤的人,小组被视为一种治疗方式,因为小组可以给这些人提供一个机会,在安全的设置下卷入他人的生活中,保持个人边界的开放,培养一种心理上的自主感。这对于那些"自主感被长期的无助压碎,只能依赖他人"的人是非常重要的(Garland et al., 2002)。在小组中,个体利用自己的内部资源,发现自己有能力更多地理解他人,这种感受使他们恢复了"自主感",而这会减轻他们的无助感。

在收容所的小组中,这种建立情感联结的能力可能会受到一些因素的影响,比如小组的成员彼此都是邻居,在暴露自己的焦虑时会有所顾虑等。但是,一些因素也会促进情感联结,比如妈妈因为有相似的收容所生活经历和成为母亲的经历而产生的联结，以及学步儿们有建立新关系的能力等。

逐渐地，对于小组成员来说，发展出自主感成为可能。不论是在小组中还是在小组之外，他们更少地感到自己是无能为力的或不堪重负的。在小组空间中，他们也开始能够处理一些组织方面的议题。在一开始，小组仅仅是提供了一个空间，展示出收容所的现状。例如，小组会因为收容所管理方面的问题而延迟开始或频繁调整时间，在小组中妈妈会抱怨，而孩子开始吵闹，用好斗来表现整个机构的紧张情绪。学步儿小组的工作人员则感到无助和耗竭。

慢慢地，学步儿小组开始形成情感上的联结，这些联结像安全阀门一样。有一次，一场洪水导致收容所一些区域长时间停电。住户们开始能够在小组中谈论这件事并支持彼此。在我们的帮助下，他们开始能够理解这样的干扰会对孩子的行为有怎样的影响。在这个过程中，小组可以被用来进行思考和处理困难，而不仅仅停留在一个形式。

此外，我们还可以观察到，小组成员表现出更多给彼此提供支持的能力，他们不再被敌意压倒，不再害怕他们会被不公平对待。这些都表明了小组的治疗性功能的提升。

> 利亚姆（2岁8个月）的妈妈扎拉在走廊里被袭击，利亚姆目睹了袭击过程和警察被叫过来的过程。扎拉告诉我利亚姆总是不断地谈论这件事，她想知道怎么帮助他。在小组中，利亚姆一边玩玩具警车，一边告诉我警察来了、妈妈哭了。其他妈妈开始跟扎拉说话，表达同情和愤慨。在小组结束的时候，利亚姆挣扎着不想离开，但是最终他同意给我指出他回"他的房子"的路。接着，他能够平静地离开了。在走廊里，他和他的妈妈都收获了支持。接下来的几周，很显然其他孩子理解了警车

对利亚姆的重要性，他们为他收集警车，并不再在自己的游戏里玩警车。利亚姆要和警车一起玩的需要似乎内隐地被整个小组理解和支持了。

扎拉和利亚姆信任小组可以帮助他们处理创伤的体验，学步儿小组给了他们两人很多的体贴和理解。这个例子显示，在小组中能够发展出情感联结，而妈妈和孩子在这个过程中会找到"自主感"。

这种情感联结在学步儿的游戏中最为显著。学步儿会以非常平常的方式，使用小组来处理他们共同的困难。他们的很多游戏都试图探索收容所生活中的问题和其童年发展中的挑战。一些游戏在情感上对于小组具有很大的重要性，会被整个小组共享和传递，成为小组生活的一部分。

在"收拾玩具的时间"，珊娅（2岁3个月）试图去帮忙，而艾伯杜尔（2岁6个月）则大声地抗议。我鼓励他们放好动物玩具。我拿起一个狮子，用狮子的声音说"再见，下周再见"，然后把玩具放好。他们加入了进来。一开始我用比较兴奋的音调说话，但是渐渐地我的音调变得轻柔。两个孩子都跟随我的指引，当珊娅说话的时候，我能从她的声音里听到悲伤。当我们把所有的玩具都收起来以后，两个孩子安静地离开了。接下来的几个月里，这个游戏成为小组处理结束的一个固定环节。新来的学步儿会被介绍到游戏中来，特别是珊娅会负责介绍，接下来当她不在的时候，这个过程也会继续，这成为小组文化的一部分。

当游戏捕捉到了小组成员的共同困境时，它会在小组中出现传递现象。一个打鼓的游戏以相似的方式被小组共享（见第3章），因为这个游戏允许学步儿愉快地表达出他们在处理愤怒和攻击性方面的困难。

小组成为一个可以以象征性的方式表达学步儿核心议题的地方，这些核心议题包括分离和处理愤怒。经过一段时间，学步儿们会发展出一个共享的交流网络，在游戏中他们能够安全地进行表达。尽管小组成员会持续地有变动，但交流网络的出现使人感受到一个治疗性的小组已经建立起来了。

总　　结

在这一章，我描述了如何在安娜·弗洛伊德中心学步儿小组模型上进行调整，使之适应收容所的环境。在收容所，住户们是更为脆弱的群体。这些调整循序渐进地发生，是对小组需求的回应。学步儿小组可以在收容所的环境中安全地建立起来。之后，一些学步儿会去托儿所，或者离开收容所住进公寓，但他们有时会回来参加小组，在小组中谈论他们的经历，强调小组对他们的重要性。在漫长的等待后终于搬进公寓，他们可能会很震惊地发现自己会怀念收容所中的部分生活，这其中就包括学步儿小组。学步儿小组已经在他们的心中扎根，这对他们来说是一个宝贵的、可以给他们提供支持的地方。

第 10 章

向脆弱的父母和学步儿伸出双手：在伦敦南部的贫困地区建立学步儿小组

Fátima Martínez del Solar

在本章，我将描述自己在伦敦南部的贫困地区组织和运作父母—学步儿小组的三年经历。我曾在安娜·弗洛伊德中心担任父母—学步儿小组的领导者，当我离开安娜·弗洛伊德中心来到伦敦南部的社区儿童和家庭心理健康服务机构工作时，我希望能够把我过去利用精神分析和家庭一起工作的经验也带过来。那时我刚从秘鲁回来，觉得新的工作环境应该和过去相比没有太大的差异。

结果我遇到了非常多的困难。在经过了很多的思考后，我希望在这里展示我是如何调整自己的预期和使用的咨询技术，来适应伦敦南部贫困地区的家庭需求，建立一个有精神分析意识的父母—学步儿小组，使得有意义的改变和成长能够发生。我将举一个例子来说明，这个例子的主角是一位妈妈和她的女儿塔拉，我将分享一些片段和我的观察。

我希望证明，精神分析理论能够为脆弱群体的社区工作提供支持。同时，我也希望鼓励这个领域中的专业工作者，创新性地发展相似的策略，在与贫困地区的父母和孩子的工作中运用精神分析的干预策略。

父母—学步儿小组

作为一个社工，我的工作对象是那些"难以接触"的家庭，这些家庭面临着一系列实际问题，并在其中不断地挣扎，这些问题包括移民、住房、社会孤立、精神疾病，以及养育孩子等。恐惧、频繁的搬家、语言和文化是他们获得正规社会服务的障碍。死亡、创伤、重新安置、丧失和剥夺的经历使得他们对自己的社区没有什么归属感。他们会犹豫，不知道要不要去建立新关系，因为根据他们的经验，这些关系很可能不会长久。我相信父母—学步儿小组可以给这一群体提供支持。

我希望小组可以提供一个温暖的、非威胁性的空间，在这个空间里，父母可以和孩子一起玩耍。在和孩子建立关系的过程中，我想要给父母示范如何和孩子互动和玩耍，帮助他们理解、思考、言语化孩子的感受和行为。正如玛丽·扎菲里乌·伍兹（2000）所建议的，对于非常脆弱的父母而言，他们很害怕接受个体治疗或其他心理健康服务，而游戏治疗小组的环境会让他们觉得更加安全，更没有威胁性，也更接近他们的生活。另外，在这个地区，很多家庭都面临着社会孤立的问题，小组也能够为他们提供结识其他父母和孩子的机会，帮助他们获得社区服务，缓解社会孤立的问题。

学步儿小组的活动场地在社区中心，这个中心位于议会中心的核心区。我们每周活动一次，每次持续1.5小时。一开始我独自工作，但随着小组的进展，我又招募了两名助手。一年之后，其他同事也加入进来。

小组的发展

在最初的几个月里,我在社区散发大量的传单,和各个行业的人打交道,向他们介绍我们的小组,说明小组可以为他们提供支持。我还私下拜访父母,邀请他们加入。

在第一年里,出席率非常低,只有一两个儿童跟他们的父母每周都会参加。每一次来参加小组的人都不一样,所以基本没有"小组"的感觉。我的助手们和我不得不忍受这种挫折感,和孩子一起玩游戏以及跟他们建立关系的过程会遇到很多挫折,同时还得面对潜在的干扰。我们知道他们可能几周之后才会再回来,或者干脆再也不会回来参加小组。在第一年年末的时候,有四对亲子进行了登记注册并尽可能常规地参加小组。我尽力向我的上司证明这些努力,并试图减轻自己的内疚感,因为我似乎把时间和资源花在了一个看上去不成功的项目上。

这些困难,再加上父母对参加小组缺乏兴趣,经常让我们感到自己是无用的,我们很困惑,不确定自己什么地方做错了。这里和安娜·弗洛伊德中心很不一样,那里总会有人等待着要参加小组,不用担心招募不到新成员。我们的困境也反映了我们想要帮助的这些父母的经历:他们在应付生活、养育孩子的过程中是很脆弱的,经常处在挣扎的状态中,得不到支持。

经过了几个月,我们越来越清晰地看到,我们必须对自己的期望和理论框架进行调整,以适应这一群体。我意识到我可能对他们的自主性和主动性有太高的要求,而这超出了他们能够做到的程度。这些父母为了生存下去,每天疲于应付生活中的各种事情。他们没有心理空间来跟孩子玩耍或者照顾孩子的情绪健康,将孩子看作是跟他们不同的人。他们不是不想来参加小组,只是他们需要我们走近他们,将他们带到小组中来。

因此我们开始在初次接触的时候变得更为主动，帮助父母和学步儿离开他们的房间，加入小组中。尽管这看上去是对精神分析的中立原则进行了妥协，但为了帮助这些脆弱的父母加入小组，这种妥协似乎是必要的。发展性助人这一概念使我们确信向这些家庭伸出双手对他们是有帮助的（A. Freud, 1965）。安娜·弗洛伊德中心的顾问[12]为我们提供督导，帮助我们理解小组成员和调整干预方式。在这个重要的转折点上，我们不再等着家庭来找我们，而是开始积极主动地去接触他们。

当有家庭被介绍到我们这里来，我们会在邀请他们加入小组之前，先对他们进行家访，和父母及孩子建立信任的关系。关系建立起来之后，我们再邀请他们来到小组。如果情况允许，我们会从他们的家里接上他们，或者组织他们在当地的购物中心集合，一起走到小组活动的会场。我们还会通过手机发送提醒短信。对于那些特别脆弱、总是忘记参加小组的妈妈，我们会打电话给她们。在最初的这个阶段，她们需要我们的提醒。

除了更积极主动地招募新成员之外，我们还进一步对自己的期望进行了调整。我们尝试接纳事实，认识到对于这些家庭而言，能够不规律地来参加小组已经是他们能做到的最好的了。我们不断地提醒他们，无论何时只要他们想来、能来，我们始终会在这里，即使他们不能长时间坚持来，我们也会很欢迎他们。经过一段时间，我们的坚持、投入、灵活，以及愿意根据父母及孩子的需求进行调整的意识，带来了更高的出席率。

在最初的三年里，我们投入了很大精力，努力培养成员对小组的归属感，但我们没有意识到对于文化和经历各异的这一群体而言，做到这一点并不简单。我们需要从零做起，营造一个不同的小组体验，将每一个参与小组的父母和孩子的小小贡献串联起来。慢慢地，小组变得更有凝聚力，成员们也开始更常规地出席了。小部分成员每周都会参加，另一些人虽然

---

[12] 安娜·弗洛伊德中心的督导和顾问是玛丽·扎菲里乌·伍兹。

大约每三周来参加一次,但他们会持续来很久。

小组成员的来源

最初,我们的小组成员来自其他儿童和青少年心理健康服务中心的介绍。经过一段时间以后,普通从业者、卫生巡查员、社会服务机构、成人心理健康机构及儿童服务机构也开始介绍成员过来。家庭面临的议题包括对孩子发展和行为的焦虑、父母的心理健康问题、家庭暴力和社会孤立。很大一部分比例的妈妈在服用抗抑郁药物并有精神疾病史。一些人体验过严重的创伤。小组为寻求避难者和难民提供食物,这些人大多是战争的受害者;此外还有一些是非法移民,他们没有办法获得社会服务和福利。大多数人的家族都不住在附近,一些人住在临时的住所里,经常会搬家。

接近60%的人是黑人和少数族裔。对于大部分人,英语不是他们的母语。目前我们的小组成员来自6个非洲国家,3个欧洲国家,此外还有加勒比海地区、拉丁美洲和中国。以英语为母语的白人是这里的少数。

为了描述我们的干预方法和干预风格,接下来我会呈现一个个案,在这个个案中我会展示我们如何建立治疗关系,让妈妈和孩子成为小组的一员并从中受益。

个 案

塔拉(11周大)和她妈妈是由她们的助产士介绍到我们的儿童和家庭服务中心的。塔拉妈妈由于严重的产后抑郁需要个体支持。她年仅21岁,是一名来自北非的混血非法移民。她在16岁的时候来到英国,并在签证过期后一直滞留在这里。她没有权利享受任何福利或住房。她和塔拉的爸爸已经分手。在英国,她有一个姐姐,但她们之间没有联系,除此之外，她几乎没有朋友。

个体咨询

在我们第一次见面的时候，塔拉的妈妈说她感到抑郁和愤怒。由于她的口音，"生气"听起来像"饥饿"，我经常不能理解她到底指的是哪一个意思。她似乎把这两个词混合了起来，来表达她又生气又饥饿的状态。在反移情里，我感受到自己产生了想要填饱她的愿望，想要给她吃我们中心的小饼干。她向我诉说了她有多痛苦。

> "当我照镜子的时候，我生自己的气；我恨自己，恨我的脸，我的手，我的指甲。自从有了孩子之后，我觉得自己变得特别丑。我不喜欢这样。我知道这不是孩子的错。我很高兴她在这儿，但是我没法忍受她慢慢长大的过程。"（塔拉11周）

对于离开自己的房间、被他人看见，她表现得很抗拒。有时她会戴假发或帽子，使我没法看见她的脸。假发或帽子使她看上去很奇怪。她不愿意谈论自己的过去，特别是关于她父母的事情，她说："一想到他们我就很失望。"她说她有一个爱她的奶奶在祖国生活，有时候她们会通电话。

从一开始，她和塔拉之间互动的质量就很令我们担忧。

> 妈妈一边说话一边和塔拉玩。她逗弄塔拉，把棒棒糖放在塔拉的嘴里，当塔拉想要舔着它的时候，她就把棒棒糖抽出来。（塔拉11个月）

还是在这一次会面里，她让塔拉站起来，然后说："走起来，来，走起来。我真受不了她哭，她一哭我就想把耳朵堵起来。"她将塔拉看成一个自私的、黏人的宝宝，想要一切东西。同时，她说她想要塔拉过和她不一样的生活，但是不知道怎么能够做到。

塔拉的妈妈有自杀的想法，但是由于有塔拉她没有真的去做。考虑到她需要药物治疗，我将她转介到她的个体治疗师那边。她的个体治疗师认为她不是抑郁，而是用抑郁来操纵别人。

一开始她带着塔拉住在一个朋友的房子里，但是这个朋友当时已经没有办法再继续收留她们了，所以她们需要搬出去。在塔拉4个月大的时候，她们成了无家可归者。一天晚上，一位女士在火车站见到她们在哭泣，她为她们提供了庇护所。她们在那边住了2个月，直到找到新的住处。

塔拉的爸爸是英国人，他能够从政府那里领到一笔赡养费，他将一半的赡养费给塔拉的妈妈，另一半自己留着。塔拉的妈妈非常贫困，生活在社会的边缘，全部的精力都用在应对生存压力和跟塔拉爸爸争吵上了。她太抑郁了，以至于没有能力和其他人建立关系。有时她在咨询中会特别大声地讲话，仿佛我不在那里一样。当我给她回应的时候，她说："抱歉，我在跟我自己说话。"有时，她来的时候浑身乱糟糟、脏兮兮的。这些时候我发现自己很难跟她待在一起。她在我这里唤起了她对自己的那种厌恶感。

> 今天，塔拉妈妈看起来很脏。她花了大部分咨询时间从头发里挑虱子。她说："我很长时间没洗头了。"（塔拉11个月）

我觉得很绝望，面对塔拉妈妈混乱的、令人不安的状态，想到她对塔拉的影响，我感到不堪重负。在我们接触的最初7个月里，平均4次咨询里她只能来1次，这让我觉得很无力。我经常跟她的助产士沟通，助产士觉得她可能有卖淫和贩毒的问题。我试图把她转介到社会服务机构去，但是没有成功，因为她没有合法身份，无法得到相应的帮助。虽然一开始我非常担心她会不来见我，但渐渐地我意识到她总是会回来。

加入父母—学步儿小组

塔拉妈妈看到了父母—学步儿小组的招募小册子，她问我是否可以加入。在塔拉10个月大的时候，她开始参加小组，一开始大约一个月会出席一次，有时中间会消失一两个月。我本计划继续给她提供个体咨询，但是让我惊讶的是，她说："我更喜欢小组。我不想谈论这些事情，你知道我不喜欢说话。"因此我不再向她提供个体咨询，而是支持她参加小组。我会发短信或打电话提醒她参加小组，让她能控制和我的接触距离：不会太近或者太私密，也不会太远。

塔拉开始学步，妈妈也开始走向我们

在小组中，我们观察到塔拉妈妈一开始坐在一边，看上去非常抑郁。她抱怨自己的头痛和花粉症，一直一个人待着。相反，塔拉对新环境很感兴趣，也享受和其他人在一起玩。在塔拉11个月大的时候，她会一边在婴儿摇椅上跳舞，一边咿呀学语，对其他人笑。

在塔拉开始走路的时候，她也开始在玩游戏时变得粗鲁。她推婴儿车，尖叫，从物体上笨拙地走过去，经常摔倒。她似乎缺少一种空间感和对他人的觉察。塔拉妈妈注意到她的困难，她向我们寻求帮助。她请求我们介入。这就好像塔拉开始学步，而同时妈妈似乎也开始走向我们，接受了小组。

告知和正常化

塔拉开始能够从妈妈身边走开，展现独立性了，这使她和妈妈的关系产生了变化，而她的妈妈难以应对这些变化。塔拉表现出与年龄相符的活动性和自主性，变得更不顺从，也更有挑战性。

我们向塔拉的妈妈解释这些变化，告诉她不同年龄段的孩子会有什么不同的表现，使之与妈妈的感受和焦虑建立联结。我们向她解释，她在情感上对塔拉的独立性的有效接纳对于塔拉的发展非常关键（Mahler et al., 1975）。尽管塔拉妈妈在总体上很退缩，但是她对这些理念接受得很快。她发现很多塔拉身上她不能接受的行为其实都是孩子正常发展的一部分，小组里其他孩子也会表现出来，这让她感到放松了很多。

涵容妈妈

在每一次的小组中，我的助手和我都会轮流负责与塔拉妈妈交流及与塔拉玩的工作。我们希望她们感到自己是受欢迎的，这可以加强她们跟我们的关系，使塔拉妈妈能够更经常地来参加小组。这是一个困难的任务：每次问她们过得怎样时，这位妈妈总会说事情还是老样子，她总是在挣扎。我们感到我们需要涵容她的痛苦和她对女儿的冲突的感受（Winnicott, 1988）。我们常常对此感到非常担忧。但是，我们相信，如果她能在小组中感到自己是被需要和被接纳的，将更容易接受我们的帮助。

随着塔拉越来越能够提出自己的要求，表现出她的自主性，她妈妈也越发感到抑郁和"可怕"。她对处理和女儿关系中的权力冲突感到很挣扎。她说她想要远离塔拉，希望有自己的时间。她说塔拉"非常自私和懒惰"。我告诉塔拉妈妈，我理解对她而言照顾塔拉的需要是非常困难的，因为她也有自己的需要，也想要被照顾。她沉默地点头。我说："塔拉不高兴，因为她妈妈不高兴。"我告诉她我知道她想要做一个好妈妈，但是她很难在塔拉有情绪的时候给她提供解释，特别是她自己也处在抑郁中，她可能也需要有人给她一个解释，告诉她为什么她的生活这么艰难。

承认塔拉妈妈也有自己的需要，看到她希望能够给孩子提供最好的，这让她感到自己是被理解的而不是被批评的。这似乎产生了一些治疗性效果，我们开始观察到妈妈能够对孩子微笑并跟孩子玩了。我们认为，这是因为妈妈觉得被我们接纳和理解了，因此她也开始能够接纳和享受与塔拉的亲密。不过，我们也注意到她们的游戏经常既充满爱意，又很粗暴。

涵容塔拉

我们努力使塔拉妈妈能够休息放松一会儿，并试图更多地和塔拉交流，我们希望可以创造出一个空间，使她们之间的张力能够得到释放。和塔拉建立联结很困难，因为她几乎不和我们有目光接触，对于我们想要跟她一起玩的尝试，她很少给出回应。她漫无目的地在玩具中移动，拿起这个，扔下那个，或者突然移动到另一边。我们试图加入她，但这种尝试往往以她的尖叫、吐口水或者大发脾气结束。我们在小组结束后花了大量的时间来思考怎样更有效地干预。

塔拉的健康和活力提示我们，她很享受和人们一起待在小组的空间里。不过她经常制造麻烦，抢其他孩子的玩具或者打他们。她的妈妈在塔拉出现问题之后试图干预，但是她只会一味地骂塔拉。这时，我们试图将塔拉的行为正常化，将其视为"学步儿的挣扎"。但妈妈对塔拉的态度仍然是批判和拒绝的。

> 今天，妈妈对塔拉不感兴趣且具有攻击性。"她太可怕了，"她当着塔拉的面跟我说，塔拉听到后变得很沮丧。她的游戏变得很粗暴，并经常大叫。过了一会儿，她从椅子上摔了下来，重重撞到了头，但是几乎没有哭。看到塔拉妈妈没有能力回应和安抚她，我感到很心痛。（塔拉14个月）

我们试图帮助塔拉妈妈跟塔拉沟通。我们能够看到塔拉是一个聪明的孩子，她需要被当成一个有独立想法的个体来对待。我们告诉塔拉的妈妈，塔拉需要妈妈向她解释一些事情，需要妈妈将她的感受进行言语化，这样她会觉得更可控（Katan, 1961）。

> 在小组结束的时候，塔拉妈妈走近塔拉并尝试给她穿上外套。塔拉的反应很粗暴，直接跑开了。妈妈变得很沮丧，试图逼迫塔拉把外套穿上。这个互动的结果是，塔拉大哭，而妈妈非常生气。我对她说，当塔拉很享受做某件事的时候，是很难面对结束的，也许妈妈可以在结束前几分钟给她一个提示，告诉她小组活动还有几分钟就要结束了，她们将会离开。（塔拉16个月）

塔拉还是很难面对结束，但是我们会平静地跟她谈要离开的这件事，让她提早做好准备，后来她能够更好地处理这件事了。

由于我们一直很担心塔拉，我有时会建议她的妈妈来接受个体咨询。她接受了邀请但是从未来过，她每次都会跟我们说她睡过了或忘记了约定。对她个人的关注似乎是她难以承受的，因为这会让她觉得自己在当妈妈这件事情上做得不好。

成为小组的一部分

在持续一年断断续续的出席之后，塔拉（18个月）和她妈妈开始规律性地隔周参加一次小组。塔拉的妈妈开始使用伪造的证件打工。有一次她带来了一张她们两人的照片，是专业工作室拍的。可能她想要向我们展示她对女儿是有积极的感受的，她们是一家人，她们之间不是只有她总是在表达的那些负面感受。

塔拉的妈妈开始对另一个年轻的单身妈妈表现出友好的一面，那个单身妈妈有一个和塔拉同龄的女儿。她们会一起离开小组，谈论一周里自己都做了什么。我们积极地支持这段关系的发展。当两个小女孩开始经常一起玩以后，塔拉的妈妈也开始有规律地带塔拉来参加小组了。她们似乎对小组发展出了一种归属感,这使得我们可以跟她们展开更深入的工作。

一段更开心的关系

塔拉的妈妈不论在一个人的时候还是在和其他小组成员在一起的时候都显得更自在了。她和塔拉在画案上一起画画。塔拉玩着涂料,而妈妈则画着自己的画。这给人一种陪伴的感觉,她们虽然各自玩各自的,但是能够享受在一起的时光。妈妈的画显示出她有相当不错的艺术天分。小组似乎为塔拉妈妈的内在孩子那个部分提供了一个空间,使得她能够表达她的婴儿式需要——"画一幅自己的画",而同时塔拉也可以在这里表达她自己的需要。妈妈能够从和女儿在一起的时光里获得快乐。我们表扬了她,指出塔拉现在能够更镇静,也更容易安定下来。

对塔拉的思考

塔拉的妈妈和塔拉在一起能够感到更开心了,她也能更共情地看待塔拉。她跟我们说:"她很粗暴,我担心她欺负别人,别人无法理解她。"我们会去思考,这里面有多少是对塔拉行为的准确描述,有多少是妈妈把自己的感受和经历投射到塔拉身上的结果。我跟塔拉的妈妈说,或许她担心当塔拉对我们"粗暴"的时候,我们会无法理解她,或者会不喜欢她们。

我们让塔拉的妈妈看到,她付出了努力去和塔拉建立联结,而这些努力确实帮助了塔拉,让她得到了发展。当被好好地对待时,塔拉的回应是很得体的。在和她们两个人接触的过程中,我们也一直在示范这一点。一个男同事和我决定每周单独给塔拉一些关注。塔拉很喜欢这样,并且能够回应这位男同事的关注。

在一次咨询中,塔拉妈妈非常生塔拉的气,因为尽管她问了塔拉要不要上厕所,塔拉还是尿裤子了。妈妈没有备用的裤子。

她说:"她这么做是故意给我添麻烦。"她打算马上离开,带塔拉回家,作为对她的惩罚。她们要走的时候,我的同事进行了干预。他对塔拉妈妈说:"让我们一起来思考一下这件事,请不要现在走。"他解释说,在进行如厕训练的时候,是会发生这样的意外的。我们借给了她一些短裤,她们留了下来。塔拉很开心地回到了游戏中。妈妈和孩子两人看上去都松了一口气。(塔拉19个月)

和塔拉一样,她的妈妈能够很好地回应我们给出的解释,这些解释帮助她理解事情是怎么发生的、为什么会发生。她对塔拉的恨意变少了,相应地,塔拉也变得更平静。她们两人之间的张力逐渐变小了。尽管塔拉依然精力充沛、行动笨拙,她和妈妈更少地处在持续的争斗中了。

接着,我们尝试在养育孩子和维持自尊方面给塔拉妈妈更多的支持。通常,塔拉来到小组后会跑过来拥抱我的同事和我。塔拉的妈妈似乎能够接纳塔拉对我们表现出爱意,但是我们担心她也许会觉得嫉妒或被拒绝。我们和塔拉妈妈强调,对于塔拉来说,她才是最重要的人,塔拉更喜欢跟妈妈玩。塔拉妈妈的自尊很低,以至于她不相信这一点。她觉得如果她试图跟塔拉一起玩,塔拉就会拒绝她。我们希望能够创造一个空间,让塔拉妈妈更多地谈论自己和自己的感受,这样她也能在心里留出更多的空间去思考塔拉及她们的关系。

抑郁和愤怒

因为复活节,小组中断了很长一段时间。当再次回到小组的时候,塔拉妈妈显得安静、抑郁和生气。她指责塔拉,说她在假期中一直很淘气和自私。她觉得塔拉的需求压得她喘不上气,而塔拉也变得更加黏人和有攻击性。塔拉的妈妈觉得孤单和失望。一个恶性循环建立了起来:妈妈将她的愤怒和抑郁投射到女儿身上，而我们则是不能容纳她们的，是碎片化的。塔拉在玩游戏的时候表现得很激动。我们能够看到，她觉得妈妈没能支持她，同时她也难以处理从妈妈那里收到的投射。

塔拉妈妈跟我说，她很担心塔拉的攻击性和吐口水行为。她说："她现在很糟糕，我觉得我难以跟她待在一起。我能看到她的需要，但我不知道怎么做。这几周一直很难。"（塔拉20个月）

我们认为塔拉和她妈妈都对小组的中断有很强的反应，她们会有被我们抛弃的感觉，由此产生的愤怒以及她们自身的需求让她们不堪重负。妈妈对孩子有伤人的、攻击性的评论。塔拉则用攻击其他孩子和碎片化的游戏来回应妈妈。我们试图帮助她们将这些感受言语化，希望能够让她们更少地通过游戏或关系表达这些情绪。

塔拉从另一个小女孩那里抢走了一个玩具。我跟她说："我觉得你很生气，因为我们中断了这么长时间。你一定很想念小组。你发现很难跟其他孩子分享这些感受，因为你忘记了在这里玩具是要分享的。"她朝我吐口水。我用一种和善但是坚定的语气跟她说："我们这里不可以吐口水。"（塔拉20个月）

由于塔拉只能通过吐口水的方式表达她的愤怒，所以我们一边努力理解她的情绪，一边给她的行为设置边界。我们也和塔拉妈妈沟通，讨论她在中断时对小组的想念和愤怒，以及把愤怒转移到塔拉身上的过程。她们的常规出席使我们能够更有效地为她们提供情绪上的涵容，同时设置合理的限制。

进步和退行的行为

对塔拉身上的婴儿式需要和退行行为的识别可以帮助塔拉妈妈接纳它们,将其视为正常发展的一部分,这使妈妈能够更有灵活性、更能宽容塔拉,而不是像她之前的做法那样,很有攻击性地回应塔拉。这也使塔拉能够退行和再次像个婴儿那样玩耍。

> 塔拉试图爬进一个婴儿摇椅里。我说:"你想要玩扮演婴儿的游戏吗?"她回答:"是的。"她扣上了安全带并开始摇晃自己。我说:"当个婴儿真好,感觉很好。长大,长成一个大女孩会有很多困难。"她继续摇晃自己。我叫来了塔拉妈妈,跟她说:"你看见了吗?塔拉想当你的宝宝。"妈妈笑了。(塔拉2岁)

我会告诉塔拉妈妈,孩子都有想要变成婴儿的愿望。我说:"这是人类的一种需求。即使你长大了,你还是想要确定你仍然是妈妈的孩子。"塔拉妈妈扮了一个鬼脸,忽略了我的话。后来,还是在那一次小组咨询里,她找到了我,那时我在厨房洗咖啡杯。厨房里只有我们两人。她跟我说,她的妈妈在她出生的时候就抛弃了她,却带走了她的双胞胎姐妹抚养。在她12岁的时候,她第一次见到了妈妈。塔拉妈妈用了几乎两年时间才把这段经历告诉我。我感到非常同情她。这让我能够更好地理解她的困境,也更能够珍视她的努力。

我们进行了详谈,我告诉塔拉妈妈,我知道对于她来说,自己不曾被妈妈照顾过,现在要做塔拉的妈妈会有多困难(Martinez del Solar, 2003)。我们谈到了塔拉想要做一个婴儿的需要,我建议塔拉妈妈,如果她能够接纳塔拉的这种婴儿式需要,那么塔拉会觉得长大没有那么难。我说:"为了能够成长,你首先需要当个婴儿。"

加入小组两年以后，塔拉妈妈和塔拉参加小组的频率更稳定了。当她们不能来的时候，塔拉妈妈会给我打电话或者发短信。她知道她在小组中是一个有价值的妈妈，并为此感到自豪。作为出席时间最长的成员，她在小组中有一席之地。尽管仍然有困难，但塔拉不再扰乱小组。她能够和妈妈一起玩耍，度过一段不错的时光。尽管我知道她们仍需要帮助，但我不再那么担心她们了。我能够看到在她们的关系中有一种力量在萌芽，虽然还很微小和脆弱。正是这种力量让她们生存至今。

后记

在塔拉3岁的时候，她开始上幼儿园，于是她和妈妈停止了参加小组。我们跟她们保持接触，有时她们会在幼儿园放假的时候或者节假日来拜访小组。塔拉5岁的时候，她们带来了一个生日蛋糕和我们一起庆祝。她们很自信自己在我们这里是受欢迎的。塔拉妈妈仍然患有抑郁，觉得事情很困难，但是塔拉在学校表现得很好。塔拉妈妈偶尔会一个人顺道拜访小组，她会一个人坐着画画。

如今的小组

如今，小组已经运行了6年。小组中约有20个家庭（一些规律地出席，一些不规律地出席）。平均每周来参加的有15～17组人。

这些年来，小组的性质发生了一些变化，因为我们从分娩中心、成人心理健康和社会服务机构等接待了更多转介来的家庭。绝大多数的父母患有严重的精神疾病。我们成立了一个专门的小组，来处理父母—儿童关系中的一些重大困难。我们有了一个等待列表，不再需要在社区里做广告了。这个小组一开始由儿童服务中心单独管理，现在由成人和儿童心理健康服务中心共同管理。

2007年,我们获得了当地的"卓越临床管理高度推荐"奖。目前其他区的儿童中心也在考虑复制和推广这个项目。

第 11 章

促进有特殊需要的学步儿和父母的整合：圣彼得堡[13]的父母—学步儿小组

Valentina Ivanova & Nina Vasilyeva

本章将介绍圣彼得堡10多年来的学步儿小组经验。被这些小组所接纳的家庭是有风险的，母亲和学步儿都显示出该发展阶段中的常见问题：学步儿（由于唐氏综合征、脑瘫、听力损伤等）有特殊的需要，或者母亲是孤儿院长大的（这些年轻女性很小就和父母分离，在慈善机构中长大，丧失了和亲生父母之间的安全、满意关系）。虽然小组中的个体参与者有其特殊需要和脆弱的地方，但小组聚焦于那些将他们带到一起的共同点——典型的学步儿期问题以及父母—学步儿关系——而不是他们的差异。

---

[13] 我们感谢萝丝·埃奇库姆、卡洛琳·麦克盖芬（埃森高）[Caroline McGaffin (Essenhigh)]、尼基·莫德尔、帕特·雷德福德、詹马·洛克（Gemma Rocco）、珍妮·戴维德斯（Jenny Davids）和特莎·巴拉顿以及其他在安娜·弗洛伊德中心的专家给我们的培训、督导、组织和情感支持。

历史背景

首个俄罗斯父母—学步儿小组始于1997年4月,是由圣彼得堡儿童分析协会的几位成员组织的。促进学步儿情绪发展的想法,源于安娜·弗洛伊德中心的儿童心理治疗师们在圣彼得堡举行的一系列研讨会。我们开始创建精神分析式的学步儿小组,以执行精神分析原则,那时在俄罗斯,精神分析还尚未应用于这个领域。当时,南希·布雷纳女士是安娜·弗洛伊德中心父母—学步儿小组的领导者,她为我们提供持续的督导和组织上的支持。圣彼得堡的学步儿小组又将相似的服务拓展到俄罗斯的其他地方。如今,圣彼得堡有三个学步儿小组,沃罗涅日有三个,莫斯科有一个,这些小组都是在我们的帮助下建立起来的。

建立第一个父母—学步儿小组的圣彼得堡的专家们,他们所供职的中心也在推行为有特殊需要的儿童提供早期干预的项目(Muhamedrahimov, 1995, 1997),包括推动他们融入日常生活(Pastorova, 2002)[14]。这种针对有特殊需要的儿童的革命性(干预)方法,塑造了我们的学步儿小组,并在最广泛的意义上完成了整合——参与小组的儿童因为有特殊需要,之前都被藏在慈善机构里,而参与小组的母亲们也是在慈善机构中长大的,她们所获得的养育是匮乏的。这些母亲现在参加的项目,旨在支持她们的养育(Zamaldinova, 2000)。学步儿小组向所有显示出该发展阶段典型问题的学步儿开放,小组聚焦于他们的共同问题,并为亲子关系提供支持。

一开始,学步儿小组所提供的早期干预形式与俄罗斯对年幼儿童及其家庭提供的干预很不一样。精神分析强调对关系的理解,这在儿童的发

---

[14] 圣彼得堡早期干预机构和整合性教育中心。

展过程中是关键的背景，而和当时盛行的观点不同，当时更偏好使用药物，以及在早期发展阶段施行积极的教育启发。这样的观点现今在俄罗斯仍然存在，父母依然倾向于去咨询医生，通常是神经科专家，寻求药物的帮助来解决早期困境，例如如厕训练、发脾气、焦虑和攻击性行为、睡眠问题和喂养困难等。促进早期智力开发的热潮也仍未退去。

创造心理治疗的空间

学步儿小组可被视为精神分析取向的小组，有助于建立信任并促进儿童各方面的早期发展（Zaphiriou Woods, 2000）。学步儿小组具有心理治疗特征，包括有限的参与者（4～8对亲子）、定期参加、固定的时间和地点，以及训练有素的专业人士。学步儿小组的领导者会遵循小组治疗的传统原则，包括非评判性态度、接纳、共情、乐于交谈和讨论，以及尽力同等地关注小组中的所有成员（Rudestam, 1982）。我们也会主动介绍关于学步儿社会情绪发展的相关知识。例如，我们会谈到儿童如何通过游戏或行为来表达他们的体验，为什么和孩子交流感受很重要，学步儿既渴望亲近又需要独立的冲突心理等。在一节治疗中——通常是茶歇的时候——我们会针对父母可能感兴趣或感到重要的话题进行小组讨论。经常讨论的话题包括：如厕训练大战，在不打骂或不威胁的情况下建立严格边界的难题，断奶困难（2.5～3岁还在吃母乳的情况不在少数）等。妈妈们有机会分享她们的疑虑和担忧，了解不同的看法并澄清她们的想法。由于讨论时孩子也在旁边，所以很重要的一点是，领导者要同时关照妈妈和孩子，并尽力考虑到所有成员的感受。

学步儿小组是小组治疗的一个变形，因而也有很多独特的特征。小组中没有了促进大家持续讨论的"传统大圈"，而可能有多个讨论，以及孩子大人都在的互动式子小组，也可能有针对部分妈妈的个体化迷你咨询。

对小组领导者来说，很重要的是，要一直留心整个小组的体验及其文化和历史。

从孤儿院出来的妈妈

从孤儿院出来的人是很难打交道的，因为他们很难去寻求和接受帮助（Radina, 2004）。由于被父母抛弃，或者因为父母酗酒或疏于照管而被带离父母身旁的儿童，会进入孤儿院。到了18岁，他们开始独立生活，住过孤儿院成了过去的经历。这些年轻人通常会有创伤后障碍、低自尊、社交能力差、未被良好教育并只能获得最低额度的国家经济资助（Dementyeva, 1992; Radina, 2004）。即使意识到自己需要帮助，他们的社交隔离以及规定他们要永久被国家监护和控制的体制，使得他们要真正获得帮助非常困难。他们缺乏经济资源来支付传统的心理治疗。最重要的是，他们经常将帮助视为另一种令人痛苦的对内心世界的侵入。在孤儿院里，他们的内心反复遭到侵入，现在他们极度想要保护它。结果是，从孤儿院出来的人，如果建立了自己的家庭，会有很大的风险重复自己与父母的创伤性关系或他们在孤儿院的经历。另一个常出现的结果是，他们拒绝父母的角色，把孩子送到孤儿院——那个他们自己成长的地方（Radina, 2004; Zamaldinova, 2000）。

由于存在上述难题，一些人在圣彼得堡创建并发起了一个项目，旨在帮助从孤儿院出来的人（Zamaldinova, 2000）。这个项目让其中已经成为妈妈的人和孩子一起参加学步儿小组。一部分人能很快在小组中安定下来，与其他妈妈建立关系，并对孩子敏感地回应。但经常是，我们很难让他们参与进来。有一些人无法继续参与小组，除非我们尽最大努力。

在最初邀请这些妈妈参加学步儿小组时，我们就经常面临困难。通常我们会打电话给妈妈，介绍小组的情况，并安排一次初步会谈，但这常常不足以让她们参加。如果她们同意参加，她们会显得很不安、非常冷淡。她们很少和孩子玩和交流。举一个20岁的妈妈和她2.5岁的儿子米沙的例子[15]。

> 在最初的电话中,米沙的妈妈没有表现出任何想要参加学步儿小组的兴趣,但是同意其中一个小组领导者去她家,这样她的儿子就能"被专家看过"。妈妈看起来抑郁和退缩,而米沙看起来是没有被好好照管的,早熟般地独立,异乎寻常地留心妈妈。妈妈担心米沙言语发展延迟。家访之后,我们想到了接触这对母子并和他们一起工作的方法。获得她的允许后,我们给米沙安排了一位语言治疗师,并提出和他们一同去。她接受了。语言治疗师推荐米沙参加学步儿小组,提出能和其他儿童交流会对米沙有好处。
>
> 在这次家访之后,我们注意到米沙妈妈的退缩状态,我们建议陪同她和米沙一起参加第一次的小组会谈。我们也注意到这个妈妈可能会把我们的主动感知为是迫害性和控制性的,但是我们保持了一种开放、关注和不侵入的态度(例如,我们不要求她对我们说的话有言语反应),因此,我们还是能够和她保持联系。
>
> 在这个小组里,她和别人明显不同。她一直用同一个姿势坐在同一个地方,不和任何人交谈,也不和自己的儿子交谈,仿佛她在试图让自己变隐形。我们看着那个开心的学步儿跑向妈妈,试图分享自己的喜悦,但是没有得到任何反应,对我们来说,目睹这一切是特别痛苦的。我们试图在和这个妈妈的关系中

---

[15] 米沙和妈妈参加了由V. 伊凡诺娃(V. Ivanova)和A. 帕特洛娃(A. Pastorova)带领的父母—学步儿小组。

找到亲近和安全的平衡。我们的指导原则是，同等关注小组里面的所有成员，这样每个人都可以决定她要参与的程度。我们时不时会直接提到米沙的妈妈，问她感觉如何并引导她去注意儿子爱她的一些信号。米沙一直表现出高觉察性，并且很关心他的妈妈，在母亲抑郁或母亲对孩子的需要不够敏感的家庭，孩子常常会有这样的表现（Crittenden & DiLalla, 1988; Pleshkova, Muhamedrahimov, & Crittenden, 2008; Radke-Yarrow, Cummings, Kuczynski, & Chapman, 1985）。例如，我们注意到米沙会中断游戏，接近妈妈然后一直等待，直到妈妈用一个注视或点头来回应，然后米沙才会继续自己的活动。在玩玩具或在和其他孩子的互动中受挫时，他并不会去找妈妈，而是会表现出一点痛苦或攻击，然后选择放弃而不是捍卫自己。

在学步儿小组会面后，小组领导者们会定期会面讨论小组的情况，以及被米沙妈妈激起的一系列情绪。这种安排让我们可以应对我们强烈的反移情，而不用把它们见诸行动，例如，和米沙妈妈竞争谁会是米沙更好的母亲。米沙和他的妈妈能够常规地出席小组，并且在米沙生病康复后能够回归小组，对此我们感到鼓舞。这显示小组治疗对于米沙的妈妈来说是重要的、有价值的，即使她从来没有直接告诉我们这点。

一开始，其他妈妈因为试图邀请米沙妈妈参与进小组失败而感到气馁。但在她们发现了彼此的共通点，以及找到和米沙妈妈沟通的方式之后，她们的态度发生了改变。她们会问候米沙的健康情况，并且分享她们是如何处理孩子生病的情况的。即使米沙妈妈表现得疏离，这些妈妈仍然友善且有耐心。也许我们以敏感、尊重的态度细心地坚持寻找联结米沙妈妈的方式，也成了这些妈妈的榜样。即使米沙妈妈在和小组其他人相处时仍然是有所保留以及退缩的,但她和米沙建立起了更强的关系,学会了怎么和他沟通。

在学步儿小组的空间里有特殊需要的儿童

对于有特殊需要的儿童,分离-个体化的过程会不可避免地更加复杂(Sinason, 1992;另见第7章)。母亲经常体会到内疚、羞耻和悲伤的复杂混合感受,这会影响她与孩子的关系、儿童的主观经验以及儿童的成长环境。在某些情况下,母亲对有特殊需求的孩子的焦虑变得如此难以忍受,以致家庭关系恶化,直到儿童被机构接管。父母经常会在随后继续访问留在机构内的孩子,从而维持关系。

鉴于俄罗斯的传统是由机构接管有特殊需要的儿童,所以首先需要有态度上的重大变化,才能扭转这种趋势。20世纪90年代末,尊重有特殊需要的儿童和成人的工作开始开展,旨在鼓励家庭将残疾儿童纳入家庭、融入社会。作为这项工作的结果,俄罗斯人民变得更加宽容,现在也可以在娱乐中心或休闲度假胜地等公共场合看到有特殊需要的儿童和成年人了。俄罗斯家庭开始领养有特殊需要的儿童,这在5年前是闻所未闻的。有特殊需要的儿童的父母变得更加主动,在提供社会支持的组织中团结起来。当他们的孩子处于学步儿期时,他们更有可能加入一个综合的儿童小组而不是一个专门的小组。尽管有这些非常积极的变化,但生下一个有特殊需要的孩子对任何一个家庭而言都是巨大的挑战,每个家庭都以自己的方式来应对,如同有唐氏综合征的奥珈所呈现的那样[16]。

在奥珈父亲的坚持下,奥珈在出生后不久就被安置在了婴儿之家。在两年的时间里,奥珈的母亲会定期拜访她,在那段

---

[16] 奥珈和妈妈参加了由 V. 伊凡诺娃和 A. 帕特洛娃带领的父母—学步儿小组。

时间里，她向一位顾问咨询女儿的发展情况，以便对女儿有更好的了解。母亲想要在她的离婚案定了并且安排好住房后就把奥珈接回家，但她也对这一决定感到忧虑。顾问建议她可以在婴儿之家以外的一个每周一次的父母—学步儿小组中和奥珈见面，在那里她们可以更好地了解对方。当奥珈2.5岁时，她们加入了小组。

在小组里，奥珈与她的母亲有时候会各自分开，但在其他时候她们会有较多的互动。母亲与小组领导者分享了她日常生活中的快乐与悲伤时刻，并与奥珈和小组的其他成员交谈。她与一位母亲成了朋友，这位朋友支持她把奥珈带回家的决定。奥珈花了一些时间才适应小组，随后她喜欢上了玩沙子和水，并且喜欢观察其他孩子玩耍。

对这位母亲而言，前往学步儿小组和从小组返回的旅途，以及小组本身都具有过渡性空间的功能，使她能够做出把自己的孩子带回家的决定。我们未曾试着去引导她做出任何特定的决定。但我们接纳的态度很可能促进了她们母女关系的修复。在这一过程中，感受到小组其他参与者对她们母女的接纳也具有同等重要的意义。这一切在让奥珈的母亲感到自己是有能力养育孩子的同时，也让她眼中的奥珈不再仅仅是一个好管教的孩子，还是一个可以被接受的、讨人喜欢的孩子。

下面这个片段描述了我们和患有脑瘫的3岁男孩科斯蒂亚及他母亲所做的工作[17]。

---

[17] 科斯蒂亚和妈妈参加了由 V. 伊凡诺娃和 A. 帕特洛娃带领的父母—学步儿小组。

科斯蒂亚几乎没和发展正常的同龄人一起相处过。对他而言，走路以及控制那些不自主的躯体运动是非常困难的。科斯蒂亚的这些问题行为可以很轻易地惹恼他那位曾在儿童期遭受过虐待的母亲，让她做出惩罚性的回应。康复措施原本是为了抵消脑瘫对这个孩子的影响，现在变成了一个充斥着再度活现的战场。母亲想要尝试教会科斯蒂亚如何掌控不同的运动，但最终往往都会恶化成一次又一次的严苛训练。

在小组中，痛苦的感受是时常被讨论的话题。母亲们会谈论在粗暴地对待自己的孩子后，所体验到的那些羞耻与愧疚的感觉。她们承认自己在巨大的压力面前丧失了自我控制，也提到获得一些支持的重要性，这让她们能够不再以严厉的方式对待自己的孩子。

小组的领导者往往肩负着调节儿童互动的职责。他们要反映孩子的感受，帮助父母设立界限，并提供一些信息，帮助他们了解其他孩子的体验。科斯蒂亚迫切地想要和其他孩子交流，但这种沟通带来的兴奋感会增加他无序的躯体运动，并吓到其他学步儿。我们向科斯蒂亚和其他孩子做出了解释，告诉他们科斯蒂亚是在通过这些难以被他控制的运动来表达他的感受。

结　论

有特殊需求的儿童和父母的存在，会制造一些额外的张力。这种情况在父母—学步儿小组形成的初期表现得尤为明显。和有特殊需求的孩子接触时，小组其他成员的焦虑感、恐惧感、未被处理的丧失与创伤可能会被重新激活。在小组中体验这些被激活的感受是如何被容纳、被处理与被调节的，为建立更为信任的关系奠定了基础。同时，这也可能成为容纳学步儿期所特有的矛盾性的基础。

第 12 章

整合、分享与分离：介绍希腊的学步儿、学步儿小组的概念

Evanthia Navridi

我在伦敦的安娜·弗洛伊德中心了解了学步儿小组的概念。其学步儿小组的普及度，以及他们对幼儿发展的贡献和对家庭的关心支持逐渐令我产生在希腊开展类似项目的想法。挑战是将安娜·弗洛伊德中心的方法调整到另一种社会和文化当中。

希腊的学步儿小组项目于2004年开始，由雅典的一家社区心理健康中心承办。它在开始的时候是一个非官方的尝试，并且我们做了必要的调整来适应希腊当地社区的需要。从那时起，它就成为中心服务的组成部分了。

为了引进这个新奇的项目，有必要对文化脉络进行一些思考。首先，人们对心理卫生服务有强烈的偏见，认为它们专门用于治疗精神病理问题。因此，针对"正常"儿童的服务必须从中区分出来，并且这种先入为主的观念需要被质疑，这样才能吸引感兴趣的人士。

另一个考量是，基于希腊家庭的延伸性，他们是否需要学步儿小组的支持。在希腊，亲属会参与家庭生活，父母子女与祖父母、姨妈们和叔叔们联系紧密，他们往往共同存在于家庭核心中。这些"第三方"常常在儿童的成长中发挥决定性作用，在最初的困难岁月中贡献自己的智慧和经验。

也许最大的障碍是希腊语中没有"学步儿"这个词语,甚至专业词汇里也没有:所有1—5岁的儿童被统称为"学龄前"。学步儿这个词的不存在强调了希腊文化中缺乏一个等同的概念,从而缺乏对这一特定发展阶段及其具体发展任务、行为和里程碑的重要性的认识,缺乏对该阶段儿童与父母关系的至关重要性的认识。

考虑到上述因素,很明显,我们需要做一些基础的预备工作才能开展学步儿小组。我们的目标是向父母和专业人士展示学步儿阶段的独特性,同时对抗偏见,使正常儿童能够参与心理卫生进程。

我们运作学步儿小组的第一个中心是一家位于雅典的,传统上由中低收入家庭构成的地区性社区心理健康中心。该中心在初级干预、预防和家庭支持计划方面有丰富的经验,其专业人士[18]对学步儿小组这一理念也表示支持,因此它成为我们项目的理想选择。

学步儿小组项目的实施

一开始,我们向科学界以及当地社区传授学步儿的发展阶段、学步儿小组的功能。

面向科学界的通报分两个阶段进行,其中包括心理健康专家以及参与儿童成长、发展和教育的专业人士:教师、儿童看护者和儿科医生。我们首先在社区心理健康中心举行的会议上,或是在他们自己的工作场所中面对面地告知他们,并呈现和讨论了这个计划。之后,我们组织了一次

---

[18] 如果没有中心的科学人员,尤其是儿童和青少年部主任迪米特雷斯·阿娜格罗斯托坡洛斯(Dimitris Anagnostopoulos)以及埃莱尼·拉扎拉图(Eleni Lazaratou)、艾芬·雷伊乌-列格诺斯(Effie Layious-Lignos)、阿格利基·克里斯托杜卢(Aggeliki Christodoulou)、茱莉亚·帕帕达奇(Julia Papadaki)和帕夫利娜·拉斯卡拉图(Pavlina Lascaratou)的支持,这个学步儿小组不可能实现。

题为"童年早期的心理与情感发展"的研讨会，介绍了学龄前儿童的特性和特点，重点则放在了学步儿期。我们的主要发言人玛丽·扎菲里乌·伍兹受邀介绍伦敦安娜·弗洛伊德中心运营的学步儿小组项目。研讨会吸引了受众相当大的兴趣：约有300名精神卫生专业人员出席了会议，包括心理学家、精神科医师、社会工作者以及心理学和教育学的学生。

下一阶段是向当地社区通报该计划即将开始运作。制作印刷材料并分发给当地居民、个体和专业人员、私宅、精神卫生中心和托儿所。传单信息包括：项目及其目标介绍，涉及的目标群体，以及对学步儿发展阶段的简短描述。我们还散发了一份问卷[19]，旨在提高对学步儿的典型问题及其对父母的影响的认识。最后，我们在所有托儿所和育儿中心都张贴了海报，并在当地的报纸上发表。

希腊家庭对这样一个项目的需求很快就变得明显起来。在第一年，转介来自当地的儿科医生，或者来自由于其他原因转介至中心的学步儿。在第二年，我们开始收到专门面向学步儿小组的转介。

在最初试点的那一年，我们觉得不能要求父母承诺一年的时间。相反，我们要求只需要承诺为期6周的一系列见会面，随后可以在此基础上延长。这种灵活性没有带来好处，加剧而不是减轻了父母的焦虑。因此，从第二年起，我们要求参与的先决条件是一年的承诺。

希腊模式的描述

我们的理论方法是对孩子情感发展的精神分析式概念化与理解，他们与父母的关系以及小组的动力。从技术上讲，我们遵循安娜·弗洛伊

---

[19] 问题包括："你的孩子容易去睡觉吗？""你是否觉得进餐是一个困难、耗时的过程？""你的孩子是否黏你并且难以跟你分离？""你的孩子会闹脾气吗？"等等。

德中心的方法,认为学步儿小组介于治疗与教育之间的地带(Zaphiriou Woods,2005)[20]。

小组的干预方式多种多样,落实在多个层次上。第一个层次是与儿童的工作,重点关注学步儿议题,如处理攻击性、加强边界、帮助他们学习分享。第二个层次是与父母的工作,鼓励他们彼此学习、交流、分享担忧和经验。同时,帮助他们找到处理困难情境的其他方式,并且发现与孩子在一起交流及活动时的快乐。第三个层次的干预重点是儿童与父母的关系。我们代表孩子对他们的父母讲话,试图沟通和表达对于父母而言困难的或者对于儿童而言无法语言化的想法和感受。最后,我们尝试将小组中的外部现实(即小组中发生了什么)和成员的内在现实(即他们可能在行动中表现出来的感受和担忧)做联结,比如,对新成员的嫉妒和同胞竞争导致他们很难玩到一起。

设置:为小组创造出一个空间

分配给学步儿小组项目的大房间在一周的其他时间里也供别的小组使用,而且是存放旧家具的房间。为了开展我们的小组,我们不得不每周重新布置房间,把家具推到墙边,以便在中间创造空间。经过一年时间,我们逐渐处理了多余的家具,所以在四年之后,剩下的就只有几个沙发,并且已经成为这个设置的组成部分了。现在,不使用时,我们的其他设备可以安全地存放在另一个单独的房间里。

尽管面临这些最初的困难,我们仍设法创造出了一个安全、稳定、温暖的环境,以适合学步儿和他们的父母。每次会面之前和之后,我们都会

---

[20] 伦敦的安娜·弗洛伊德中心支持并帮助希腊学步儿小组项目的发展,玛丽·扎菲里乌·伍兹在实践的早期阶段扮演了重要角色,她支持并督导了整个程序。

清洁、整理房间。小组接纳1—3.5岁、没有精神病理学诊断的儿童，通常由五六个儿童及他们的父母组成。这个小组由两名心理学家带领，他们每周接受一次精神分析取向的督导[21]。该小组每周会面90分钟。它的活动时间是下午，那时候大部分父母都下班了。

学步儿大多是由母亲带来的，但也有一些父亲加入。在某些情况下，父亲会定期代替母亲前来。还有一些情况是，父母两人作为一个家庭参加，带来不止一个孩子。我们要求父母至少参加一个学年，直到他们的孩子3.5岁。离开小组的时间恰好与暑假以及学年结束相一致。

学步儿小组中的整合、分享与分离

在学步儿期，儿童寻求分离和自主，同时继续依赖母亲。由于学步儿在潜意识里希望与母亲融为一体，但也同时害怕自己被她吞噬而失去自我（Mahler et al., 1975），因此这一分离－个体化的过程会产生相当大的焦虑。相应地，因为母亲依赖自己的孩子，也因为她与自己的内在孩子的关系[22]、内在母女的关系（Navridi, 2007），所以她也会深深地卷入一个相似的过程中。

在这个关键的发展阶段，学步儿小组的目标是为学步儿、他们的父母以及亲子关系提供支持。但是，就其本质而言，一个小组会在其成员之间引发一定程度的矛盾情绪。正如福克斯（Foulkes, 1948）所指出的那样，个体或多或少地会在潜意识里担心这个小组会剥夺他们的个体性。因此，它

---

[21] 学步儿小组的精神分析督导是艾芬·雷伊乌-列格诺斯，她是儿童青少年的精神分析性治疗师。她丰富的临床经验在我们实施学步儿小组计划中做出了巨大贡献。

[22] 内部孩子代表了内部客体。根据精神分析文献，内部客体包括被内摄的外部客体的情感表征。内部客体是无意识情感意象，通过幻想而变得明显，我们把这些幻想当成"真的"一样去反应（Rycroft, 1968）。

代表了某种危险，其强烈程度几乎和迫切渴望得到的支持与承诺相同。这是不可避免的，因为这个小组变成了一个有机体，它的存在超过了构成它的个体的存在。因此，亲子关系中依恋与分离之间冲突的回响，以及许多的小组互动和事件可以被看作是应对这种矛盾情绪所引起的焦虑的尝试，这将在下文中详述。

分享的过程会在学步儿小组中清楚地显现出来。我们分享空间、玩具和零食，以及我们的思想、担忧和感受。此外，参与者——包括父母和儿童——不仅要分享这个小组的物质对象，还要分享治疗师。因此，需要治疗师安排和整理房间、为小组共同工作与思考，并以此推动合作伙伴关系的模式。这个分享过程同时运作在意识和潜意识层面上，旨在加强学步儿与父母之间的依恋、促进小组之间的人际关系，并为分离与个体化的过程提供支持。正如玛丽·扎菲里乌·伍兹所观察到的那样，在学步儿阶段："依恋和分离是相互关联的，所以干预往往会对两者都产生影响，尽管主要目的可能是一方或另一方"（Zaphiriou Woods, 2005）。

人生开始于一段分享的过程。我们每个人都被赋予生命，因为其他人，即我们的母亲，在怀孕期间设法承受了与我们分享她的存在与身体。同样，为了使一个小组存在，根据安兹乌（Anzieu, 1975）的说法，其成员必须把它幻想成一个容纳着他们的理想的人类统一体。有趣的是，福克斯（Foulkes, 1964）把这个更深的人类小组统一体的心理网络称为"小组矩阵"[23]，这个术语呼应着怀孕。换句话说，在深度的潜意识层面上，可能会

---

[23] "矩阵是给定小组中的沟通和关系的假设性网络。它是共同的基础，最终决定了所有事件的意义和重要性，所有言语和非言语的交流和诠释都基于它。"（Foulkes, 1964, p. 292）。此外，尼特桑（Nitsun, 1996年）写道，"矩阵具有容器的特性，象征性地通过其生成能力与母亲相连，或更具体，与子宫相连，它为个人和小组的转变提供了背景……这一点与温尼科特（1953）的过渡空间概念有关，小组的圆圈里面的空间变成了投射性的屏幕，一个早期互动的场地，一个游戏和发现的中间区域，一个日常创造的地方"（p. 22）。

有一种从躯体层面感知到的使人统一在一起的力量。

分享以及父母—学步儿二元配对

学步儿小组的设置由一系列常量组成：房间、玩具、治疗师和其他参与者，还包括一些日常活动，例如在会面的中间吃一次零食和结束时收拾整理游戏室。在小组中，我们期待参与者能分享所有上述的内容，并能够通过分享，协调一些重要的情感议题。通过彼此之间分享玩具，父母有机会与他们的儿童一起玩耍或学习。

围绕玩具展开的活动促成了分离－个体化的过程，因为它们发扬了父母和学步儿拥有独立思想与情感的理念，通过游戏，这些思想和情感得以安全地交流。当在小组中邀请儿童分享玩具、活动和其他事物时，会发生一个有助于解除魔法般的全能感（全能感是学步儿的思维特点）的过程，这促成儿童自主性的发展，不再以自我为中心（Pretorius, 2004）。

这是如何发生的？儿童学着去认识，一个对象、一件事物或一个活动不仅对他自己而且对别人来说也有意义。例如，从隐喻以及实际的层面上讲，一个玩具可以被看作是他人投射的载体。因此，物体的象征性价值并不单独由个别儿童决定。这个过程构成了儿童觉察到他人思想和主体性的基础。

在这个小组里，物品处在持续的给予和取走的状态中，就如同参与者之间无声的对话。从某种意义上来说，通过使用特定的游戏材料来传达非言语信息的对话方式，可以传递情感。

> 洛纳斯（2岁7个月）正在和他的母亲玩橡皮泥。这是他们的游戏：他把橡皮泥切成整齐的小碎片，然后递给她。她反过来把这些碎片连成一根香肠，然后把它交还给洛纳斯。然后，他又

开始把它切成小块，他称之为"胡萝卜"，并给他的母亲"吃"。

在这个特别的例子中，父母和学步儿分享的不仅仅是橡皮泥，还包括很多蕴含在整个小组中的治疗性内容。这种和谐的交换可以被看作是代表了他们之间的一个动态的人际过程。通过切割和重新黏合橡皮泥，母亲和孩子似乎将分离－个体化的过程表现了出来。游戏材料为他们提供了解决相关焦虑的方法。他们分享的信息是，通过分开成为独立的实体（如同橡皮泥那样），他们可以独立存在，而不会变得"无定形"或是消失。

通过橡皮泥来表示这个母亲和孩子游戏里的分离具有以下的意义：分离是可塑的，而不是僵化的；它可以被"吃下"并且被"消化"，即内化，而不仅仅内摄为外来的、有威胁的事情；人们可以玩弄它和它的种种变化。将母亲和孩子引入隐喻和借代的领域（Chouvier, 2002），橡皮泥游戏促成并且舒缓了沟通，使分离带来的情绪波动得以表达。

在另一些情况下，分离－个体化的过程并不那么顺利，分享也不可行，因为它产生的焦虑使主体不能使用客体[24]（Winnicott, 1971）。

托尼娅（3岁2个月）正和13个月大的妹妹菲薇以及父母一起互动。在这次会面中，母亲持续地关注妹妹（这经常发生），父亲正在和托尼娅还有另外一个2岁5个月的孩子斯蒂凡诺斯玩，帮助他们修建铁路及其周遭环境（路牌、树木等）。在某个时候，托尼娅把一切都推倒了，并以自己的方式重新摆放。她的父亲责备了她，不过之后继续玩游戏。过了一会儿，在斯蒂凡诺斯准备把

---

[24] 温尼科特区分了客体使用和客体联结。他认为一个人要与客体联结，然后才能使用这个客体。要能使用一个客体，这个客体要是"真实的"，属于一个共享的现实，而不是一系列投射的结果。

树木放在铁路旁边时，托尼娅把它们抢了过来。男孩开始哭泣，要拿回玩具，托尼娅的父母严厉地训斥托尼娅，令她大哭起来。

托尼娅难以分享。她的体验似乎是"没有给我留下什么"。当她出生时，母亲遭遇了严重的事故。托尼娅不得不由她的祖父母照顾了几个月。当母亲恢复过来时，她又怀孕了，而且从怀孕第五个月起就不得不卧床休息。当妹妹出生的时候，托尼娅又被送到了祖父母家，只得到父母的探望。她没有机会与她的母亲形成一种安全的依恋，令她建立自信并拥有更多的自主性。她2岁时妹妹出生，父母难以满足两个孩子的情感需求，进一步危及了分离－个体化的过程和分享的能力。因此，托尼娅努力与妹妹分享她的父母、合作地做游戏，并与其他人分享她的父亲和铁路游戏。对托尼娅来说，在父亲面前，她的游戏伙伴变成了对手，威胁到她与父亲的关系，引发她激烈的愤怒和嫉妒。

在上面的例子中，似乎铁路游戏在移情中获得了某种角色，并被它所得到的投射激活。树木形态象征了父母，它们不能同时"站在"两个孩子身边；孩子必须以各自不同的方式"使它们站起来"，才能够拥有它们。再一次，玩具材料在父母和儿童之间进行调节，而且在小组成员之间进行调节，传递情绪信息。这个例子里的情绪信息是，当你感到被剥夺并担心所依赖的人是否能够存在下去时，分享是不可能实现的。

除了玩具和玩具材料之外，小组成员还会分享治疗师，他们也是可供参与者使用的客体，在父母—学步儿的二元配对之内和之间进行调解。有时候，治疗师扮演调节人的角色，把他或她的感觉作为联结父母与儿童的桥梁。在这些时刻，似乎需要第三人帮助他们填补他们之间的空缺，也就是温尼科特（1971）所说的，在母婴分离时创造出来的"潜在"空间，以便将分离转化为沟通。

> 苏克拉特斯（17个月）把桌子变成了一个小房子，并在下面匍匐爬行。他父母的注意力在别处，没有看到他。他看着治疗师，呼唤着："妈咪。"治疗师一边重复，一边看着那位母亲，然而那位母亲却回答说："他指的是你。"

在苏克拉特斯的例子里，他的目光似乎不足以弥合他与母亲之间的距离。治疗师必须调节：通过将自己的目光从苏克拉特斯身上移到他母亲的身上，她也把苏克拉特斯的目光转向了他的母亲。在这个事件中，治疗师的目光似乎不只是纯粹的个人行为。跨越严格的个人空间的界限，这可以被小组成员们所分享。

在另一个例子中，治疗师被要求用她的嗅觉，以嗅觉的形式将信息从一个参与者传递给另一个参与者。

> 佩里克尔斯（27个月）的母亲在训练他上厕所的时候遇到了麻烦。有一天，她告诉治疗师："如果你闻到了什么，请让我知道，因为我的鼻子不通，所以我没办法发现。"

佩里克尔斯的母亲很难让孩子开始为他的身体承担责任。她经常抱怨说再也不能让他躺下来换尿布了。通过请求治疗师提示佩里克尔斯何时需要换尿布，她似乎表达出自己需要一些支持，才能最终将责任移交给孩子。治疗师和母亲—学步儿的配对之间形成了一个三角形：母亲和治疗师分担对佩里克尔斯身体的责任，以便逐渐让他与她们一同分担责任，母亲和孩子分享治疗师的嗅觉，以缓和他向获得更大的身体独立性和所有权的转变。

作为一个集体主体的小组分享

这个小组既是一个个体的集合（每个个体都具有各自的主体性），也是一个具有自身特定流程、历史、文化和性格的"集体主体"。凯斯（Kaës, 1976）将小组描述为一个联系和转换成员内部现实的机构。转换是指，从成员的个人现实到产生一种分享的体验。这种分享往往是由一个小组成员来表达的，他在这个时刻似乎对小组负责并代表小组。然后，这个小组就可以通过这个人来表达它的情感需求。

> 到了点心时间。每个人都坐在桌旁，除了莉迪亚（2岁3个月），她拒绝和其他人一起坐下，继续玩她的玩具。在某一时刻，她请求治疗师帮助她。治疗师回应了她的召唤，然后回到桌子旁。莉迪亚再次请求帮助时，治疗师又过去了。在几分钟之内，每个人都站了起来，零食的安排设置因此被打乱。

上面的例子发生在第一次小组会面中，那时小组活动引发了个别成员相当程度的焦虑。每个人被要求围坐在一起的点心时间就是这类活动之一。通过多次分散治疗师的注意力，小莉迪亚设法破坏了小组活动，为小组的焦虑提供了"解决方案"。也许是认同了小组的投射，治疗师中断了设置结构。在这样做的过程中，她帮助小组避免了引发他们焦虑的情况。

在另一些时候，任何一个成员都不会表达焦虑；而是形成一种共同的情绪情感，它的表达超越了言语，"说出"的是个体参与者的意识或前意识的关注。就好像集体所经历的危机被每个成员内化一样，成了沉默的个人危机。

> 在这次会面里,我们迎来了一对新的夫妻成员。尽管前几次会谈已经对这一事件做了精心的准备,新成员的到来仍然引发了很大的紧张感。孩子不能分享玩具或一起玩耍。不断地发生争斗和哭泣,他们都想从对方那里抢走玩具。与此同时,父母们也在相处和交流等方面遇到了麻烦。每个人都试图垄断治疗师的注意力,排除其他人。其中一位母亲说:"我们是分裂的,就像我们在打仗呢。"

在上述小组中,参与者似乎无法分享任何东西,无论是玩具还是讨论的话题。新成员来到这个小组似乎触发了同胞竞争的局面,这种情况压倒了整个小组。

另一个例子如下。

> 在这次会面里,小组将见到一位新治疗师,他将代替原治疗师两个月时间。只有一对母亲—学步儿来了。在整个会面期间,米海尔里斯(2岁7个月)以和一个缺席的男孩(安德瑞斯)同样的方式玩着同样的玩具,用玩具动物填充大车的行李箱,然后制作和烹饪新鲜的橡皮泥豆子,这两个都是最近几周安德瑞斯最喜欢的活动。此外,米海尔里斯的母亲费对待他的方式是安德瑞斯的母亲通常对待安德瑞斯的方式,甚至使用的言辞也相同。

米海尔里斯和他的母亲似乎正在通过代替缺席的参与者,并以在表征层面令他们在场的方式演示出小组对替代治疗师的关注。小组对生存的焦虑也反映在其他小组成员的缺席和米海尔里斯的游戏中;每次玩玩具玩得稍微用力一些的时候,他都急于把玩具拿给他的母亲,以检查玩具是正常的,还是被"弄坏了"。

在小组过程的某些时刻,参与者似乎默默地同意就某一特定主题进行交流。乍一看,这个主题似乎与这个小组中正在发生的事情没有任何联系,但事实上,这个主题与小组当下的即时情感紧密联系在一起(Navridis, 2005)。

> 小组正在经历一段准备时期,以便与两位治疗师中的一位分开一段时间。在这一次会面里,一位母亲正在谈论即将来临的圣诞节假期,她讲述了,自离婚以后,她与孩子一起度过这段时间有多么困难。过了一会儿,一位父亲开始谈论他的工作。他说他的同事因为"病假"缺席,结果让他有双倍的工作量,吃了不少苦头。此外,他谈到了他工作时穿的塑胶制服让他流汗,因此存在生病的风险。后来,一个正在与母亲和治疗师玩耍的学步儿要求另一位治疗师也加入他们的游戏。

在这个小组中,主导的主题是由于某人的缺席或离开所造成的困难。讨论的话题构建起一种转化和隐喻的手段,让这个小组有意识或前意识地说出或表达出他们当前的担忧:他们的治疗师即将离开,以及他们能否在没有她的情况下生存下去。在适当的时候,我们对这个小组进行了这番解释。

结 论

学步儿小组为学步儿和母亲之间提供了一个过渡空间,"通过信任与可靠性,创造出一个潜在空间,它可以成为无限制的分离空间……让学步儿和成年人可以创造性地用游戏将其填满的空间"(Winnicott, 1971, p. 189)。作为一个预防性质的框架,学步儿小组在健康和病理之间构建了发展空间。至于干预的方式,它们属于治疗和教育之间的中间地带(Zaphiriou Woods, 2005)。

小组体验中的分享过程活现了参与者之间存在的过渡空间。这个过程发生在意识和潜意识层面,在个人成员内部和外部之间的空间中(Winnicott, 1971),有时加强了他们之间的联系,有时促成了分离和个体化的进程。根据凯斯(Kaës, 1987)的观点,小组临床工作本身就是一种过渡性体验,因为它形成了一种共同创造的基础,在他和超越了他的事物之间,在使他独一无二的事物和他与别人分享的事物之间,确保了小组中的每个成员都有一个游戏区域。

第 13 章

寻求我们自己的道路：
让在职父母参与秘鲁的学步儿小组

Ana María Barrantes & Elena Piazzon

1999年，我们参观了安娜·弗洛伊德中心的父母—学步儿小组[25]，这激发了我们的愿望，希望在秘鲁的利马也能用类似的方式与儿童及其父母工作。我们开始进行这项工作，将我们的小组称为"Carretel"，意思是"卷轴"，这是对学步儿游戏最早的象征性解释之一：去—来游戏（S. Freud, 1920, p. 15）。

主流文化

在秘鲁，养育5岁以下的儿童主要关注成绩。幼儿园以及为婴儿提供早期刺激的地方强调认知和学业进步，承诺能培养出有才能的儿童，但却忽略了儿童发展中的情感需要。对成绩的强调鼓励了一些父母付费参加结构化的、以成果为导向的项目，以便学习如何训练他们的孩子，这可能会干扰自然、自发的亲子关系发展。在竞争日益激烈的社会中，有些父母

---

[25] 我们观察的是瓦力·科恒的小组。

担心他们的孩子表现得不够出色。这些父母通常难以理解并难以把孩子当成是独立于他们自身的个体。

父母也会将幼儿送到学前的学业项目中，因为他们认为孩子需要在正式场合学习社交技能。而社会化始于家庭、始于受保护的家庭环境这一点被忽视，并被逐渐削弱。秘鲁文化中的另一倾向也进一步削弱了父母和家庭的重要性，即无论家庭的社会经济水平如何，都会把儿童养育的主要方面委托给其他人。这非常令人担心。在上层社会经济阶层，即使母亲不工作，孩子也有保姆。由于将照顾孩子的责任委托给了他人，许多前来向我们咨询的父母感觉他们并不了解自己的孩子。他们与日常生活的"来来往往"斗争，因为他们的孩子通常都是由其他人照顾。举个例子，心理学家近期在安娜·玛利亚幼儿园给父母们组织了一次讨论如厕训练的工作坊。即使工作坊被排在了晚上（这是妈妈可能有空参加的时间），最后也只有5个妈妈参加。之后，工作坊被安排在了早上，在孩子被送到幼儿园后立即开始，心理学家希望这个时间更方便。这一次，只有4个妈妈参加。当工作坊是针对保姆时，超过30位保姆报名，而且许多人因报名人数过多而无法参加！

在较低的社会经济阶层，当母亲要工作或被家中事务缠身时，通常是年长的哥哥或姐姐、其他亲戚或邻居来照顾更年幼的儿童。在一些公共育儿中心，如"洼洼－洼西"（盖丘亚语），社区里的妈妈会得到报酬，并在国家的监督下照顾在职妈妈的孩子。中层和上层家庭很少把孩子送到日托中心，通常会请一名保姆在家照顾孩子。然而，如果在职妈妈不放心把孩子留在家里和保姆在一起或她们想要为孩子寻求刺激更丰富的环境，她们还是会采用日托。

秘鲁的医疗系统只处理急性的医疗问题。一些人有私人医疗保险，也有人完全没有保险。这里缺乏有组织的系统将儿童转介到我们的父母—学步儿小组，或者转介到其他能给予家庭心理和情感支持的组织。

经过与儿童和父母的多年工作，我们意识到秘鲁文化中的成年人倾向于不对孩子说太多，明显将孩子视为没有独立心智的、不能思考的个体。另一个事实是在场的那个人总是保姆，这两点使得父母很难将孩子的形象内化为一个喜欢口头交流和解释的个体。幼儿似乎不太了解周围的环境。父母们经常把孩子从一个活动带到另一个活动，没有预告或解释，他们的交流只是命令和通知。有些父母非常擅长读懂孩子的内心故事，但他们也许并没有让孩子参与到双向的对话中。一些妈妈谈到她们担心孩子的语言发展可能会延迟，而没有意识到儿童是通过与他们对话来学习说话的。

以下两个临床案例将举例说明理解学步儿和与其进行交流的主流方式。

> 米歇尔的母亲担心女儿（18个月）还不会说话。当母亲很沮丧地告诉我们这些时，米歇尔拿着一个塑料草莓向她走近。米歇尔展示了一下这个塑料草莓，把它递给妈妈，发出很长一段咿咿呀呀的声音。"明白我是什么意思了吧？"这位母亲说道，并感到很沮丧。她对孩子说："米歇尔，我无法理解你，跟我说得清楚些。"我们指出，米歇尔已经了解了语言的旋律，但是需要帮助来学习词汇。

此例表明了孩子想要和母亲交流的意向。语言是一个主体间性的过程，至少是两个主体之间的相遇。为了进一步发展，孩子的努力需要被一个能将孩子当成是正在发展的人的母亲遇见。我们发现秘鲁文化中的成年人很难承认年幼的儿童是有自己想法的"他人"。如上例所示，我们经常观察到，父母说一些关于孩子的事情时，就好像孩子并不在场，或好像孩子无法听到和理解父母说的是什么。然后，他们可能会错过孩子的交流——无论是通过咿咿呀呀（上例）或游戏（下例）。

伊莎贝拉（快满3岁）的母亲大声地说不想再要更多的孩子。她说自己不是当妈妈的料。伊莎贝拉给她的玩偶做了一张床。她把玩偶给了妈妈。妈妈抱着玩偶说："我不想让她对这个宝宝游戏感到不开心；我不知道伊莎贝拉是如何在扮演母亲时表现得那么出色的。"我们认为，伊莎贝拉也许是从自己的妈妈那里学习到的，她希望妈妈在玩"妈咪，她的妈咪"时是开心的。这对伊莎贝拉的母亲产生了很大影响，在之后的咨询中，她对女儿更温和，也更温柔。

入门工作坊

在秘鲁，幼儿园们为了新项目而相互竞争。如果是从更富有经验的国家或众所周知的学校引进的，它们就被认为是更有吸引力的。付费小学为不断增加的儿童提供了上学场所，却没有处理儿童情感需要的资格。我们认为有必要创建一个空间来反思儿童在我们的生活和社会中所占的位置，去思考并讨论儿童的需要。因此，我们于2000年开始了我们的父母—学步儿小组，我们也根据费曼（Furman, 1992）的模型组织了名为"与学步儿工作"的两周一次的工作坊。我们邀请了幼儿园园长、心理学家、语言治疗师、儿科医生以及相关领域的其他专业人士。大约20名来自不同机构的专业人士一同见面，讨论临床材料，回顾相关文献。我们讨论了两个主题：存在语言困难的儿童以及丧失单亲的儿童的哀悼过程。

启动"卷轴组*"

我们利用人家相关和互补的专业背景，在前几个月进行了文献回顾。由于还没有自己的办公场所，所以我们的虚拟组织"卷轴组"是在我们的私人咨询室或安娜·玛利亚幼儿园会面。

我们尝试了所有能想到的方法做广告，启动小组。我们向利马各地的同事和幼儿园派发传单和小册子，并和儿科医生及专业人员进行了交谈。来自儿科医生的转诊很少，我们花了8个月的时间才找到6个孩子来开启小组。

一个热切期待开组的母亲开始跟其他人口头宣传。这种"口口相传"的方法在招募新成员方面被证明是最成功的。那些感兴趣的人大多是年轻夫妇，他们正在寻找在亲子活动和刺激方面的最新创意。他们似乎并不信任书面材料和精装小册子，但是当他们听到有些活动听起来是有选择性的、排他的，没有被广泛宣传时，他们开始感兴趣。他们很好奇，渴望被纳入他们认为可能是最新趋势的活动中。

父母—学步儿小组在安娜·玛利亚幼儿园会面，这个幼儿园位于利马的一个中产阶级社区。有一间教室为适合学步期的儿童做了改装。房间通向一个有汽车、三轮车等可移动玩具的中庭。花园里有关在笼子里的动物，比如兔子、小羊驼、长尾小鹦鹉和松鼠。孩子会和动物们相处，还会从家里带胡萝卜来喂它们。

在父母开始参加小组之前，我们中的一员会和父母进行一次简短的会面。我们会向他们解释小组，试图了解他们的期望并请他们完成一份简单的申请表。我们收取少量费用。小组中通常会有一两名观察者，帮助我

---

* 原文是葡萄牙语 Grupo Carretel，直译过来是卷轴组的意思。——译者注

们重现小组历程，并受训成为未来的领导者。我们选择在周六上午9:00—10:30进行小组会面，因为在职和委托他人照顾孩子的父母在这个时间更可能有空和孩子一同参加小组。让我们惊讶的是，6个孩子中有5个孩子是和双亲同来！这些孩子中有几个也在上托儿所（不过父母没有一起）。最初这让他们感到困惑，但是我们帮助他们理解并解决了这个问题。

我们的旅程

离开咨询室一对一的工作，开始和一群学步儿及其父母一同工作对我们来说并不容易。让事情更复杂的是，由于大多数学步儿都与父母同来，因此我们是对三个人进行工作。我们最初的焦虑是由开启这项新体验引起的，而在此基础上雪上加霜的是父母彼此会面和相互认识的焦虑，看着自己的孩子与其他孩子及成年人的关系的焦虑，以及最重要的是自由玩耍时的混乱和不确定性所引起的焦虑。我们发现自己很难容纳小组历程及因缺乏结构而产生焦虑。这些寻求着最新的创新项目的父母似乎对此感到困惑和不舒服。他们似乎在想，"这就是全部吗？"，并且想知道我们能否保持安全的氛围。这对我们所有人都是全新的体验。虽然我们设法让他们参与到交谈和游戏中，零食时间进行得相当顺利，但我们不知道我们如何能了解每个家庭。在第一节小组后，我们都感觉被这整个体验淹没了。

父母的忧虑和我们自身的不安全感促使我们向每一位父母保证活动的好处，消除他们的疑虑。最初，我们不太有信心能够在小组的设置内容纳他们的焦虑，并且很担心他们会停止参与。我们之间对此进行了广泛讨论，评估了我们感受到的紧张和犹豫，并决定为每个家庭提供个别咨询。在第四节小组的零食时间，我们宣布了这一点。我们每个人会分别见三对夫妇，两个月后再次会面。这两次个别会面帮助我们与每个家庭建立了工作联盟，并深入了解了他们的特别期望。与安娜·弗洛伊德中心的学步儿小组领导者的交流帮助我们强调了容纳和修通小组中的焦虑的需要。随着经验和信心的增长，我们越来越能够做到这一点。第一个父母—学步儿小组中的大多数家庭继续参加小组，并与我们一起工作了一年半。

由于我们在社区已为人所知一年有余，当我们第二年开始新的小组时，情况就大不一样了。我们组织的会议和工作坊让人们对于有一个游戏空间很感兴趣、也很欣赏。除了所有的父母和学步儿都是新人之外，第二个小组的启动非常顺利。加入小组的8个家庭中，有6位妈妈是儿童相关领域的专业人员，有2位有领养的孩子。因此，我们似乎已经成功地接触到了相关领域的专业人员，但是我们还未能成功地将我们的想法介绍给整个社区。增强公众对我们想法的兴趣仍是我们主要关注的问题之一。

临床材料

在我们工作的第一年，卡米拉（1岁4个月）和父母一同参加了小组。她的例子能够表明我们在与部分家庭建立工作关系时所经历的困难。尽管从表面上看，我们间的联系是友善而顺畅的，但在更深的层面上，我们感觉他们隐瞒了什么，没有说出他们的怀疑和担心。

卡米拉的母亲曾帮我们口头宣传，促成了第一个小组的开始。卡米拉的父母都是年轻、成功的专业人员，在第一次会谈中他们描述自己的女儿意志坚强和果断。他们说想要给女儿最好的发展，并认为我们的学步儿小组是儿童养育方面的最新"时尚"。卡米拉出生时，卡米拉的母亲不再工作，但几个月后，她就把她送到了一个日托中心，这样她就可以在大学兼职教学。表面上，卡米拉"没有困难"地在那里安顿下来。但当卡米拉被转移到第二家日托中心时，她的父母对于她很难和母亲分离这一点感到很惊讶。他们不确定怎样能帮助卡米拉，于是联系了我们。

进行第一次小组会谈时，卡米拉是和父母双方一同前来的。她黏着母亲，把自己的脸藏在母亲的脖子上，哼着"妈咪，妈咪，妈咪"，就好像母亲并不在场一样。她对玩具或其他孩子都不感兴趣。和父母对她的认识相反，我们观察到的是一个非常焦虑的小女孩。她的父母对于她的行为非常惊讶，并将此与她在第二家日托中心的不愉快经历相联系，那时她已不再去那家日托中心。我们注意到，她的母亲进入小组后也很难安定下来。她穿着外套、抱着卡米拉和她的手提包在房间里四处走动。我们感觉到，在每次小组会谈开始时都要对他们三人表示欢迎并帮助他们安定下来，而这对我们来说很重要。

在第一次个别会谈中，这两位高效的专业人士表示，他们的个人生活和专业生活的所有方面都是计划好的，他们不喜欢自己无法控制的情况。他们正努力在繁忙的生活中为卡米拉创造空间。看起来他们很少和卡米拉谈论与她直接相关的事情。当爸爸在询问洗手间方向时，我们提醒他在小组中发生的一件事。我们询问他是否告诉了卡米拉他要离开房间。他说他认为这没必要，因为当时她在自己玩。在会谈的过程中，我们鼓励他们把卡米拉视为一个有自己想法的独特个体。卡米拉的父亲说，当他第一次见到妻子时，他们说了很多，一起出去，他们之间的关系便慢慢发展起来，然后他问我们是否在建议他也对卡米拉做同样的事。他说他原以为这个过程已经完成，因为女儿是自己的亲骨肉。卡米拉的父母似乎逐渐意识到关系的发展需要空间、时间和想象。

几个月后，这位母亲告诉我们她怀孕了，但是卡米拉还不知道。他们说他们认为最好开始对卡米拉进行如厕训练，这样她就能摆脱尿布，享受夏天和她的两岁生日，之后再告诉卡米拉母亲怀孕了。他们似乎想要在宣布有关新宝宝的消息前，让卡米拉达到他们的期望。他们很难想象卡米拉已经感觉到家里正在发生一些事，这也许会使得她的如厕训练更加复杂。

在接下来的几周中，卡米拉的早期分离困难在如厕训练中体现了出来。有一天，他们到了，卡米拉紧紧地黏着母亲的腿，好像想要融进母亲的身体。我们欢迎了他们，并直接对卡米拉说："今天不太想进去。"卡米拉没有回应。母亲拖着自己的大腿和黏在上面的孩子进来了。进入房间后，卡米拉坐在母亲的大腿上。我们再一次对卡米拉说："大概你需要一些时间安顿下来，然后看看你想做什么。"她开始在母亲的大腿上扭动，然后突然尿湿了。在把她带到洗手间时，母亲非常冷静地对她说："你的小便出来了。"就好像这和卡米拉没什么关系。当母亲给她换衣服的时候，卡米拉开始命名更衣间的图画。她似乎在试图否认她的不舒服，并通过找到母亲认可的自己能胜任的领域来克服对膀胱失去控制的羞耻感。我们中的一人擦掉了游戏室中的脏东西，好像是要保护卡米拉。当她们回来时，母亲说卡米拉从来没有要求去洗手间，而大人们不断问她是否需要去。我们对母亲和孩子说："也许我们可以帮助卡米拉开始识别她身体传递的信息。"母亲说，当她尿湿时，保姆会很心烦，然后责骂她。我们说："卡米拉可能认为是大人们在控制着她的身体。"

第二个临床案例来自我们的第二个小组，如上所述，第二小组开始得很顺利、和谐。不像第一组的父母，这些母亲们很好地理解了我们小组提供的是一个游戏和发生联系的空间。他们与我们的目标一致，并渴望参加小组。这些成员们自由地交流，很快就发展出了非常开放的氛围。我们花了一些时间才意识到这些年轻的专业人员所存在的具体困难。

费尔南达（1岁4个月）是一个机敏的孩子，和母亲享有非常密切的互动关系。从一开始她的母亲对女儿的调谐就让我们印象深刻：她等待，冷静地跟着女儿的游戏。然而，她发现自己很难让费尔南达享有她逐渐增强的自主性，而且费尔南达似乎对她感到很焦虑。第一天，费尔南达拿起一本名为《妈咪有个孩子》的故事书。妈妈变得很焦虑，打断了她，并告诉费尔南达"这是给大孩子看的"，她没有读完故事。每次他们参加小组时，费尔南达都会拿起同一本故事书。当母亲注意到这一点时，她变得很不适，并讨论了这件事。她承认，费尔南达的愿望是有一个小弟弟或小妹妹，这对她来说很痛苦，因为她有生育困难。一旦理解了这些，他们就能够读完这个故事。接着费尔南达开始把两三个玩偶拿给她的母亲说："你照顾他们。"费尔南达指导她给婴儿玩偶喂食，为他们做事。这让母亲变得很忙碌，而费尔南达则离开了，远离了母亲去玩游戏。母亲意识到费尔南达的分离需要，笑着说："比起我离开她，费尔南达似乎更加做好了离开我的准备。"她告诉我们，在费尔南达不到1岁的时候，她自己的母亲过世。她和母亲的关系非常密切，母亲的过早死亡对她造成了很深的影响。了解这件丧亲之事有助于我们理解，为什么她如此难以促进女儿逐步发展的独立性。她意识到自己处于悲伤期，并担心对孩子有影响。

　　加入小组三个月后，费尔南达的母亲出乎意料地怀孕了。之前她是进行了生育治疗才怀上费尔南达的，所以对于这次新的怀孕她的心情很复杂。虽然她很开心自己能自然受孕，但她感觉自己还没有准备好要另一个孩子。当她终于鼓起勇气告诉费尔南达自己怀孕了，费尔南达开始对母亲表达敌意。有时她会拒绝和母亲在家里一起玩耍，或要求母亲把她带在身边，这似乎是母亲可以接受的。然后，她们有三周没有来小组，因为母亲有流产的先兆，卧床在家。接下来是三周的年中假期。当她们回到小组时，我们了解到母亲已经失去了孩子。她无法处理这个丧失，也无法告诉或向费尔南达解释为什么她会花时间待在床上。在和我们交谈后，费尔南达的父母回家做了解释，"妈咪待在床上是因为医生不确定小宝宝是否会来，最后他告诉我们小宝宝不会来了"。这个清晰的解释似乎让费尔南达平静了下来。她的母亲报告说，费尔南达在睡觉时更安定了，当她去工作时费尔南达也没那么伤心。在小组中，她逐渐恢复了她创造性的、欢乐的假装游戏。一个和她同龄的新男孩加入了她的游戏，他们开始一起合作游戏。

现　状

在父母—学步儿小组进行了6年之后,现在我们要对我们的方法进行回顾和重新规划。我们已经意识到,小组在幼儿园所处的实际位置使得转诊过程变得复杂,并且对儿童上幼儿园造成了干扰。由于那里没有专门给学步儿小组的空间,因而房间每周都要布置和收拾,非常不方便。我们也努力保持想要加入小组的新成员的不断流动。我们正在寻找专门进行父母—学步儿小组的空间,也在应对其他的挑战。

第 3 部分

研究与评估

导　语

Kay Asquith

　　伦敦大学学院的精神分析发展心理学的理学硕士学位以安娜·弗洛伊德中心为基地，也长期和父母—学步儿小组有联系。这个理学硕士学位的其中一个核心元素是在自然的设置下观察孩子，学生们必须进行每周一次的观察，观察亲子在家里的情况，并持续一年。学生也可以选择每两周观察一次学步儿，记录并且在讨论小组中报告他们的观察，而讨论小组是由学步儿小组的领导者带领的。学生通过观察安娜·弗洛伊德中心的学步儿小组，可以追踪学步期的发展阶段，观察正常的亲子互动。这使得他们的理论学习"活过来了"。他们也观察学步儿领导者和助理如何与孩子及其家长用"治疗性"的方式进行互动。这些方式雕琢了他们的观察技巧，让他们暴露在精神分析临床实践中，从而大大促进了这些有志于从事临床工作的学生的发展。

　　学步儿小组也提供了一个重要的设置，学生可以在其中进行研究。每一个理学硕士的学生都需要进行一个坚实的独立研究，有些人选择和学步儿小组进行工作。这些项目可能包含了定量或定性分析，或者是两者的结合。在和学生的个体督导以及学步儿小组志愿的讨论中，会提出彼此相关的、有意思的研究问题。通过这种方式，学生们对临床相关的材料进行工作，他们的研究成果也可以反馈到小组的思考和实践中。过往的研究题目包括：对于参与学步儿小组的妈妈进行访问，探讨这是如何帮助孩子适应托儿所的；针对有特殊需要的儿童设立庇护小组，探讨父母对于参与这类小组的感受（见第7章）。

为了能够让大家感受一下进行的项目，以及针对特定研究问题要如何使用不同方法，我们将在接下来的章节中细述三个研究。第一个是质性研究，研究家长对参加精神分析性学步儿小组的想法和感受。之后是一个定量研究，这项研究对家长的访谈进行了编码，考察他们在参加学步儿小组以及离开小组时的省映功能。它考察了参与（小组）是否影响了家长省映自己以及学步儿情感体验的能力。最后一章是一个观察性研究，描述了小组中的"零食时间"是如何被家长和职员用来鼓励社交恰当的进餐行为的。

第 14 章

一项针对精神分析性父母—学步儿小组中父母体验的定性研究[26]

Annabel Kitson, María Luisa Barros 和 Nick Midgley

在过去的20多年间,精神健康领域对早期干预服务的兴趣高涨,同时早期干预服务也获得了长足的发展(Kassebaum, 1994; Zigler & Styfco, 1995)。如今获得公认的观点认为,儿童在情绪与行为方面的困难会在不被重视的情况下导致情绪困扰、精神病理性行为以及社会问题,而早期干预是缓解上述困难的关键(Fonagy, 1998; Green Paper, 1999)。在过去10年间的儿童政策方面,英国政府在健康和教育方面的提案(国家服务框架之"每个孩子都重要")试着让改革整个系统的提案落到实处,力图为年轻人的一生提供一个最好的开端(HM Treasury, 2004)。"确保开端"儿童中心这一服务项目的发展向儿童提供了一套更为整合的多机构协作式服务。前述提案希望通过提供这类服务来增加0—5岁儿童中表现出与年龄相符的人格、情感与社会水平的个体的比例。同时,考虑到单纯指向儿童的服务并不足以应对上述问题,因此国家政策也很重视能为父母、儿

---

[26] 本文的早期版本发表在:Early Child Development and Care, vol. 178, no. 3, April 2008, pp. 273-288.

童及家庭提供支持的初级预防项目与早期干预项目（英国卫生部，2004）。在当前阶段，旨在为父母和学前儿童提供支持的普遍性服务与定向服务的目标是，将出现不尽如人意的结果的风险降到最低。比如，为风险较高的儿童的父母额外提供一些支持（英国教育与技能部，2006），以及增强适宜的教养风格（如旨在促进儿童健康成长为成人的项目）（国家服务框架，英国卫生部，2004，p. 9）。

目前，已经制定出台并实施了很多面向父母与儿童的干预性措施。《早期教育阶段纲要》（*The Early Years Foundation Stage*，Department for Education and Skills，2007）阐明了5岁以下儿童在学习、发展与照料方面应具有的结构，为所有的早期服务提供了指导。该纲要也提供了包括父母—学步儿小组在内的一系列活动。然而，鲜有研究关注这些干预的有效性。一些针对"高风险"人群进行的早期研究表明，父母—学步儿小组为父母提供了一个从彼此身上学习的机会，他们可以在小组中对养育方式、健康、教育以及儿童的发展性需求有更多的认识（Palfreeman, 1982）。近期一项针对在贫困地区展开的基于社区的"确保开端"地方性项目（Sure Start Local Programmes, SSLPs）所进行的分析，评估了一系列面向家庭的项目（包括学步儿小组、家教项目以及其他预防性措施）所带来的影响与效果。"确保开端"国家评估项目（National Evaluation of Sure Start, NESS）对150个开展了"确保开端"地方性项目的地区的9000多个家庭进行了调查与评估。结果显示，相比居住在同样贫困但没有展开"确保开端"地方性项目的地区的家庭而言，居住在开展了该项目的地区的家庭，其参与到服务中的可能性更高，同时他们对孩子更加温暖，也能更多地接纳他们，表现出负性家教的可能性更低（"确保开端"国家评估项目，Belsky & Melhuish, 2008）。这样的教养风格对于3岁的孩子是有益的——他们会比那些无法获得"确保开端"地方性项目的地区的儿童表现出更好的社交技能与更积极的行为，以及更强的独立性与自我调节能力（"确保开端"国家评估项目研究团队，2008）。

尽管针对预防与干预项目效果的已有研究已经取得了重要结果，但我们对于参加学步儿小组，特别是参加专门的精神分析性学步儿小组的父母的体验仍然知之甚少。而实际上，精神分析性学步儿小组是安娜·弗洛伊德取向的传统之一。这类小组的组建目的是相当明确的，即帮助父母和学步儿建立相互信任的关系并促进学步儿的发展（Zaphiriou Woods, 2000）。

研究概要

尽管安娜·弗洛伊德中心的父母—学步儿小组已经在过去的25年间获得了大量的临床知识，但在正式的科研中对这一服务设置的研究并不充分，也几乎没有什么研究在关注服务使用者的体验。本研究致力于从父母的视角出发，深入理解这类服务的特点。研究的样本量不大这一特点允许我们深入且全面地对访谈的材料进行分析。同时，这也是一个探索性的研究——第一次有研究试图找出父母在精神分析性学步儿小组里体验到的重要因素是什么。考虑到评估早期干预服务时，服务使用者的参与的重要性，以及对循证实践的愈发重视，因此理解在一个家庭眼中精神分析取向的父母—学步儿小组的重要特征是什么是至关重要的。

研究方法

本研究使用了解释现象分析（Interpretative Phenomenological Analysis, IPA）（Smith & Osborn, 2003），这是一种可以对少量样本的数据进行深入分析的定性研究方法。我们对7位来自不同学步儿小组的父母（包括6位母亲和1位父亲）进行了访谈，询问了他们在小组中的体验。这些父母参加各自小组的时间均超过一年，同时他们的孩子都已经在不久前离开了小组。受访者中有6位父母是30出头并且第一次为人父母；另有一位单身妈妈处在40多岁的年纪。此外，除了一位亚裔之外，余下的受访者均为中产阶级的欧洲人。

本研究使用的半结构化访谈是由一系列开放式问题构成的，这些问题遵循史密斯提出的原则（Smith & Osborn, 2003）。受访者所签署的知情同意书授权我们对访谈内容进行逐字誊录，以及使用解释现象分析法对访谈内容进行分析。

研究结果

研究人员对数据进行分析后提取出了三个"最为重要的主题"。每个主题都捕捉了参与安娜·弗洛伊德中心学步儿小组的父母体验的一些方面。在父母看来有意义的三大方面包括：

- 学步儿小组的设置；
- 父母的体验；
- 学步儿的体验。

我们将围绕上述三点对结果进行呈现。在简要突出每一方面的发现的同时，我们还会引用一些访谈内容来进一步阐明每个主题。

学步儿小组的设置

几乎所有受访者都提到学步儿小组的设置给他们带来了规律性和可预测性：相同的房间，差不多的玩具，一个"平和"的氛围（尽管并非时刻都很平和！），以及学步儿小组的领导者提出的一些"行为守则"。这对于那些经历过丧失、遭遇过突如其来的变化以及生活中曾充满不可预测性的家庭而言显得尤为重要。正如一位父母在讨论儿子对小组的体验时所说的,"我想在我们开始来这个小组之前他所真正缺失的是一种常规。我注意到,参加了小组之后,他有多么喜欢这种常规,你知道么,他喜欢每周所有的东西都待在同样的地方,喜欢每周都能看到同样的人出现在那儿。而且你总能找到你喜欢的那一本书。他真的非常、非常地喜欢这一切"。尽管这种可预测的设置所提供的结构赢得了一些父母的欣赏与重视,但其他父母的感受则显得更模棱两可一些:"这个小组让我有一种需要做出承诺的感觉。我觉得需要承诺这件事本身是完全正确的。但我想这一切可能也会吓到一些人吧……因为我知道年纪尚轻就为人父母是什么样的。我想这些事情可能会让人感到相当可怕吧。"

受访者还评论了其他可能会令家庭感到不悦的设置。一个是父母们认为小组中观察者(即正在对儿童发展这一问题进行学习的学生)的参与是"相当奇怪"或"不自然"的;另一个就是小组开设在安娜·弗洛伊德中心这样一个公认的"儿童精神卫生与精神分析"机构内,这样的设置既可以带来支持(知道这是一个理解家庭以及他们所经历的困难的地方),也可能引发焦虑。

当这些因素混杂在一起的时候,会给父母们带来相当大的压力。他们会觉得别人都在盯着自己,在等着看他或她是否"真的是个一无是处的父母",这让他们觉得自己必须要"表现良好"。从父母们的描述中不难看出,上述焦虑在他们第一次参加小组前尤为明显。不过,多数父母进入小组后都感觉小组中充斥着一种不评价的氛围:"在这里你无须局促、无须做作,自然地做自己就好了,并且不需要为此感到尴尬"。这一点对于那些因为孩子的"淘气"而感到羞耻的父母而言显得尤为重要,因为有时候这种羞耻感会让他们没办法融入其他家庭。

父母的体验

对那些在社交上较为孤僻或是刚刚移居到英国的父母而言,为人父母往往是一种"悲惨的"体验。学步儿小组为这样的父母提供了一个可以与他人社交和互动的场所。一个刚刚搬到英国的父母表示"对我而言，这里更像是个家"。此外，还有几个父母认为参加学步儿小组让他们感受到了支持，因为小组中有一种"带有容纳味道的熟悉感……这与小组的结构性与边界是密不可分的"。

受访者还讲述了，对父母而言，联系安娜·弗洛伊德中心并表达要参加这样一个小组的意愿会带来怎样的感受。比如，一位母亲表示，自己这么做主要是出于对蹒跚学步的孩子发展的顾虑，她觉得"在一定程度上，自己应该要"让孩子参加一个这样的小组。不过，其他父母则提到了在寻求帮助的过程中可能存在的困难——这可能是因为对父母而言，意识到自己的孩子在发展或是心理健康方面有所差池是相当痛苦的，或者是因为承认为人父母让自己感到艰难和挣扎是相当困难的。

在一些父母看来，加入小组的价值之一就是能有一个和孩子分离片刻的机会，让其他人和自己尚在学步的孩子玩，还不用担心他们的安全。一位父母说她觉得在孩子面前，自己就像是个"全天候的奴隶"，"充满压力还很无聊"，要把大量的时间花在"管着"他们和尽力阻止他们"杀了对方"这些事情上。她说学步儿小组是为数不多能让她躲开上述感受的地方之一。多数父母强调自己很感激能有这样一个机会可以分享，并从其他在与孩子相处的过程中遭遇了相似困境（如孩子晚上睡不着或是和孩子在吃饭的事情上"掐架"）的父母身上学习。同时，看到其他学步儿身上也有这样的行为，可以降低他们因自己孩子的困难行为所体验到的耻辱感。正如一位父母所述，"知道你的孩子做了这个或者那个并不代表她不正常，因为所有其他孩子也都这么干的时候，你会觉得，'好吧，你知道，小孩子就是这样的啊'。"

对一些父母而言，感到"有压力"，觉得"不得不"时刻陪着孩子玩也是一个重要的议题。部分受访父母觉得，在小组中被观察的体验唤起的是被批评的感觉，而另一部分父母则把这当成一种鼓励，让他们能够从一个不同的角度去观察自己的孩子。对这些父母来说，被观察是他们重新确认并发展对父母身份认同的一个组成部分，让他们能够稍微抽个身，去观察自己的孩子，并识别自己的需求。

一个似乎被父母提起更多的话题是，与学步儿小组领导者之间的关系的重要性。尽管有一位父母提到了感觉自己受到了批评和孩子被误解等情况，但剩下的所有父母都强调，能有这样一个被倾听与被建议的机会是极其有价值的。而其中最为重要的一点可能在于，小组的领导者提供了一种不同的方式来帮他们看待和理解自己的孩子。正如其中一位父母所述："她建议我去倾听我的孩子要说什么，让我从孩子的角度去倾听事情的来龙去脉。对我而言，这是一个全新的理念，要知道在我的国家，你从来不会去倾听一个蹒跚学步的孩子的话，你要做的只是管教他们，让他们守纪律。"

还有好几个父母也附和了这一观点，他们觉得认识到孩子是一个有自己的想法、感受与情绪的个体这一点是有价值的："我会向学步儿小组的领导者说明发生了什么，而她会告诉我，也许我的宝贝是在试着传达某些信息，但孩子失败了，这让孩子感到沮丧。然后，你知道么，我就真的去试了试。我开始把我的宝贝当成是，你知道的，把她当成一个小小人儿，而不是一个小屁孩儿或者是一个小宝宝，开始试着站在她的角度去看问题……让自己成为她的一小部分，去尝试，然后我发现自己能更多地理解她了，因为我吃惊地意识到我的宝贝其实真的理解了很多，也领会了很多。"

小组的领导者在强调有边界的设置的同时，也注重积极关注与鼓励，以及会直接地和学步儿不被接纳的行为进行互动。一位父母给出了这样的描述："如果我的孩子做了不应该发生的事情，学步儿小组的领导者会毫不含糊地制止他。"同时，另一位父母的描述提到，"领导者真的教会了'我们'在制止的时候应该怎么说，'不，我不喜欢你把那个东西一把抢过去,或我不喜欢你推我',或者在其他情境下应该用怎样的言语去制止。"

学步儿的体验

小组是在学步儿小屋进行的。小屋里不仅完备地配置了图书以及与学步儿年龄相适应的玩具,还提供了充足的室内与室外空间供儿童活动,室外空间对于在非常狭小的屋子里居住的家庭而言显得尤为重要。有时候,学步儿小组是这些学步儿在家之外第一个熟知的地方——用一位母亲的话来说:"这就像是一块领地似的。"她进一步补充说她女儿的态度就像是在说:"这是我的地盘。我想玩什么就玩什么。"受访者觉得孩子获得的不仅仅是一次觉得自己在某种程度上是这块地盘的所有者的机会,还是一个可以在这个地方成长与发展的机会:"她真的是在探索呢——探索这些玩具的同时,她也在与其他孩子和其他父母的相处中探索她自己。"

好几个父母都说,他们能看到自己的孩子在这几年间发生的变化,比如说孩子变得越发独立了,这一点在有分离困难的孩子身上特别明显。这些变化是很重要的,可以增加儿童成功转入育幼院的可能性。

不过,在父母的眼中,孩子的体验并非百分之百的积极。访谈中,他们数次强调说,进入这样一个绝大多数参加的孩子都有明显行为问题的小组让他们深感矛盾。一位父母提到:"在小组里看到的一切都让她感到相当震惊——东西像导弹一样被扔得到处乱飞,很沉的东西和球一起被踢得到处都是……甚至还有一个学步儿似乎陷入了一种越发暴怒的状态,到处乱踢乱砸。我想,要是别的父母看到这一切,可能就会说我不想让我的孩子待在这样的环境里了。"不过,有的父母也承认,当他们发现其他孩子同样有可能表现得很糟糕的时候,自己会有一种解脱感。同时,他们也知道了这样的行为是可以被忍受的,并能够以一种有力且适宜的方式去应对,这也给他们带来了希望。

结 论

在英国,父母—学步儿小组是地方在家庭外为学前儿童提供的服务中一个不可或缺的组成部分。但是,几乎没有系统性的研究关注这类小组的效果以及它们能为家庭带来什么。尽管本研究的规模很小,但它确实提供了一份有关父母在学步儿小组中的体验的丰富描述,并为从业人员提供了一些警示信号,指明在这类服务中和参与度或脱落相关的潜在因素是什么。实际上,在提供面向父母和学步儿的早期干预服务时,参与度是至关重要的。

总体来说,本研究证实了,在早期干预中相当重要的一点在于,要同时强调父母和孩子双方的需求,并向双方提供支持。一位父母将小组描述为一个"在情感上支持了'她的孩子'和'她'"的地方。在其他的父母访谈中也出现了一些相似的感受,认为小组的领导者对自己而言是一个重要的"抱持性角色"。在很大程度上,学步儿小组干预的有效性取决于小组聚焦父母与儿童的需求以及亲子关系的能力。本研究的结果支持了这样的一个信念,即在父母和孩子特别需要积极输入的时候,小组必须要有能力为他们尽母职与尽父职(Zaphiriou Woods, 2000)。

安娜·弗洛伊德中心的学步儿小组一般被当成一个滋养的、"稳定的"、能够行使安全基地功能的环境(Bowlby, 1988)。这种稳定且安全的氛围能够促进父母省映的能力,并在言谈和玩耍间培养母亲和学步儿之间相互信任的关系以及两者之间的调谐。学步儿小组非常强调母亲和儿童之间的游戏,认为这是一种发展双方关系并鼓励儿童游戏的方式。本研究也证实了上述观点。有的父母来参加小组就是为了给孩子提供一个和其他成年人以及学步儿一起游戏的机会,以此来发展他们的社交技能,同时也给自己一个机会去社交并与他人分享经验,或是休息一下。

多数父母感觉，小组的存在让他们能够说出为人父母的过程中所经历的一些常见困难，比如分离以及孩子进入育幼院这样一个渐进的过程带来的困难。同时，在小组中他们也有机会去思考孩子在他们身上所唤起的，包括消极感受在内的各种感受。分享这些感受有助于降低他们的焦虑感、羞耻感与孤独感，并增加他们和孩子在情感上的卷入度。父母学会了通过从孩子的角度看待问题的方式，这能更好地理解孩子的心理。值得注意的是，安娜·弗洛伊德中心所采取的精神分析性取向意味着小组的焦点并不在于教授"育儿技巧"或是提供"策略"，而是鼓励父母去触碰孩子的情感世界，并在这个过程中赋予孩子的行为以意义。研究强调了在早期干预中重视父母与儿童双方的需求的重要性，并认为当这类干预成功时，可以带来巨大改变。这一有价值的教义很可能也适用于很多其他的早期干预设置。

我们不妨引用一个受访父母的话作结："学步儿小组这样的地方就像是一颗颗小小的宝石，而能有这样的小宝石存在实在是太重要了。"

第 15 章

想着我的学步儿：一个精神分析性的学步儿小组是否能够提升父母的省映功能？

Carolina Camino Rivera, Kay Asquith 和 Anna Prützel-Thomas

省映功能的概念

省映功能是指从潜在的心理状态（例如想法、感受和愿望）的角度来理解自己的行为、他人的行为的倾向性（Fonagy & Target, 1997）。这种能力在亲子关系中逐步发展出来，它根本上是基于父母容纳孩子的情感并调节婴儿的生理和心理需要的能力（Fonagy, Steele, & Steele, 1991）。照顾者有能力承认婴儿拥有自己的心理体验，并对婴儿的心理活动做出反应和省映，能使孩子发展出对自己的情绪的理解，促进他们的自我调节能力，并最终帮助孩子发展出省映功能。

福纳吉和他的同事（Fonagy et al., 1991a）最早确认了省映功能的重要性，他们做了一个研究，对即将迎来头胎的准父母使用了依恋测量。研究者使用"成人依恋访谈"（Adult Attachment Interview, AAI）访谈了这些准父母，关于他们在童年与他们的父母相处的经历（George, Kaplan, & Main, 1985）。这个时长1小时、半结构化、半临床的访谈聚焦在早期经历及其影响。访谈结果会被誊录下来，并且使用为这个研究设计的省映功能评分表进行编码（Fonagy et al.,1998）。当头胎孩子大约1岁大的时候，研究者会测量孩子与父母的依恋关系质量。结果发现，父母的依恋类型、他们省映童年期经历的能力和孩子的依恋结构有显著的一致性。因此这个研究得出结论：安全依恋的代际传承可能是基于照顾者的省映功能（Fonagy, Steele, Moran, Steele, & Higgitt, 1991b）。

斯莱德（Slade, 2005）识别出省映功能和更安全的亲子关系之间的关系，她把考量过去的"被父母养育（being parented）"（通过"成人依恋访谈"测量出来）改成考量当下的"作为父母（being a parent）"。她开发了"父母学步儿访谈"（Parent Development Interview, PDI；Aber, Slade, Berger, Bresgi, & Kaplan, 1985; PDI-R2-S: Slade, Aber, Berger, Bresgi, & Kaplan, 2003/2005a; PDI-R2: Slade, Aber, Berger, Bresgi, & Kaplan, 2003/2005b），这个访谈测量了父母自己作为父母的表征，孩子的表征以及父母和孩子当下正在发展的关系表征。此外，斯莱德和同事们开发了一个量表来测量这种设置之下的省映功能（Slade, Bernbach, Grienenberger, Wohlgemuth Levy, & Locker, 2005a）。斯莱德等人（Slade et al., 2005b）发现母亲省映功能编码得分高和婴儿被归类为安全型依恋有关。他们假设：父母省映孩子的能力是一个能够更准确联系成人和婴儿依恋结构的变量，而且它更好地解释了（不）安全依恋风格从一代到下一代的传承。

因此，省映功能与母亲对孩子的行为似乎有重要的关系，转而对孩子发展出依恋模式有影响。由于安全依恋倾向于预测儿童有更积极正向的结果，那么进行干预，提升父母的省映功能可能促进更积极正向的依恋关系，以及对孩子有更好的结果。

促进省映功能

斯莱德（Slade, 2003）认为，我们从依恋研究中获得的知识可以应用在预防性干预上，这些干预致力于提高婴儿和学步儿父母的省映功能。一系列后续研究考察了不同的干预方法对母亲省映功能的影响（e.g. Goyette Ewing et al., 2003; Reynolds, 2003; Slade, Sadler et al., 2005c）。

在一个小样本研究中，15个被监禁的母亲和他们的婴儿参加了研究，巴拉顿和同事（Baradon, Fonagy, Bland, Lenard, & Sleed, 2008）使用了聚焦依恋的干预，把孩子看作是一个主动的参与者，通过这种干预来改进亲子互动的质量。这个项目一共进行了8次会谈，每次2小时，结果干预显著提高了（母亲）整体省映功能水平的均值。在干预之后，母亲能够更加自如地省映自己的情绪和可能会影响到孩子的行为，以及这些母亲能够把自己和婴儿的行为更准确地归因到内在状态。

这些有限的研究发现，显示母亲的省映功能可以通过适当的干预来改善。广义而言，很多项目都致力于改善父母的省映功能，这些项目关注亲子关系，并且倾向于包含一个榜样方法。安娜·弗洛伊德中心使用的精神分析方法强调识别和思考感受（包括有意识的和无意识的）以促进父母对学步儿行为的理解。这些小组提供了一个理想的空间来促进父母省映功能的改善。

本研究

本研究试图研究下述问题，这是安娜·弗洛伊德中心的父母—学步儿临床工作人员提出的问题：母亲的省映功能是否在她们参加精神分析性父母—学步儿小组时有改变？

参加安娜·弗洛伊德中心学步儿小组的父母在入组时被邀请接受"父母学步儿访谈",然后在结束小组时再次进行"父母学步儿访谈",目的是考察父母是否在省映功能上有任何改变。父母是由小组领导者访谈的。访谈会被录音、誊录和编码。入组访谈是在2003—2005年之间进行的,出组访谈是在2004—2007年之间。所有参与研究的被试都是母亲(N = 12),年龄分布为29—39岁(M = 34.17,SD = 3.973)。参与的孩子中有67%(N = 8)是男孩,33%(N = 4)是女孩。这些学步儿都在12—32个月大之间,入组时平均年龄是19.92个月(SD = 5.76),出组时平均年龄是34.50个月(SD = 5.52)。有些母亲有多个孩子,她们多数人都是白种人。形成鲜明对比的是,有一半的学步儿是混血儿。

入组和出组的"父母学步儿访谈"都用了斯莱德等人(Slade et al., 2005a)提出的编码系统来进行编码。这个编码系统的结果是,整体省映功能的得分分布为,从最低分的 -1 分(混乱、非省映性的陈述)到最高的9分(高省映功能,充满或拥有杰出的对于个人本质的省映性陈述)(Slade, Bernbach et al., 2005a),而一贯的正常或普通的省映性陈述是5分。

结　　果

入组省映功能：入组时父母的省映功能分布在2到3分之间(M = 2.58,SD = 0.515)。根据省映功能的编码方案,得分2对应的是,访谈中包含了对心理状态的模糊或内隐地触及,但它们非常有限且不足以外显出来,甚至无法被认为是达到了"低省映功能"的水平。得分3对应的是,不可靠的或低的省映功能,显示虽然父母使用了语言来练习心理状态,但他们未能表现出他们真的明白这些陈述的暗示。这些评分反映了这些父母缺乏对于心理状态特性和本质的觉察,也难以建立行为与心理状态之间以及不同心理状态之间的联系。母亲的入组省映功能与孩子的年龄(N = 12, r = -0.099, p = 0.760)、她们自己的年龄（N = 12, r = -0.245, p = 0.589）或她们生育孩子的数量（N = 12, r = -0.245, p = 0.442）均不相关。

出组省映功能：母亲的出组"父母学步儿访谈"得分显示，她们的省映功能得分分布在 2 ~ 5 分之间（N = 12, M = 3.58, SD = 0.996），即她们在模糊或内隐地触及心理状态以及明确或普通的省映功能之间。4 分表示，相对于不可靠的或低的省映功能（3 分），个体能够使用稍微更复杂的态度来使用心理状态语言。但是这种心理状态之间或者心理状态与行为之间的联结是原始的或者不明显的，它不够详尽，也没有足够的说服力让人评定这是一种明确或普通的省映功能。5 分表示"明确或普通的省映功能"，反映了受访者已经有了一个连贯的心理模型，能以想法和感受的方式来理解自己的体验。但是，这个模型是有限的，并不允许个体对更复杂的体验进行调节（例如冲突和矛盾）。

在参与学步儿小组的过程中，省映功能的改变：省映功能在入组和出组时的差异分析显示，出组时"父母学步儿访谈"的得分均值（N = 12, M = 3.58, CD = 0.996）高于入组时"父母学步儿访谈"的得分均值（N = 12, M = 2.58, SD = 0.515），且两者差异显著（N = 12, Z = -2.521, p = 0.012, 双尾检验）。

参与学步儿小组的时间长度和省映功能得分的改善：不同的母亲—学步儿二人组参加小组的时间不同，统计结果发现，参加的时间长度和出组时母亲省映功能的水平呈显著正相关（N = 12, r = 0.691, p = 0.013）。母亲和学步儿参加小组时间越长，出组时母亲的省映功能得分越高。参加小组的时间长度也和整体省映功能的改善程度正相关（N = 12, r = 0.776, p = 0.003）。所以母亲参加小组的时间越长，她的整体省映功能改善程度就越多。

这些发现显示，平均来说，母亲的省映功能在参加学步儿小组过程中显著增加了，且这种改善和她们参与学步儿小组的时间长度相关。在参加学步儿小组期间,省映功能的改变与孩子的出组年龄呈正相关（N = 12, r = 0.779, p = 0.003）（但参加小组期间,省映功能的改变与孩子的入组年龄不存在显著相关）。

控制了学步儿年龄的影响：控制了孩子年龄（和发展）可能的影响之后,进一步检验出组省映功能和参加小组的时间长度的关系。一旦控制了孩子出组时的年龄,母亲省映功能的改善程度和其参加学步儿小组的时间长度之间的关系就跌到了统计显著水平之下（p = 0.051）。这表明,至少一部分的省映功能改变是由孩子出组时的年龄带来的作用。

结　　论

由于本研究缺乏控制组,因此无法排除参加小组期间的其他变量对省映功能的影响,我们无法得出结论说,参加学步儿小组就是母亲的平均省映功能获得改善的原因。但是结果表明,存在这样一种趋势,未来的研究可以进一步对此进行考察。平均来说,母亲的省映功能的确在母亲参加学步儿小组期间有所提升,这种提升的程度与她们参加小组的时间长度有关。参加小组最久的母亲,其省映功能得分增幅最大。孩子自身的发展也会使这两者（参加小组的时间长度和省映功能的增幅）之间的关系变得更加复杂,因为出组时的省映功能也与孩子的年龄有关。比较大的学步儿的母亲在出组时的省映功能得分更高。但是,即使控制了孩子的年龄的影响,参加小组的时间长度与母亲省映功能之间的关系也只是离统计显著线差一点（边缘显著）。

看起来,由富有经验的儿童心理治疗师和助手带领,旨在帮助母亲思考学步儿的想法、感受,并帮他们塑造恰当的反应,这样的一个心理动力性父母—学步儿小组可能会对母亲省映孩子行为的能力有积极的作用。

这个初步的探索研究表明,在这个领域还有尚待进行的工作,包括进行更大的包含控制组的研究,这样就可以使用更复杂的统计方法,来探索参加小组及孩子年龄的影响。

第 16 章

安娜·弗洛伊德中心父母—学步儿小组的零食时间：对学步儿时期社交饮食的微观分析

Joshua Holmes, Anna Prützel-Thomas 和 Kay Asquith

安娜·弗洛伊德认识到"正常儿童日常生活中常见的喂养困难"，她描述出一条"从喝奶到合理进食"的发展线，令儿童最终能够"主动、合理、定量、定性地依照自己的需要和胃口调节食物摄入，而不受他与食物提供者的关系，或意识层面和潜意识层面的幻想的影响"（Anna Freud, 1963, p. 251）。弗曼指出，零食时间的"社交礼仪"——例如请求盘子里的食物或吃东西时保持坐姿——从一开始便是学步儿"新的、艰苦的"任务(Furman, 1992, p. 27)。她描述，零食时间的学步儿正如"一系列的驱力被在场的父母和其他成人所节制"。弗曼描述了学步儿在掌握自我喂养这方面感受到的成就感，并将其与持续在场的"母亲的欣赏与支持"联系在一起。

在安娜·弗洛伊德中心的父母—学步儿小组里，饮食是社会化的一课。"零食时间"是小组中为数不多的结构化元素之一。它被夹在自由玩耍的时间之间，学步儿和他们的父母被邀请一起坐在桌子旁。小组为他们提供装"手拿食品"——比如香蕉和苹果片、提子干、葡萄和面包棒——的盘子。这些盘子是公共的，而每个学步儿都有自己的用来盛食物的碟子。同样,饮料装在公共水壶中,然后倒入单独的杯子里。

通常,学步儿构成的内圈被父母和成人围成的外圈所包围。有时,父母坐在孩子旁边的桌子上。但更常见的是,他们直接坐在孩子的后面,或稍微靠近孩子的侧后方。一些学步儿需要劝说多次才能来到零食桌旁边,而其他孩子则在刚摆出少量食物时,就马上被吸引过来。

自2005年以来,在获得参与者同意的前提下,每周的小组会面都会被录下来。摄像机被安装在天花板上,在特定时间段会自动聚焦于房间的特定区域,这也包括零食桌。这一录像资源令人们有机会核查在多大程度上,安娜·弗洛伊德和弗曼提出的理论假设可以在零食时间的互动中被实际观察到。该研究数据取自2005年录制的零食时间视频。首先扫描DVD[*]选出零食时间的片段,然后采用以下步骤对所选片段进行分析。

1. 观看全部片段并做粗略的笔记。
2. 识别"事件的边界",松散的协调性活动的开始和结束节点。例如,屏幕外的噪声有时会令坐在零食桌旁的人分散注意力,从而造成这样的边界。
3. 誊录观察结果,包括口头以及所有非言语的互动。

以细致到分钟的级别誊录片段,然后基于解释现象分析(Smith & Osborn, 2003)做更为解释性的分析,得出在这个更广泛的一般框架内常见的主要主题。

数据分析中出现的三个统领主题:
1. 零食时间作为一种充满情感的体验;
2. 零食时间的父母调节与自我调节;
3. 将零食时间作为观察和学习的时期。

---

[*] Digital Vide Disc 的缩写。——译者注

一、作为情感体验的零食时间

对于所有参与者来说,零食时间是一个浓烈且多变的情感时期。我们会观察到两种情感状态反复出现:焦虑及亲密或寻求抚慰。

这一观察展示了,当潜在的威胁出现时,会如何抑制进食。

摘录1

49:16 零食桌旁边有声音。18个月大的亚斯敏盯着声音的方向大约10秒钟。她坐着不动。她停止咀嚼嘴里的食物。然后她慢慢开始咀嚼,但仍然盯着同一个地方。然后她转回面向桌子。(誊录3,第68—72行)

口腔安抚行为在有压力时很常见,例如在庆祝阿曼达2岁生日的活动期间,她几乎不停地用手指摸自己的嘴巴,在某一刻。

摘录6

49:00 ……她把整个右手放到嘴里。(誊录2,第89—90行)

除了停止进食和自我安抚的口腔行为外,另一种常见的反应是寻求接近安全人物(通常是母亲,偶尔是小组领导者或助理)。坐在桌子旁边的母亲们常常会倚靠或抚摸孩子的手臂或脸颊。在这里,我们看到一个孩子如何寻求并赢得母亲的亲近,而母亲原本不愿意和孩子亲近。

摘录7

56:19 阿曼达2岁4个月,她从零食桌前转过身,手伸向母亲。母亲双臂交叉,没有回应。阿曼达转回面向桌子几秒钟,然后将手向后伸到母亲身边。母亲靠近阿曼达。阿曼达抓住妈妈的手,把它放到自己膝盖上。她转身面向桌子,然后又转向母亲。显然,为了回应孩子的提示,母亲将她的椅子向前移动了1英尺*,这样,她现在离阿曼达和桌子更近了。(誊录5,第108—120行)

在这里,阿曼达似乎对自己和母亲之间潜在的身体距离感到焦虑,引发了"婴儿式"的行为。

摘录5

55:09 阿曼达的母亲坐在零食桌旁的椅子上。当妈妈坐下时,她在阿曼达面前为她拉出一把椅子,直接对着零食桌。阿曼达没有坐在上面,表示想要坐在妈妈的腿上。(誊录5,第80—83行)

除了引起焦虑之外,学步儿小组中的社交饮食经常也是一段欢笑、欢乐、有趣和愉悦的时光。接下来的观察结果显示,有人在远离桌子的地方唱歌,大人们对此发出的笑声是如何被桌旁的一个蹒跚学步的孩子听到并反映出来的。

摘录8

53:50 在房间的其他地方有人唱歌"如果你看到鳄鱼不忘

---

* 1英尺 ≈0.3048米。——译者注

记……"。所有成年人都看了过去。他们一直笑着,看着那个游戏,随后转回零食桌。1岁11个月的梅兰妮看着坐在桌子一侧的母亲。她把手指伸到脸前面。她的腮帮子里塞满了食物。她的嘴唇噘起。她闭着眼睛,指着、笑着。梅兰妮摇晃着脑袋,好像在笑声中度过了几秒钟。(誊录1,第43—56行)

二、父母调节与自我调节

零食时间提供了一个舞台,上演冲突的一方是父母的调节和控制,另一方是学步儿寻求自主和自我表达。

母亲们有时通过口头"纠正"孩子要东西的方式来调节她们的孩子,并强调"礼貌"的重要性。

摘录14

54:24 约翰,2岁8个月,指着果汁壶说:"我想要那个。"他的妈妈拿起水壶给他倒了一些。正当她倒果汁时,2岁的斯特拉指着它说"更多",并举起她的杯子。斯特拉的母亲说:"请给我更多果汁。"(誊录5,第71—78行)

通过喜好与索取的行为,学步儿表达出蓬勃发展的独立性,这样的例子并不鲜见。这一观察显示出斯特拉和她的母亲在选择坐在哪里时发生的冲突。

摘录20

52:46 斯特拉,2岁,她的母亲走入镜头。妈妈说:"过来,斯特拉坐这里。斯特拉坐这里。"斯特拉看着她的母亲,试探性地坐在桌子另一端的椅子上。母亲的一只手放在希望让斯特拉坐的那把椅子上。她正在看着斯特拉。母亲走到桌子的另一边,斯特拉坐下的地方。她弯下腰,伸出她的双手,左手上拿着斯特拉的碟子。斯特拉抗拒着,摇动她的手臂,不让母亲抓住自己。(誊录5,第2—6行)

符合父母的要求所给予的奖励一般是调节情绪的,通常是身体上的(形式是手臂的触摸或轻拍),或口头的(形式是赞扬)。当斯特拉最终同意坐在她母亲所希望的地方时。

摘录15

53:54 她经过学步儿领导者,走过的时候领导者拍了拍她后背。当她到了桌子的另一边时,妈妈用双臂帮助她坐到座位上。(誊录5,第50—53行)。

三、零食时间的观察和学习

小组成员在零食时间相互密切关注。学步儿经常观察母亲、领导者和其他学步儿。母亲经常观察孩子,有时学步儿似乎没有注意到母亲正在观察自己。有时,观察会引发镜映行为。

摘录22

54:23 阿曼达,1岁11个月,把什么东西放到了嘴里。母亲也把什么东西放在嘴里。阿曼达走开了。(誊录1,第87—89行)

有时母亲会镜映她们的孩子,比如说"做得好"或"真是我的好姑娘",

而创造出一个快乐、好玩的氛围。更常见的是,学步儿也会镜映其他学步儿或成年人的行为。在这里,一个学步儿清楚地镜映了她所观察的一个孩子的行为。

摘录23

54:07 2岁的斯特拉停止喝水。她看着2岁8个月的约翰,约翰还在喝水。斯特拉继续喝水。约翰没有看斯特拉。斯特拉看着约翰喝完杯子里的水后把杯子放到了桌子上。她完全复制了这个动作。约翰指着果汁壶说:"我想要那个。"他的妈妈拿起水壶给他倒了一些。正当她倒果汁时,斯特拉指着它说:"更多",并举起自己的杯子。(誊录5,第65—75行)

讨 论

情感调节和零食时间

定性微观分析表明,学步儿小组的零食时间:(1)固有地具备社交和互动属性;(2)能让人沉浸在情感中。从精神分析的角度来看,学步儿仍然处于会在心中将母亲和食物联系到一起的阶段(A. Freud, 1963)。显然,食物摄入本身对生存至关重要,与快乐和享受的正向强化有关。此外,社交饮食与积极情感有关,因为它在一同分享食物的人之间建立了强有力的联系。许多潜在的消极情感也与学步儿及其父母的饮食有关。食物是必要的,但我(或我的孩子)所得到的足够满足我(或孩子)的饥饿感吗?我(或我的孩子)会得到"最好的那块"吗?在我(或孩子)集中精力吃东西的时候,进食是否安全,还是可能会发生一些危险?我(或我的孩子)

会由于表现出"贪婪"或不愿分享而打破小组规范，并且不得不承受小组不满的后果吗？

孩子逐渐学会调节这些情绪（Delaney, 2006）：容纳饥饿感，等待开始进食的信号，享受与家人和朋友分享食物的乐趣。此外，他们必须学习如何享受进食，他们不再"抓起来吞掉"，而是分阶段地、逐步地摄入，后者带来更多的乐趣和正向社会强化。当然，孩童最初还处于学步儿阶段，这些情感需要在成年人的帮助下才能得到"调节"。

成年人形成一个"安全圈"，以抵御可能因为进食而引发的，源自学步儿内在或外在的焦虑。父母通过物理亲近性和情绪可获得性的组合来帮助学步儿应对与小组进食相关的焦虑。这两个因素是父母为子女提供安全基地的主要方式，这与依恋观点一致（Ainsworth, 1982; Bowlby, 1988）。

摘录31

> 56:21 本，2岁10个月，站在他的兄弟旁边。其他孩子已经坐下，被他们身后的妈妈围在"安全圈"当中。然后，本绕过桌子，推开另一位母亲（不是他的母亲）坐了进来。他一坐下，就转过身对学步儿的领导者说些什么，领导者正在水槽边准备食物。她跪在他身边听着。（誊录5，第101-106行）

在上述观察中，每个儿童和他们身后的父母一起坐在"安全圈"中。本在他的主要依恋对象不在的情况下，通过将学步儿领导者变为"等位对应者"（Hrdy, 1999）展现出了安全依恋模式的迹象。他潜意识里"知道"，除非他能近距离接触保护性的成年人，否则他无法充分放松以进食。不仅仅是负面情感，快乐也需要被父母"抱持"和调节，例如梅兰妮在成人笑过之后微笑和玩耍（摘录8），就好像她那时正在检查是否仍然可以进食并让自己享受当下。

父母调节与自我调节

学习如何管理进食时的情感体验需要母亲和学步儿之间的共同努力，并且是分离-个体化过程的一部分，当然双方会有不同的视角。母亲能够利用自己的情感调节能力帮助孩子这样做。这项研究的第二个重要发现证实了安娜·弗洛伊德的观点，即分离-个体化过程会在零食时间发挥作用，并且成功的、自我协调的操作模式涉及一种良好的平衡，而从母亲的视角来看，是"在那里"和"随它去"之间的平衡。

与吃饭相关的情况，通常以"应该"或"一定"的形式出现，例如斯特拉的母亲坚持让她在要求一些果汁的时候说："请"（摘录14）。斯特拉对果汁的渴望不会简单地被满足，而需要她符合社会礼貌的规范。母亲希望孩子吃到东西，但她们也希望孩子在社交方面取得成功。这意味着分享的能力、不表现出明显的贪婪，并遵守"餐桌礼仪"。

学步儿的内部调节：(1) 通过内化母性调节能力；(2) 直接的模范作用（同伴、父母）而得到确立。学步儿学习掌控与进食相关的焦虑，并通过自我控制来调节自己的愉悦水平。因此，进食因其口欲满足而获得直接的快乐，但也在控制自己的需要方面具备"肛欲"的属性，这不仅带来了更大的社会接受性，也会带来情绪的自给自足和独立。

观察和学习

正如母亲帮助孩子处理吃零食时的焦虑，有必要时，小组领导者也会帮助母亲减轻焦虑。小组领导者和助手努力使学步儿小组成为一个安全的空间。这使得零食时间的"安全圈"可以提供情感的安全感。这种安全感有利于学步儿和其他学步儿之间，学步儿和成人之间，以及母亲和领导者之间的镜映和示范。

启示

这项研究表明，小组饮食是在社会情境中学习如何调节情绪的重要组成部分。当孩子学会了调节吃东西的欲望，这可以促进对更普遍的欲望的调节模式，可以适用于性和其他"升华"的文化现象，例如参与体育或艺术活动。

此外，这项研究强烈表明情绪调节是人际的。母亲调节自己的情绪（例如，忍耐以便"放手"孩子的自主权），并帮助学步儿调节感受（在孩子感到焦虑的时候在场；直截了当地坚持，孩子应该遵守社会规范）；然后，学步儿开始内化这些模式，这些发展来自这种人际间的"舞蹈"，其中儿童也有角色参演，例如，召唤母亲或等位对应者来提供开始进食所需的安全感，或者将过度焦虑的父母推走来争取独立。

结 论

对父母—学步儿在零食时间的互动细节进行微观分析，为理解与进食相关的发展过程提供了丰富的资源。在学步儿小组中进行社交饮食是一种强烈的情感体验，既是消极的（进食是否安全的焦虑，对营养的需求是否能和与其他人共享的要求相协调），也是积极的（在个人和社交方面的愉悦感）。学步儿面对这些情感，混合地体验着成人的辅助和自我的调节。

正如安娜·弗洛伊德（1946）所预测的那样，自主和分离-个体化的斗争是学步儿饮食行为的典型特征。社交饮食也是学步儿相互观察、示范和学习的时间，在某种程度上也是母亲们相互观察、示范和学习的时间。这提供了治疗干预的机会：零食时间的结构化元素支持着学步儿及其父母，特别是通过"安全圈"，以及小组领导者的在场和可获得性。仔细的观察表明了父母—学步儿互动风格的个体差异。由安娜·弗洛伊德发起的关于进食障碍之发展起源的理论和实证探索，可以通过这一研究以及未来可能的进一步研究得到扩展。

第 17 章

结　语

Mary Target 和 Elizabeth Allison

我们很高兴也很荣幸能够总结这本非常生动、吸引人又富启发性的书。作者们带领我们清晰地浏览了学步儿模型的原理以及几种变型，从它开始作为安娜·弗洛伊德传统内的儿童精神分析支流起（一直到现在）。本书很好地描述了这个模型，让我们可以研究并且对学步儿及其父母提供发展性的支持。书中向我们介绍了这个精神分析方法迅速发展出的很多变型，以适应一些非常具有挑战性的情境，横跨英国不同的社区以及其他不同的文化和国家。

我们把这本书看作是安娜·弗洛伊德观点的证据，安娜·弗洛伊德认为直接研究正常发展是一个重要的补充，补充了从较大的儿童以及成人的临床材料重构出的材料。在安娜·弗洛伊德看来，生命的第二年"是重要的一年，这一年中儿童从初级过程过渡到次级过程的功能方式；建立了喂食和睡觉习惯，出现了初步的超我发展和冲动控制；发展出和同侪的客体联结"（A.Freud, 1978a,p. 731）。一些人否定直接观察婴儿对建立和验证精神分析理论的价值，他们应该读读这本书（Green, 2000）。在第2章，玛丽·扎菲里乌·伍兹对学步期有精确且丰富的描述，她的观点是对人类发展的（富有内察的）重要发现，它源于精神分析，更大的发展性理论，以及密集的、持续的和系统化的观察。

在婴儿开始第一次蹒跚但独立地迈步时，他们的学步期就开始了，这一般发生在1岁左右，促使他们涌向发展的"心理内部独立，以及最终的个体化、身份认同和自立"（Blum, 2004, p. 542）。这是一个持续终生的过程，它永不会完全完成（Stern, 1995）。在学步期，当学步儿有能力在母亲缺席时在自己内部保留母亲的内部意象时，这种往前的推力达到了顶峰（A. Freud, 1965; Mahler, Pine, & Bergman, 1975），母亲的意象被整合进来，并且足够稳定，使得孩子能够在母亲或母亲的替代者不持续在场的情况下管理自己（的身体、想法和感受），例如，在托儿所里。这大约会在3岁出现。

这个定义提醒我们，自我作为一个自主体的体验以及客体恒常性的建立其实是两个紧密联系的发展性成就。本书探索了一系列学步期出现的发展性飞跃，这也是学步期是个潜在危机期的原因，这让我们知道学步期如同青春期一样，都是一个关键但也危险的时期，甚至比青春期更甚，虽然青春期经常被视作是最麻烦和最危险的矛盾性依赖的时期。虽然学步儿足够小，大人足以在躯体上控制他们、指导他们（一般而言），但即使是在正常发展的情况，学步儿都是具有激情、攻击性和内在冲突的，本书极其生动和动人地描述了这些部分，并且所使用的描述方式是用精神分析的发展性理论可以清晰解释的，而这种近距离的观察又能够对精神分析的发展性理论有所补充。

玛丽·扎菲里乌·伍兹（和其他人对本书）的贡献也加强理解，心理表征能力对关系中母亲和自体的稳定内在意象的发展非常重要，心理表征能力使孩子能达成学步期和学前期的里程碑。安娜·弗洛伊德和同事对发展变迁做出的工作（例如 Edgcumbe, 1981; A. Freud, 1965; Katan, 1961）帮助我们认识，我们并不是一出生就已经具有很多能力并等待其展现。相反，这些能力是在发展过程中形成的（A. Freud, 1963），这个发展过程可能因为内部或外部原因而发生延迟或脱轨，最亲近的依恋关系中的元素影响尤其大。心理和情绪发展的一个关键领域是，识别自己心理的内容，并且从意图和感受的角度来理解他人的行为。我们试图描述，这种能力如何从出生到成人的不同发展阶段中最终成形（Fonagy, Gergely, Jurist, & Target, 2002）。这个最终能获得（有时是艰难获得）的识别情绪状态和愿望的能力是非常重要的，它使我们能够调节情绪，耐受分离，以及体验到一种能动感。这个能力的发展取决于我们和更成熟、敏锐的个体的互动。儿童发展出从感受、态度和愿望的角度来理解行为和关系的能力，依恋过程和这种能力之间有关键的协同作用。我们从在希腊进行学步儿小组的同事那里听到。

> 玩玩具的活动对分离 – 个体化的过程有贡献，因为他们促进了一个认识：父母和学步儿有独立的想法和感受，他们可以通过游戏安全地交流。儿童在小组中被鼓励去分享玩具、活动和其他东西，这个过程的发生有助于让魔法般的全能感消解（魔法般的全能感是学步儿想法的特点），分享能够促进儿童的自主性而不是自我中心。
>
> （Pretorius, 2004）

这会如何发生呢？儿童学会知觉一个客体、东西或活动对他人的重要性和对自己的重要性是一样的。例如一个玩具，可以被看作是他人投射的载体，这既是比喻的说法也是实事求是的说法。因此，客体的象征性价值并不仅仅是由某个儿童自己决定的。这个过程形成了儿童觉察他人心智和主观性的基础。学步期是这种觉察发展过程的一个重要时期，我们能够清晰看到，学步儿小组的设置以及游戏空间的"发展性帮助"是如何促进它，并且促进情感调节和注意力的引导。

本书的很多观察都是在自然情境中收集得到的，通过精神分析的视角（理解），且得到了实证研究的支持。因此研究证实，在人生的第二年，儿童开始理解自己和他人有意图，而意图可以解释他们的行为（Wellman & Phillips, 2000），他们开始理解自己的行为会影响他人如何思考、感受，并会导致身体的影响（例如，通过"用手指向"；Corkum & Moore, 1995）。这些学步儿身上的能力能够反映出，他们之前与当下和主要照顾者的关系，这是本书已经充分描述的部分（Calkins & Johnson, 1998）。学步期的儿童也开始习得用语言来描述内部状态（诸如感受），学会思考、谈论感受和对他人的渴望，且这种方式开始超出自我中心的观点（Repacholi & Gopnik, 1997）。矛盾的是，结果表明这并不仅仅增加了共同目标导向的互动（例如游戏、"煮饭"、整理等），还增加了他们嘲笑、挑衅他人的能力，包括对弟弟妹妹（Dunn, 1988）。

但学步儿还没能区分心理状态和物理现实，他们需要一些帮忙和发展（从学步期到4岁）才能区分（Flavell & Miller, 1998）。他们还没有留空间给其他替代的观点，他们认为"我怎么看它，它就一定是这样的"。这让世界变成一个非常可怕的地方，包括儿童所处的当下世界，组成这个世界的人对孩子来说几乎是完全易感和无抵抗力的。孩子倾向于把幻想感觉得太真实，无论它们是幻想或者愿望，是自己的或者是个体归到另一个人身上的。本书有一些漂亮的例子演示了，这个发展阶段感受到的情感状态可以有多强烈。

能够假装和玩耍（play）是平衡和从现实束缚中解脱的必要部分。然而，即使温尼科特比任何人都更多地向我们展示了，玩耍对幼儿以及对他们发展出一种现实感的重要性，他还是清晰地指出，玩耍在心理上和情绪上是非常危险的，尤其是在玩耍被正式化为结构化的游戏（game）之前。"必须将游戏和它们的结构视为可以部分地预防玩耍的可怕方面……玩耍的危险在于它总在主观和知觉到的客观之间的理论分界上"（Winnicott, 1971, pp. 58-59）。因此学步儿依赖一个敏锐的大人（父母，或者如果这个孩子幸运，这个人还可能是学步儿小组的领导者！），这个大人能够思考自己和学步儿的内部状态，帮助他区分内部和外部，自己和他人。整个学步期，孩子持续依赖照顾者帮助他逐渐发展和保持他对自己内部世界的觉察，这个内部世界独立于外部世界，同时又和外部世界有关。

本书把这个关键的发展阶段活灵活现地描述出来了。从安娜·弗洛伊德中心在不同的外展设置下开展的精神分析性父母—学步儿小组摘取出来的漂亮例子中，读者可以认识到这个发展阶段面对的强烈、发自内心的情绪状态，这也是在和较大儿童以及成人的密集、持续工作中会面对的。本书也充分并复杂地展现了我们作为成人，拥有思考自己和他人心理的能力，这可以为我们在情感波动的时期带来解脱，这种能力需要在情感的关系、和早年的互动中被培养出来。我们已经读到了很多令人震惊的例子，学步儿需要照顾者辅助他们行使这种新的能力，让他们不致被自己暴烈的爱、恨、嫉妒、激情的兴奋和暴怒所淹没。

有时父母会发现，自己很难或不可能提供这种必要的、脚手架式的辅助功能，这可能因为他们自己早年就缺少这些支持，或者是因为他们当前生活不顺而导致他们的资源只能集中在生理存活而不是心理发展。他们可能有意识地或无意识地被吸引到本书所描述的父母—学步儿小组中，他们希望的不仅仅是有人帮助他们更好地管理学步儿的情绪，实际上还希望有人帮助他们管理自己的情绪。管理情绪在日常生活中的某些时期可能会变得艰难，本书有很多例子显示，成人以及学步儿都能够在这种任务（管理情绪）上得到帮助。学步儿小组提供帮助的方式是非常有技巧的，总是尊重个体要感受自己是有能力的这种需要，最终给他们赋能，让他们更加能够感觉到自己是有能力的。

一些章节（尤其是第8—9章）展现了，在把模型应用到设置不完全的环境中时，要避免去预设在这个环境下的发展会比在不良社会情境实际允许的发展更多，是多么困难的一件事。这些富有挑战性的小组的领导者描述了他们带领小组最初的挫败感和困惑感，并最终意识到，只要这些父母建立起并在脑海中坚持住一个小组的感觉，小组就能够为他们和他们的学步儿提供一个可靠的空间，让他们能够感觉到自己依恋于这个小组。我们看到，提供这种稳定的、可获得的安全空间让父母和学步儿慢慢地体验到，他们是被抱持在心里的，可能这是他们第一次有这样的体验，这种体验给他们提供了一种矩阵，省映自身感受的能力在其中逐渐发展出来，并且被小组成员所重视。莱斯利·贝内特（Lesley Bennett）写的一章讲述了她在小区带领学步儿小组的经历，她带着某些歉意写道：

> 读者可能会觉得我太关注对外部情境的描述，而不是"里面"发生了什么，但我要说，不先思考这些可以被"定义"的外部特点而先省映内部世界往往是困难的，关注描述外部情境是为了创造一种安全的空间感，在这个空间个体可以思考和行使功能。

她异乎寻常（清晰）地描述了她在试图抱持住小组空间时面对的困难，包括具体和比喻层面的，毫无疑问，真实的外部设置是重要的。本书整理证明了我们只能去发现自己的内部世界，并通过和其他人的相遇，帮我们感觉到我们可以安全地栖居于这个内部世界。用这层意义去理解，外部并不是外周的，而是建立体验心理现实的可能性的基础。

本书接近结束的部分提供了想象性评估的例子，它保留了精神分析性观察的精神，尤其是安娜·弗洛伊德以及同事使用的方法。研究的章节反映了业界试图使用一种规范系统的理论和方法的工作框架,来理解主观体验之下的无意识内部世界,同时保留一种开放的态度,让自己为孩子感到惊喜,从他们身上学习。

安娜·弗洛伊德中心开设的精神分析父母—学步儿小组可以被看作是安娜·弗洛伊德传统的发展性帮助的一部分,它包括提供发展性帮助、预防发展性紊乱和在发展出现问题时提供治疗而把事情拉回正轨。正如萝丝·埃奇库姆写道:"很多与安娜·弗洛伊德共事的人认为,她对这些创新是否能够被看作是精神分析技术主体的合法部分是有所保留的。实际上她认为,对那些不适合接受'正规'精神分析的人而言,这些是有用的额外工具"(Edgcumbe, 2000, p. 2)。本书描述的是强有力的论调,一个敏锐、调谐的照顾者提供的发展性帮助是我们所有人早年都需要的,我们由此才能发展出内部表征世界——这之后成为精神分析师关注的对象。和父母的工作也表明,我们很多人可能在人生艰难的某些时期,还需要在这些方面得到帮助,例如在我们的孩子还小的时候。第6章和第7章有非常感人的观察,一些父母面临着自己或学步儿残疾的情况,这些父母需要高度敏锐的帮助,他们也可以做出非凡、谦卑和自豪的努力,来帮助孩子在心理上和躯体上的发展。

最终,本书给读者留下了一种希望,即使在那些看似所有东西都不利于父母和学步儿的个案中,适当的支持仍然可以有一个强力的积极效果。在这些例子中,这些小组值得被认可,以及被承认是精神分析传统的一个合法的、有活力的、富启发性的部分。

附　录

Marie Zaphiriou Woods

安娜·弗洛伊德中心的小组服务

- 有2个父母—学步儿小组在安娜·弗洛伊德中心进行。
- 有2个在当地外展设置进行（一个是在第9章谈到的为无家可归的家庭提供的收容所进行，一个在儿童中心进行）。
- 几年前，还有1个第三专家学步儿小组在安娜·弗洛伊德中心进行（见第7章），有1个不同的外展学步儿小组在当地公租房的大厅进行（见第8章）。
- 这些小组在进行中会每周见面（没有中期休假）。
- 每次见面包括1.5小时的自由玩耍以及期间的零食时间（早上或下午）。

结构

- 目前这个服务是被儿童和青少年心理治疗师管理，他们也会带领学步儿小组。
- 安娜·弗洛伊德中心的每个父母—学步儿小组都由1名领导者和1名助理一起带领。
- 领导者一般是一个儿童和青少年心理治疗师（或者是有相关专业背

景,且能理解精神分析性思维的专业人员)。
- 助理一般已经完成了安娜·弗洛伊德中心和伦敦大学学院合作的硕士项目,专业是精神分析发展心理学,或者具有同等学力。
- 职员组成一个团队,每周在安娜·弗洛伊德中心见面,讨论转介、管理和临床议题。
- 前任管理人员会每期给职员团队担任顾问,并在有需要的时候对外展团队的职员提供额外的督导。
- 前任管理人员会给需要更多支持的父母提供个体咨询,这比小组能够提供的更多。

安娜·弗洛伊德中心的小组

- 这些小组是小型的,成员固定,最多8对父母—学步儿。
- 他们对任何想参加小组的学步儿父母开放,但优先考虑那些有明显让人忧虑的原因的父母。
- 学步儿由母亲、父亲或其他亲近的家庭成员带来。学步儿在1—3岁,每个小组的男孩和女孩数量是平衡的。
- 小组是流动的,每当有学步儿离开(一般是去上幼儿园),就会加入一个1—2岁的学步儿。

转 介

- 多数父母是自己来的,他们从当地张贴的宣传单张、网络或其他父母那里获知了这个小组。
- 有些父母是被健康探访员、社工或全科医生转介过来的。
- 有一部分(最多到一半)父母是从中心转介过来的,尤其是从父母—

婴儿项目转过来。
- 对那些易感、创伤的、已经使用其他服务的父母，父母—学步儿小组可以作为一个中转站，帮助他们往前迈一步，过渡到孩子可以进入正常的幼儿园。

主　诉

- 有些学步儿来的时候已经有能被识别出来的困难（例如，发展延迟、攻击性行为、喂食和睡眠困难、健康问题的既往史）。
- 绝大多数父母参加小组的外显原因是想要寻求支持，以及让自己的学步儿融入其他孩子。
- 他们和学步儿的问题一般会逐步呈现。
- 创伤性历史，常见的包括精神病性问题、丧失、家庭暴力、疾病和残疾，这可能也是父母无意识选择儿童心理治疗服务附属的父母—学步儿小组的原因。
- 很多父母都离乡背井，缺乏来自延伸家庭的持续支持。
- 对自身的困难有觉知的父母有时会表达他们的担心，他们担心自己的心理状态会对学步儿有影响。

基本规则

- 父母要常规性地出席小组，持续一年。
- 父母对自己孩子的安全负责。
- 父母需要付费，费用与他们的财政能力相关联。
- 如果父母对自己的孩子有任何担心，鼓励父母找小组领导者谈。
- 小组领导者同意（大家）可以提出任何对父母或孩子的发展（或发

生）的担心。

观察者

- 安娜·弗洛伊德中心精神分析发展心理硕士项目的在读学生每两周来观察一次（两人在小组的房间，三分之二的人在观察室）。
- 他们记录并在每周的小组和学步儿小组和领导者以及助理讨论自己的观察。

研究和评估

- 入组和出组时进行"父母学步儿访谈"（见第15章）。
- 结束出席学步儿小组时，（小组领导者）会发放反馈问卷。
- 硕士生会进行质性研究（见第7、14、16章）。

参 考 文 献[*]

Aber, J. L., Slade, A., Berger, B., Bresgi, I., & Kaplan, M. (1985). The Parent Development Interview (Unpublished Manuscript).

Ainsworth, M. D. S. (1963). The development of infant-mother interaction among the Ganda. In B. M. Foss (Ed.), *Determinants of Infant Behaviour* (Vol. 2, pp. 67-112). New York: Wiley.

Ainsworth, M. D. S. (1982). Attachment: Retrospect and prospect. In C.M. Parkers & J. Stevenson-Hinde (Eds.), *The Place of Attachment in Human Behavior* (pp. 3-30). New York: Basic Books.

Ainsworth, M. D. S., Blehar, M. C., Waters, E., & Wall, S. (1978). *Patterns of Attachment: A Psychological Study of the Strange Situation*. Hillsdale, NJ: Erlbaum.

Anzieu, D. (1975). *Le groupe et Vinconscient. L'imaginaire groupal*. Paris: Dunod.

Balbernie, R. (2001). Circuits and circumstances: The neurobiological consequences of early relationship experiences and how they shape later behaviour. *Journal of Child Psychotherapy, 27*(3), 237-255.

Baradon, T., Fonagy, P., Bland, K., Lenard, K., & Sleed, M. (2008). New Beginnings - an experience-based programme addressing the attachment relationship between mothers and their babies in prisons. *Journal of Child Psychotherapy, 34*(2), 240-258.

Bates, E. (1990). Language and me and you: Pronominal reference and the emerging concept of self. In D. Cicchetti & M. Beeghly (Eds.), *The Self in Transitions*,

---

* 为了环保，也为了节省您的购书开支，本书参考文献不在此一一列出。如果您需要完整的参考文献，请通过电子邮箱1012305542@qq.com 联系下载，或者登录www.wqedu.com 下载。您在下载中遇到问题，可拨打010-65181109咨询。

Infancy to Childhood (pp. 165-182). Chicago: University of Chicago Press.

Bates, E., O'Connell, B., & Shore, C. (1987). Language and communication in infancy. In J. Osofsky (Ed.), *Handbook of Infant Development* (pp. 149-203). New York: Wiley.

Belsky, J. (2001). Emanuel Miller Lecture: Developmental risks (still) associated with early child care. *Journal of Child Psychology and Psychiatry and Allied Disciplines, 42*, 845-859.

Belsky, J., & Melhuish, E. (2008). Early intervention for young children and their families in England: The Sure Start journey over the last decade. In U. V. d. Leyen & V. Spidla (Eds.), *Voneinander lernen - miteinander handeln: Aufgaben und Perspektiven der Europdischen Allianz f\r Familien (Shared experience, concerted action: Ideas and perspectives in the European Alliance for Families)*. Baden-Baden: Nomos-Verlag.

Bergman, A. (1978). From mother to the world outside: The use of space during the separation-individuation phase. In S. Grolnick & L. Barkin (Eds.), *Between Reality and Fantasy* (pp. 147-165). New York: Jason Aronson.

Bergman, A. (1999). *Ours, Yours, Mine: Mutuality and the Emergence of the Separate Self*. Washington: Jason Aronson.

Bergman, A., & Harpaz-Rotem, I. (2004). Rapprochement revisited. *Journal of the American Psychoanalytic Association, 52*(2), 555-569.

Berkow, R., & Fletcher, A. J. (2002). *The Merck Manual* (18th edition). Rahway, NJ: Merck & Co.

Bion, W. R. (1961). *Experiences in Groups*. London: Tavistock.

Bion, W. R. (1962). *Learning from Experience*. London: Heinemann.

Bios, P. (1967). The second individuation process of adolescence. *Psychoanalytic Study of the Child, 22*, 162-185.

Blum, H. P. (2004). Separation-individuation theory and attachment theory. *Journal of the American Psychoanalytic Association, 52*(2), 535-553.

Bowlby, J. (1969). *Attachment and Loss, Vol. 1: Attachment*. London: Hogarth Press and the Institute of Psycho-Analysis.

Bowlby, J. (1988). *A Secure Base: Clinical Applications of Attachment Theory*. London: Routledge.

Brenner, N. (1988). The third decade (1978—1988). *Bulletin of the Anna Freud Centre, 11*, 189-294.

Brenner, N. (1992). Nursery school observations - to learn, to teach, to facilitate growth and development. *Journal of Child Psychotherapy, 18*(1), 87-100.

Bretherton, I. (1992). Social referencing, intentional communication, and the interfacing of minds in infancy. In S. Feinman (Ed.), *Social Referencing and the Social Construction of Reality in Infancy* (pp. 57-77). New York: Plenum.